C.H.BECK ■ WISSEN

Das Alte Ägypten hat seit der Antike durch seine monumentalen Bauten, durch Kunstwerke, eine unermessliche schriftliche Hinterlassenschaft und seine geheimnisvolle Religion fasziniert. Hermann A. Schlögl bietet in diesem Band einen allgemeinverständlichen Überblick über vier Jahrtausende Altägyptischer Geschichte von der prähistorischen Zeit bis zum Selbstmord der Königin Kleopatra, mit dem das Ende des pharaonischen Ägypten besiegelt wurde. Neben der Geschichte der Pharaonen beschreibt er auf anschauliche Weise auch Religion, Kultur und den Alltag im Nilland. So erhalten auch solche Personen Profil, die im Schatten der Mächtigen standen, über deren Lebensgeschichte wir aber dennoch erstaunlich genau Bescheid wissen.

Hermann Alexander Schlögl ist emeritierter Professor für Ägyptologie an der Universität Freiburg (Schweiz). Er ist durch zahlreiche Monographien zur Geschichte und Kultur des Nillandes und durch Übersetzungen Altägyptischer Literatur hervorgetreten. Bei C.H.Beck erschienen von ihm u. a. die große Gesamtdarstellung *Das Alte Ägypten* (2006) sowie in C.H.Beck Wissen *Nofretete* (2. Aufl. 2013) und *Echnaton* (2008).

Hermann A. Schlögl

DAS ALTE ÄGYPTEN

C.H.Beck

Mit zwei Karten

1. Auflage. 2003
2., durchgesehene Auflage. 2005
Sonderausgabe. 2008 (Teil der Antike-Box)
3., durchgesehene Auflage. 2008
4., durchgesehene Auflage. 2015

5., durchgesehene Auflage. 2019

Originalausgabe
© Verlag C.H.Beck oHG, München 2003
Satz: Fotosatz Amann, Memmingen
Druck und Bindung: Druckerei C.H.Beck, Nördlingen
Reihengestaltung Umschlag: Uwe Göbel (Original 1995, mit Logo),
Marion Blomeyer (Überarbeitung 2018)
Umschlagbild: Der Gott Anubis im Grab des Haremhab
im Tal der Könige. Bemaltes Relief
Printed in Germany
ISBN 978 3 406 73173 0

www.chbeck.de

Inhalt

I. Einführung und Grundlagen

1. Eine kleine Landeskunde Ägyptens

Der griechische Geschichtsschreiber und Geograph Herodot, der um 450 v. Chr. Ägypten bereiste, nannte das Land ein «Geschenk des Nils» und hat damit treffend die Tatsache bezeichnet, dass der Fluss die Lebensgrundlage des Landes darstellte. Über 6000 km hin bahnen sich die Wasser des Nils ihren Weg vom Innern Afrikas zum Mittelmeer. Im Seengebiet Äquatorialafrikas entspringt der Weiße Nil und vereinigt sich ungefähr 2 km von der sudanesischen Hauptstadt Khartum entfernt mit dem Blauen Nil, der im abessinischen Hochland seinen Ursprung hat. Schließlich mündet dann noch der reißende Atabara in den Nil. Der gewaltige Strom durchbricht auf seinem Weg nach Norden sechs steinerne Barrieren, die Katarakte entstehen lassen. Die letzte dieser Stromschnellen liegt bei Assuan. Da man die Katarakte aber von Norden nach Süden zählt, wird der Katarakt bei Assuan als der erste bezeichnet. Er bildet seit alters die natürliche Südgrenze Ägyptens gegen Nubien, das die Pharaonen seit 1550 v. Chr. das Land Kusch nannten. Von dort aus konnte sich der Fluss bei geringem Gefälle nordwärts ein breites Tal in den weichen Kalkboden graben. Dann aber rückt eine gebirgig-felsige Wüste nahe an den Flusslauf heran, so dass das bewohnbare Land an keiner Stelle breiter als 25 km ist. Der Nil teilt das Land in drei Abschnitte. Der schmale Nillandstreifen von Assuan bis etwa 900 km nördlich, wenn das Gebirge sich zu öffnen beginnt, wird als Oberägypten bezeichnet. Im weiteren Flussverlauf gen Norden, in Mittelägypten, liegt, durch eine Hügelkette von ihm getrennt, westlich das Seenland Fajum, das in der pharaonischen Geschichte zu einer bedeutsamen Region aufstieg. In alter Zeit durch ein Kanalsystem mit dem Nil verbunden und von diesem gefüllt, entstand hier ein großer See, dessen Reste noch heute den 40 m unter dem Meeresspiegel liegenden Birket Karun bilden. Schließlich teilte sich der Nil nördlich der alten Stadt Memphis, in der Gegend der heutigen Metropole Kairo, in sieben Arme, um sich zuletzt in das Mittelmeer zu ergießen. Das Land zwischen den Armen, das aus angespültem Schwemmland bestand, bildete die Form eines Dreiecks (Delta) und wird als Unterägypten bezeichnet. Von den sieben Nilarmen sind heute nur noch zwei vorhanden, der westliche, der bei der Stadt Rosette, und der östliche, der bei dem Ort Damiette ins Meer mündet.

Anhaltende sommerliche Monsunregenfälle in den tropischen Gebieten und auf der abessinischen Hochebene ließen den Blauen Nil und den Atabara in jedem Jahr stark anschwellen. Der Fluss begann Ende Juni langsam zu steigen und überschwemmte Ägypten bis Ende September, wobei er fruchtbaren Schlamm an den Ufern ablagerte. So wurde ein ertragreicher Ackerbau möglich. Das große jährliche Ereignis der Nilüberschwemmung war für alle Bewohner von höchstem Interesse. Durch das Anlegen von Deichen schützte man Dörfer und Gärten vor Überflutung. Große Becken wurden gebaut, um das Überschwemmungswasser aufzunehmen. Nur so konnte man später auf Wasserreserven zurückgreifen. Um das Wasser zu verteilen, grub man Kanäle; Schöpfräder und Hebevorrichtungen brachten das kostbare Nass auf höher gelegene Ländereien. Diese organisierten Arbeiten an der Bewässerung bildeten Gemeinschaften über eine bloße Stammeszugehörigkeit hinaus und begünstigten die Herausbildung einer einheitlichen Kultur. Blieb die Nilüberschwemmung aus oder erreichte sie nur eine geringe Höhe, waren oft katastrophale Hungersnöte die Folge. Die Ägypter nannten den fruchtbaren und reichen Kulturboden das «Schwarze Land», im Gegensatz zur Wüste, die sie als das «Rote Land» bezeichneten. Der Kontrast ist eindrücklich, denn fast wie mit dem Lineal gezogen liegen dort Ackerboden und Wüstensand nebeneinander.

Ägyptens geographische Lage mitten in der Wüste, im Norden vom Meer begrenzt mit nur einem schmalen Zugang über die Sinaihalbinsel, isolierte das Land von seinen Nachbarn und zwang die Bewohner zur Selbstversorgung. Ein Großteil von ihnen war in der Landwirtschaft beschäftigt. Das rohstoffarme Land war reich an verschiedenen Gesteinsarten, und schon früh hatten die Ägypter gelernt, dieses Material mit den einfachsten Hilfsmitteln meisterhaft zu beherrschen. So schuf man die Voraussetzung, um Statuen, Reliefs, Vasen und Krüge herzustellen und monumentale Architekturwerke wie etwa die Pyramiden zu errichten. Die Werkstoffe kamen alle aus dem Niltal selbst oder wurden aus der nahe gelegenen Wüste herbeigeschafft. Den Nil benutzte man als Wasserstraße zum Transport der Güter. Schon in vorgeschichtlicher Zeit hatten sich die Ägypter auf den Bootsbau verstanden, obgleich das dazu benötigte Holz eine Mangelware war und aus Westasien oder aus dem Süden, aus Nubien, importiert werden musste. Ägypten und Nubien waren reich an Goldvorkommen, heute können 150–160 antike Abbauplätze nachgewiesen werden. In den betreffenden Wadis hat man die goldhaltigen Quarzadern mit Hämmern und Metallmeißeln herausgebrochen, dann das gewonnene Material in einem Mörser zerklopft und zuletzt den Goldflitter aus dem Quarz herausgewaschen. In der Gewinnung von Gold übertraf Ägypten alle seine Nachbarvölker.

2. Der Stein von Rosette und die Schrift der Ägypter

Am Ende des 18. Jahrhunderts strebte Frankreich danach, die englische Herrschaft in Indien zu beenden. Um den Stützpunkt Ägypten in die Hand zu bekommen, drang 1798 Napoleon Bonaparte mit einer Expeditionsarmee in das Land ein. Den Invasionstruppen war eine Gruppe von Gelehrten angeschlossen, die Ägypten erforschen sollten, um genauere Kunde von dem geheimnisvollen Land nach Europa zu bringen. Zwar geriet Napoleons Feldzug militärisch und politisch zum Fiasko, doch bedeutete er eine Sternstunde für die Erforschung des Nillandes.

Als besonders bedeutsam erwies sich dabei der Fund eines schwarzen Basaltsteines, der im Juli 1799 in der Nähe der Stadt Rosette, an der westlichen Nilmündung nur wenige Kilometer vom Mittelmeer entfernt, bei Schanzarbeiten gefunden wurde. Dieser Stein war auf einer Seite poliert und zeigte drei voneinander getrennte Abschnitte, die jeweils verschiedene Schriftarten trugen, nämlich hieroglyphische, demotische und griechische Zeichen. Ein junger französischer Ingenieur-Offizier, Pierre François Bouchard, erkannte die Bedeutung des Fundes, weil er annahm, dass die drei Texte den gleichen Inhalt haben müssten und damit ein Schlüssel zur Entzifferung der Hieroglyphen gegeben sein könnte.

Im Jahr 1801 wurde das militärische Abenteuer Napoleons in Ägypten durch die Engländer beendet, wobei der Kapitulationsvertrag bestimmte, dass der Stein von Rosette zusammen mit anderen Funden den Engländern ausgeliefert werden musste. Bereits Ende des Jahres 1802 kam er ins Britische Museum in London und wurde dort einem breiten Publikum bekannt gemacht. Die griechische Version war bald gelesen. Sie berichtet von einer Widmung der memphitischen Priesterschaft an König Ptolemäus V. Epiphanes aus dem Jahre 196 v. Chr. anlässlich der Wiederkehr seines neunten Krönungsjubiläums. Es folgt eine lange Aufzählung von Wohltaten, Vergünstigungen, Steuerermäßigungen und Schenkungen, die der Herrscher dem Land und der Priesterschaft erwiesen hat. Dieses Dekret sollte in jedem Tempel erster, zweiter und dritter Ordung in Stelen von hartem Stein, beschriftet mit hieroglyphischen (= heiligen), demotischen (= volkstümlichen) und griechischen Zeichen direkt neben dem Bild des Königs aufgestellt werden. Die Inschrift war somit zweisprachig, nämlich in Ägyptisch und in Griechisch, und in drei Schriftarten ausgeführt. Obgleich man den Inhalt des Textes kannte, gestaltete sich die Entzifferung problematisch. Der erste, der voran kam, war der schwedische Orientalist Johan David Åkerblad (1763–1819), der sich in Paris mit dem Studium koptischer Handschriften beschäftigte. Koptisch ist die letzte Sprachstufe des Altägyptischen, die mit griechischen Buchstaben geschrieben wird und noch heute bei koptischen Christen als Kirchensprache weiterlebt. Er stellte Gleichungen demotischer und koptischer Wörter zusammen, konnte auch einzelne Wörter erkennen, kam aber mit seinen Forschungen nicht weiter, weil er irrtümlich annahm, dass die demotische Schrift ausschließlich alphabetische Zeichen verwende. Im Jahre

1814 begann sich der englische Arzt und Physiker Thomas Young (1773–1829), weltbekannt durch die Entdeckung der Wellentheorie des Lichtes, für die Entzifferung der Schriften zu interessieren. Auch er versuchte sich zuerst am demotischen Textteil, wechselte aber bald zur hieroglyphischen Version über, mit der er sich vier Jahre beschäftigte. Er kam zu dem wichtigen Ergebnis, dass die Hieroglyphenschrift eine Mischung aus Laut- und Wortzeichen darstellt, und legte ein Vokabular von 204 Wörtern an, von denen er ein Viertel völlig richtig erkannt hatte. Er stellte fest, dass in den Kartuschen, den langgezogenen ovalen Ringen, die in den ägyptischen Inschriften auftauchen, jeweils die Königsnamen eingeschrieben sind, und entzifferte so auf der Kopie einer Inschrift vom Tempel von Karnak exakt die Namen der Königin Berenike und ihres Gatten, des Königs Ptolemäus I. Soter. Seine Forschungen veröffentlichte er 1819 im Supplementband der Encyclopaedia Britannica und war dabei einer endgültigen Entzifferung der Hieroglyphen ganz nahe gekommen. Der Durchbruch gelang zwei Jahre später dem Franzosen Jean François Champollion (1790–1832). Er ging im Alter von 16 Jahren an die Universität Paris, um orientalische Sprachen zu studieren. Nur zwei Jahre später wurde er Professor für Geschichte an der Universität Grenoble. 1822 fand er den Schlüssel für die Lesung altägyptischer Denkmäler und machte in seinem berühmten «Lettre à M. Dacier relative à l'alphabet des hiéroglyphes phonétiques» seine Entdeckungen der französischen Akademie und der Gelehrtenwelt bekannt. Das Jahr 1822 gilt seither als Geburtsstunde der Wissenschaft «Ägyptologie».

Erfunden wurde die Hieroglyphenschrift um 3000 v. Chr. und ist damit die älteste schriftlich fixierte Sprache des afroasiatischen (hamito-semitischen) Sprachstammes. Geschrieben wurden nur die Konsonanten, wie es auch im Arabischen und Hebräischen üblich ist, mit etwas mehr als 1000 verschiedenen Schriftzeichen. Während sich bis zur Mitte des 3. vorchristlichen Jahrtausends meist nur knappe Mitteilungen finden, die den König und seine Beamtenschaft betrafen, entwickelte sich schließlich auch eine niedergeschriebene Überlieferung in Religion, Literatur und Wissenschaft. Vieles davon ist durch die Zerstörung der antiken Bibliotheken verlorengegangen, dennoch sind – durch die Trockenheit des Klimas begünstigt – große Reste erhalten geblieben, die uns Kenntnis vom Denken und der Weltsicht der alten Ägypter geben. Gerne ließen sich wichtige Beamte, auch Mitglieder der Königsfamilie, in Statuen als Schreibende darstellen, denn die Kenntnis des Lesens und Schreibens war es, die den Zugang zu allen höheren Positionen des Staates eröffnete. So war es ein Traumberuf, Schreiber zu werden. Schulen, in die besonders ausgewählte Kinder im Alter von fünf bis zehn Jahren eintraten, um das Lesen und Schreiben zu erlernen, gab es nachweislich schon nach 2000 v. Chr. Als Vorlagen für die Schüler, zum Abschreiben, aber auch zum Diktat, dienten alte Akten, religiöse Texte, Briefe und erzählende Literaturwerke, wobei letztere oft besonders intensiv durchgenommen wurden. So sind uns viele Dichtungen nur durch fleißige Schülerhände überliefert. Wenn wir von Hieroglyphen (= heilige Schriftzeichen) sprechen, dann versteht man darunter die künstlerisch eindrucksvoll gestaltete Schriftform, welche sich, teilweise farbig ausgemalt, vorwiegend auf Tempelwänden, Stelen und Grabinschriften findet. Die Schreibschüler aber lernten vor allem eine davon abgeleitete, stark kursive Form, die für den täglichen Gebrauch geeigneter war und die wir heute «hieratische» (= priesterliche) oder Buchschrift zu nennen pflegen. Vereinfacht kann man sagen, dass das Hieratische sich zu den Hieroglyphen verhält wie unsere Handschrift zur Druckschrift. Eine dritte Schriftart stellt das Demotische (= Volkstümliche) dar. Es handelt sich dabei um eine aus dem Hieratischen entwickelte Kurzschrift, die verschiedene Eigentümlichkeiten aufweist und seit etwa 700 v. Chr. im Gebrauch war. Zur Zeit der Ptolemäer und Römer war es die übliche Schrift des täglichen Lebens. Als Schreibutensilien dienten Binsen, die an einem Ende spitz zuliefen und zu einer Art Pinsel zerkaut wurden, sowie rotes und schwarzes Tintenmaterial, das auf einer Palette mit Wasser gebrauchsfertig angerührt wurde. Wichtige Schriftstücke schrieb man auf wertvollem Papyrus; für einfache Texte und für den allgemeinen Gebrauch benutzte man Kalksteinsplitter (Ostraka), die überall in reicher Menge vorhanden waren.

3. Götter und Könige

Es ist die Religion, welche die ägyptische Kultur prägte und den Zugang zu ihrem Verständnis öffnet. Die ägyptische Religion war keine Offenbarungs- oder Buchreligion, in der sich der Gott persönlich enthüllt, sondern sie war durch Mythen und Kult bestimmt: In allem, was der Ägypter auf der Erde oder am Himmel sah, konnte sich die Macht eines Gottes oder einer Göttin kundtun. So gab es eine unglaubliche Vielzahl und Vielgestaltigkeit an göttlichen Wesen, die den Himmel oder die Unterwelt bewohnten. Auf Erden erbauten ihnen die Menschen Tempel, so dass auch hier im Diesseits die wichtigsten Götter ihre Heimstatt hatten. Ihre Kultbilder aus Gold oder Stein waren im innersten Teil des Tempels in verschlossenen Schreinen aufgestellt, und nur wenige auserwählte Priester hatten dort Zutritt, um den täglichen Dienst zu versehen. Auch die übrigen Räume des Gotteshauses waren nur einem privilegierten Personenkreis zugänglich; der einfache Gläubige sprach seine Gebete an den Tempeltoren.

Neben diesem Polytheismus, der später zu einem Kosmotheismus (Vergottung der Welt) führte, war auch die Vorstellung von einem großen, einzigartigen Gott im Volk lebendig, mit welchem meist der Sonnengott Re identifiziert wurde. Allerdings konnte diese Einzigartigkeit auch auf andere göttliche Wesen übertragen werden, etwa auf die Götter Ptah und Thot, den Herrn der Schrift und Aktuar der Götter, oder auf Amun (= der Verborgene), der seit dem Beginn des 2. Jahrtausends v. Chr. an der Spitze des ägyptischen Pantheons stand. Die Vielzahl der übrigen Götter blieb gleichzeitig notwendig, denn sie erleichterte den Menschen eine Annäherung an die Götterwelt und machte diese ansprechbar. Die Götter waren wie die Menschen einem Alterungsprozess unterworfen, sie konnten sterben und bedurften der Regeneration, so dass in der Vorstellung der Ägypter die Schöpfung nicht ein einmaliger Vorgang war, sondern ein Akt ständiger Erneuerung. Beide, Götter und Menschen, vereinte die Verpflichtung auf die Maat. Dieser Begriff, der oft mit «Wahrheit», «Recht», «Gerechtigkeit» übersetzt wird, hat einen so vielschichtigen Inhalt, dass er in der Übersetzung nicht durch ein

einziges Wort ausgedrückt werden kann. Maat verkörpert die
Weltordnung, die der Schöpfergott bei der Schaffung der Welt
gesetzt hat, bedeutet das Gegenteil von Chaos, beinhaltet die
Gesetzmäßigkeit der Natur und ordnet das Zusammenleben der
Menschen untereinander. Der Ägypter hat diesen Begriff perso-
nalisiert in der Gestalt der Göttin Maat, die als Tochter des Sonnengottes Re galt. Bildlich wird sie als Frau dargestellt, die auf
dem Kopf als Scheitelattribut eine Straußenfeder, ihr Schriftzeichen, trägt. Doch nicht nur die Maat in die Tat umzusetzen war
Aufgabe von Göttern und Menschen, sie waren auch verpflichtet, alles, was der Schöpfung entgegenstand, sie bedrohte oder
sinnentleert machte, abzuwehren. Das Wort «Isefet» war der
ägyptische Sammelbegriff negativer Kräfte und für die Feinde
der Schöpfung. Er schloss Mord, Lüge, Gewalt und Tod genauso ein wie Leiden, Mangel, Krieg und Ungerechtigkeit.

Unter den zahlreichen Weltschöpfungsvorstellungen, die es in
Ägypten gab, ist die Kosmogonie durch das Wort, durch Magie
und Zauber besonders herausragend. Diese Vorstellung wurde
z. B. auf einer Basaltplatte aufgezeichnet, die sich heute im Britischen Museum befindet und als «Denkmal memphitischer
Theologie» bekannt ist. Im Mittelpunkt steht der Schöpfergott
Ptah, Schutzherr jeder handwerklichen Kunst. In der Stadt
Memphis besaß er, der in der Regel als Mensch mit ungeglieder-
tem Körper und einer eng anliegenden Kappe auf dem Kopf dargestellt wird, ein bedeutendes Kultzentrum. Der Text berichtet,
dass Ptah durch Gedanken und Worte die Götter, die Welt und
die Menschen erschaffen hat, dazu alle guten Dinge, Nahrung
und Speisen, Recht und Gesetze: «So wird Maat gegeben dem,
der tut, was geliebt wird, Isefet gegeben dem, der tut, was ge-
hasst wird. So wird nun Leben gegeben dem Friedfertigen und
Tod gegeben dem Frevler.»

Nach ägyptischer Vorstellung konnte ein Gott oder eine Göttin mit einem oder mehreren anderen göttlichen Wesen eine sehr
innige Verbindung eingehen, die man theologisch als «Einwohnung» oder «Synkretismus» bezeichnet. Die Götternamen wurden bei einer solchen Einwohnung einfach aneinandergereiht.
So konnte etwa der Gott Amun mit dem Sonnengott Re eine

Verbindung eingehen, so dass man von Amun-Re sprach. Eine solche Einwohnung konnte entweder nur vorübergehender Natur sein oder auch länger andauern. Neben dem Sonnengott Re gab es auch andere Sonnengötter; in jedem kam ein besonderer Aspekt der Sonne zum Ausdruck, der den Tageszeiten entsprach. So verkörperte sich die Morgensonne in dem Gott Chepre (= der Entstehende), der sich als Mistkäfer (Skarabäus) manifestierte. Der Ägypter beobachtete nämlich, wie die Nachkommen des Käfers scheinbar der Erde entschlüpften, das heißt gleichsam aus ihr selbst entstanden, und so gab es Analogien zwischen dem Tier und dem morgendlichen Sonnengott. In der Taggestalt der Sonne glaubte man den Gott Harachte (= horizontischer Horus) zu erkennen, der als Sonnenfalke über den Himmel zog. Die Abendgestalt der Sonne wurde mit Atum (= der Undifferenzierte), einer wichtigen Urgottheit, gleichgesetzt.

Unter den Göttinnen war Hathor (= Haus des Horus) die angesehenste und theologisch vielschichtigste Göttin im ägyptischen Pantheon. In ältester Zeit galt sie als Himmelsgöttin und hat, wie ihr Name zeigt, eine Verbindung zu Horus und damit zur Sonne. Man setzte sie auch mit dem versengenden und feuersprühenden Auge des Sonnengottes Re gleich und gab ihr wegen ihrer vernichtenden Kraft den Beinamen «Herrin des Schreckens». Eine andere Seite ihres Wesens war die einer Göttin der Musik, des Tanzes und der Liebe, und so kam es nicht von ungefähr, dass die Griechen in ihr Aphrodite erkennen wollten. Hathor hatte aber auch mütterliche Züge. Zudem wurde sie vor allem in Theben als Totengottheit verehrt. In den Darstellungen erscheint sie häufig ganz in Kuhgestalt oder als Frau mit einem Kopfschmuck, der ein Kuhgehörn mit einer Sonnenscheibe darstellt. Ihr Hauptkultort war Dendera in Mittelägypten. Vielen Göttern wurde ein Tier zugeordnet, das ursprünglich mit dem Wesen des Gottes in Verbindung stand. So wurde Anubis (= das Hündchen), der Gott der Nekropole und der Einbalsamierung, mit dem Schakal verknüpft, und die beiden Kronengöttinnen Nechbet und Uto, welche die beiden Landeshälften Ober- und Unterägypten repräsentierten, wurden mit dem Geier und der Kobra verbunden. Es gibt zahlreiche Götter, die entweder ganz in Tiergestalt oder als Mensch mit Tierkopf auftreten. Aber keinesfalls haben sich die Ägypter die Götter real in dieser Form vorgestellt. Tierkopf oder Tiergestalt galten vielmehr als Erkennungs- und Unterscheidungsmerkmal, wie dies auch in der christlichen Religion, etwa in der Darstellung des Christus als Lamm Gottes und des Heiligen Geistes als Taube, geläufig ist. Auch die Evangelisten Markus, Lukas und Johannes wurden schon früh mit Tiersymbolen (Löwe, Stier und Adler) verbunden. Der prächtige Schnitzaltar der Thomaskirche von Tribsees (Mecklenburg-Vorpommern) aus dem 15. Jahrhundert zeigt die Evangelisten als Menschen mit Tierkopf.

Die altägyptischen Theologen versuchten, die Vielzahl der Götter systematisch zu ordnen. So wurden in Theben Amun und die Göttin Mut mit dem Kindgott Chons als eine heilige Familie, als eine Dreiheit (Triade), verehrt. Eine andere Gruppierung war die Achtheit, die sich aus vier Paaren zusammensetzte. Hermopolis in Mittelägypten bezeichnete man direkt als «Stadt der Acht». Auch zu Neunheiten (drei mal drei als Plural des Plurals) wurden die Götter geordnet. Die älteste dieser Neunheiten war in Heliopolis beheimatet, mit dem Gott Atum an der Spitze.

Der König stellte das Lebensprinzip und das Zentrum des Staates dar; er war der Sohn und das Abbild des Schöpfergottes auf Erden. Trotz eindrücklicher Zeugnisse für die Gottesnatur des Königs kann aber der Pharao nicht mit Gott gleichgesetzt werden; der König als Person blieb Mensch. Göttlich waren ausschließlich das Amt, der Ornat, Kronen, Herrschaftsinsignien und die königlichen Waffen. Der Pharao war der Garant dafür, dass die Maat im Diesseits verwirklicht wurde, indem er für Moral und Recht eintrat und die Götter durch Opfer und die seligen Verstorbenen durch Totenspeisungen zufriedenstellte. Natürlich war der König gezwungen, diese Aufgaben an Beamte und Priester zu delegieren. Letztlich aber war die Maat-Verwirklichung auf Erden Aufgabe des ganzen Volkes. Dabei wusste man, dass es die Maat in ihrer reinsten Form, wie sie am Tage der Schöpfung bestanden hatte, nicht mehr gab. Überall hatte sich das Böse, Isefet, ausgebreitet und war nicht mehr zu vertreiben. Unrecht, Lüge, Krieg und Tod waren ein fester Bestandteil der Welt geworden.

Kein Volk hat sich mehr mit dem Tod beschäftigt als das ägyptische; er war für sie kein Endpunkt, sondern Neubeginn in einer anderen Welt. So stammt auch der größte Teil der materiellen Hinterlassenschaft aus dem Reich der Toten. Das Jenseits wurde zu verschiedenen Zeiten der ägyptischen Religionsgeschichte zuerst in der westlichen Wüste, dann im Himmel, später in der Unterwelt lokalisiert. Das Jenseits als Ort trug mitunter überhöhte Züge des Diesseits; es war mit zahlreichen göttlichen Wesen, aber auch mit gefährlichen Erscheinungen bevölkert. Durch den Tod kam es zu einer direkten Begegnung des Menschen mit den Göttern. Man glaubte, dass sich jeder Verstorbene dem Jenseitsgericht stellen musste, dessen oberster Richter der Herrscher des Totenreiches Osiris war, der noch heute zu den bekanntesten Göttern des ägyptischen Pantheons gehört. Der Mythos erzählt, dass Osiris, der einst über das Land Ägypten herrschte, von seinem Bruders Seth, dem Gott der brutalen Gewalt, getötet wurde, der danach den Thron bestieg. Die Schwestergemahlin des Osiris, Isis, aber beklagte und betrauerte das Los ihres Gatten mit solcher Kraft, dass sie den Getöteten so weit zum Leben erwecken konnte, um von ihm ein Kind, nämlich Horus, zu empfangen, das später als Rächer seines Vaters auftreten sollte. Die wirkliche Auferstehung des Osiris aber vollzog sich im Jenseits, wo er Herrscher der Unterwelt wurde. Die reiche Totenliteratur zeigt, dass der Tod durchaus zum Leben gehörte, ja dass er das Leben geradezu verstärkte. Die bei der Schöpfung der Welt gesetzte Ordnung, die Maat, galt auch im Totenreich. In einem Gerichtsverfahren wurde das Herz des Verstorbenen gegen das Federzeichen der Maat gewogen. Senkte sich die Schale zuungunsten des Toten, so wurde er einem schrecklichen Wesen, «der Fresserin» als personifiziertem Höllenrachen, übergeben, hielten die Schalen aber das Gleichgewicht, so war der Verstorbene gerettet und konnte sein jenseitiges Leben beginnen.

4. Strukturen und Mentalität
der ägyptischen Gesellschaft

Alle Macht des Staates lag in den Händen des Königs. Die Aufgaben, welche die Führung und Verwaltung des Landes mit sich brachten, musste er jedoch delegieren, wodurch Ämter entstanden, deren Besetzung von einer persönlichen Verbindung zum König abhängig waren. So fehlt der Titel «Königsbekannter» bei kaum einem der Amtsträger. Selbstverständlich musste dieser aber für seine Aufgaben geeignet und des Lesens und Schreibens kundig sein. Der ranghöchste Beamte war der Vezir. Er hatte die Aufsicht über das Schatzhaus, war oberster Richter des Landes, leitete die Ernährungswirtschaft und die staatlichen Archive. Auch als Bau- und Expeditionsleiter trat er in Erscheinung. Seine Anordnungen erhielt er direkt vom König und nur ihm war er verantwortlich; nach 1500 v. Chr. wurde das Amt aufgeteilt in die Vezirate von Ober- und Unterägypten. Für kurze Zeit war um 1300 v. Chr. das Vezirat wieder in einer Hand. Die Grenzen zwischen Beamtentum und Priesterschaft waren fließend; der Hohepriester oder «Erste Prophet» eines Gottes war Oberhaupt der Priesterschaft eines Tempels und hatte teilweise erhebliche Machtbefugnisse. Das Militär spielte im 3. Jahrtausend v. Chr. als kämpfende Truppe eine geringe Rolle. Erst nach 2000 v. Chr. gab es Berufssoldaten mit einer speziellen Ausbildung an verschiedenen Waffen: Pfeil und Bogen, Wurfspeer und Krummschwert. Später kam dazu der Umgang mit Pferd und Streitwagen. Der Dienst im Heer brachte jetzt Aufstiegsmöglichkeiten in der Beamtenhierarchie des Staates, und die militärische Führungsschicht gewann immer mehr Einfluss auf den König.

Nur eine privilegierte kleine Schicht besaß eigenen Grund und Boden als Privateigentum; freie Berufe oder selbständiges Unternehmertum hat es nicht gegeben. Die Mehrzahl der Menschen stand in einem Abhängigkeitsverhältnis zu den Staatsbesitzungen; die Worte «Sklaverei» oder «Sklaventum» im heutigen Sinne aber passen in keiner Weise zu den abgestuften Abhängigkeitsverhältnissen der ägyptischen Gesellschaft. Nur der Ägypter mit seinen Kenntnissen und seinen Anschauungen galt als wirklicher Mensch, dem Ausländer begegnete man mit Misstrauen. Aus dieser Haltung ergab sich eine große Lebenssicherheit, mit der Folge, dass die Bewohner des Nillandes nicht zu leidenschaftlichen Exzessen neigten. Sie waren kompromissfähig und auf Ausgleich bedacht, konnten aber in Notsituationen dennoch harte Entscheidungen fällen. In Darstellungen haben die Ägypter die Völker in vier Rassen eingeteilt und durch Farben gekennzeichnet: Gelb war der Asiat, weißlich der Libyer, schwarz der Schwarzafrikaner und rotbraun der Ägypter selbst. Entsprechend beinhaltet das ägyptische Wort für Farbe sinngemäß auch «äußeres Aussehen», «Wesen» und «Charakter».

Die Ägypter glaubten, dass man den jungen Menschen durch gezielte Erziehung formen und bilden kann. Diese Ansicht hat in einer eigenen Literaturgattung, den «Weisheitslehren», ihren Niederschlag gefunden. In ihnen gibt ein fiktiver, greiser Vater seine Lebenserfahrung wie ein Testament an seinen Sohn weiter. Bei einer Befolgung der «Lehre» standen am Ende Glück und Erfolg, bei ihrer Missachtung Scheitern und Unglück. Die Ägypter waren vor allem ein Volk der Literatur, das alles aufschrieb und bewahren wollte. Sie besaßen zudem die Fähigkeit zu abstraktem Denken, eine wichtige Voraussetzung für wissenschaftliche und künstlerische Arbeiten. Auf der Basis einer genauen Himmelsbeobachtung schufen die Ägypter einen Kalender, der aus einem Sonnenjahr von 365 Tagen, eingeteilt in 12 Monate zu je 30 Tagen, und fünf Zusatztagen bestand. Die Jahreszeiten aus je vier Monaten hießen «Überschwemmung», «Winter» und «Sommer». Der so entstandene Kalender, für Religion, Kult und Wirtschaft von großer Bedeutung, war allerdings gegenüber dem astronomischen Jahr um einen Vierteltag zu kurz, denn innerhalb von 4×365 (= 1460) Jahren durchlief so der Anfang des Jahres alle Jahreszeiten. Um diesen Fehler auszugleichen, passten die Ägypter das Jahr jeweils dem Frühaufgang des Fixsterns Sirius (ägyptisch Sepdet, griechisch Sothis) an, der regelmäßig zu Beginn des Jahres nach längerer Abwesenheit wieder am Firmament erschien.

Eine spezielle Vorstellung der Ägypter war, dass alles Seiende in der Welt paarweise existiert. So nannten sie die Urzeit, die Welt vor dem Schöpfungsakt: «Als es noch keine zwei Dinge gab». Das Nilland hieß «die Beiden Ufer» oder «die Beiden Länder», und der König trug die Ober- und die Unterägyptische Krone. Selbst die unendlich lange Zeit (Ewigkeit) unterschieden sie mit den Ausdrücken «djet» als lineare und «neheh» als zyklisch verlaufende Ewigkeit. Nicht zuletzt der Begriff «Mensch» war doppelt, nämlich männlich und weiblich, determiniert.

Die Familie war die engste, soziale Form des Zusammenlebens. Die Ehe war in der Regel monogam, Nebenfrauen stellten – außer im Königshaus – die Ausnahme dar. Während der Mann für den Unterhalt sorgte, war die Frau dem häuslichen Bereich zugeordnet, dabei aber rechtlich dem Manne gleichgestellt.

Das Geschichtsbewusstsein und die Chronologie der Ägypter waren von völlig anderer Natur als unsere heutige Historiographie. Es gab kein numerisches Abzählen der Jahre über den gesamten Zeitraum der ägyptischen Geschichte hinweg. Ursprünglich benannte man die Jahre nach bestimmten Ereignissen, etwa nach einem Feldzug, einem Tempelbau oder der Stiftung einer Kultstatue. Man spricht hier von Annalen. Im Alten Reich kam es im Abstand von zwei Jahren zum Zwecke der Steuerfestsetzung zur Zählung des Viehbestandes im Lande; diese Steuerschätzung verband man mit dem königlichen Namen (z. B. Jahr der zweiten Zählung unter König N. N.) und erhielt so eine neue Möglichkeit der Datierung. Schließlich ging man dazu über, nach Regierungsjahren zu rechnen. Die historischen Texte waren also ganz auf den König ausgerichtet, seine Taten wurden verherrlicht und gerühmt. Er war der Träger der Geschichte. Auch wenn gelegentlich Ansätze einer Kritik geäußert wurden, ging es nicht um geschichtliche Wahrheit oder um einen genauen Ablauf der Ereignisse. Der König feierte Geschichte als ein Festgeschehen. Im Laufe der Regierungszeit verlor der alternde König aber die Kraft, seine Herrschaft in vollem Umfang auszuüben. Ein Regierungsjubiläum oder Sed-Fest (ägyptisch «Hebsed»), das in der Regel im 30. Regierungsjahr eines Herrschers begangen wurde, sollte die verlorengegangenen Kräfte zurückbringen und rituell erneuern.

Dem modernen Historiker liefern wichtige Primärquellen ein chronologisch festes Gerüst der Geschichte Ägyptens. Neben zahlreichen Dokumenten aus allen Epochen stehen für die Frühzeit und das Alte Reich Bruchstücke der Annalen zur Verfügung, die sich mitunter mit anderen, in altägyptischer Zeit datierten Denkmälern in Einklang bringen lassen. Dazu kommen Tafeln und Königslisten wie z. B. ein Papyrus, der heute im Turiner Museum aufbewahrt wird. Von Bedeutung ist auch eine Geschichte Ägyptens, die der ägyptische Priester Manetho um 280 v. Chr. für König Ptolemäus II. in griechischer Sprache niederschrieb. Auf ihn geht die Einteilung der Herrscherhäuser in 31 Dynastien zurück. Leider kennen wir das Werk des Manetho nur durch wenige Auszüge, die sich bei dem jüdischen Historiker Flavius Josephus (37–110 n. Chr.) und bei spätantiken, christlichen Schriftstellern finden.

II. Frühzeit und Altes Reich

1. Die Vorgeschichte und ihre Fundorte

Im Jahre 1928 entdeckte der österreichische Ägyptologe Hermann Junker (1877–1962) auf seiner Westdelta-Expedition bei dem Ort Merimde-Beni Salame eine groß angelegte vorgeschichtliche Siedlung. Die Überreste der dörflichen Gemeinschaft aus dem Neolithikum (Jungsteinzeit), die zu Tage kamen und die zeitlich bis in die zweite Hälfte des 5. Jahrtausends v. Chr. zurückreichen, pflegt man heute nach dem Fundort als Merimdekultur zu bezeichnen. Die Menschen, teils Jäger, Fischer und Sammler, teils bereits sesshafte Bauern, hatten sich Häuser aus Rohrgeflecht gebaut. Es fanden sich noch Abdrücke von Mattenflechtwerk und Löcher, in denen Pfosten befestigt waren, außerdem Keramik und Feuersteinwerkzeuge. Auch Vorratskammern für Lebensmittel konnten festgestellt werden, dazu Reste von Kornspeichern, in denen sich Getreide nachweisen ließ. Bei einer späteren Grabung (im Jahre 1982) kam in

Merimde ein gelb bemalter, männlicher Idolkopf aus Terrakotta zu Tage (heute im Museum Kairo). Diese Plastik aus dem 5. Jahrtausend v. Chr. ist die früheste Darstellung eines Menschen auf dem afrikanischen Kontinent überhaupt.

Ende des 19. Jahrhunderts hat der englische Archäologe Sir Flinders Petrie (1853–1942) bei dem Ort Negade, 27 km nördlich der Stadt Luxor, einen großen vorgeschichtlichen Friedhof entdeckt. Der Fundort hat seither der ganzen oberägyptischen Kulturentwicklung seinen Namen gegeben. Das Material ließ zwei aufeinanderfolgende Schichten erkennen, die Petrie als Negade I (4000–3500 v. Chr.) und Negade II (3500–3200 v. Chr.) bezeichnete. Später kam noch als eine weitere Stufe Negade III (3200–3150 v. Chr.) hinzu. Bei dem kleinen Ort Badari in Mittelägypten fand man Reste der Negadekultur, aber darüber hinaus Gräber, deren Keramik, rotpolierte Ware mit schwarz geschmauchtem Rand, sich zeitlich deutlich vor die Negade-I-Epoche einreiht. Auch Kupferperlen und Gegenstände aus Elfenbein gehörten zu den archäologischen Entdeckungen dieser Nekropole. Man spricht von der Badarikultur, die anscheinend bruchlos und homogen um 4000 v. Chr. in die Negade-I-Zeit überging. Die oberägyptische Bevölkerung dieser Epoche bestand vorwiegend aus nomadisierenden Hirten und Viehzüchtern, die keinen festen Wohnsitz hatten und nur für ihre Toten einen siedlungsähnlichen Bestattungsplatz anlegten. Typisch für Negade I ist die rotbraun polierte Keramik mit gelbweißer Bemalung. Die Darstellungen zeigen die Auseinandersetzung der Menschen mit ihrer Umwelt: Zwischen stilisierten Bergen erscheint die Sonne, durch Wasserlinien ist der Nil gekennzeichnet, und eine reiche Tierwelt wird in knappen Strichen skizziert. Daneben treten auch tierförmige Gefäße auf sowie geometrisch geformte Schminkpaletten aus Schiefer zum Anreiben von Augenschminke. Besonders bemerkenswert sind rundplastische Figuren etwa von tanzenden Frauen, deren Körper in einfachen klaren Linien wiedergegeben sind, oder von bärtigen Männern, deren Leiber teilweise ohne Extremitäten nur in Umrissen erscheinen. Woher die Wende zur Negade-II-Zeit kam, ist nicht auszumachen. Wahrscheinlich sind Einflüsse aus Vorderasien dafür verantwortlich. Die neue Kultur überlagerte nicht nur das Gebiet der Negade I, sondern dehnte sich räumlich bedeutend weiter aus, wie Friedhöfe im nördlichen Oberägypten bei Gerzeh und Abusir el-Meleq, im Fajum bei Harageh und Sedment oder im östlichen Delta bei Minshat Abu Omar und Tell Ibrahim Awad demonstrieren. Es scheint damit eine gewisse kulturelle und zivilisatorische Einheit des Landes erreicht worden zu sein. Die Keramik, in der Wellenhenkelgefäße prominent hervortreten, weist einen beigefarbenen Grundton mit rotbrauner Bemalung auf. Da Motive von kriegerischen Handlungen oder Kämpfen fehlten, darf man davon ausgehen, dass die Entwicklung der neuen Epoche wohl friedlich verlaufen ist. Es treten jetzt erstmals Schiffsdarstellungen auf. Figürliche Arbeiten in Ton und Stein beweisen ebenso wie der Umgang mit Metallen handwerkliche Meisterschaft und eine vollendete Beherrschung des Materials. Die Schminkpaletten bekamen oft Tierformen in Gestalt von stilisierten Schildkröten, Fischen, Elefanten, Vögeln oder Nilpferden. Als Schlussphase der vorgeschichtlichen Entwicklung steht die kurze Zeit, die man Negade III nennt. Die bemalte Gefäßherstellung gab man nun vollständig auf. Dagegen blühte eine phantasievolle und formenreiche Steingefäß-Produktion, wobei die Gefäßkörper ein strengeres und schlankeres Aussehen erhielten. Jetzt lassen sich erste Versuche nachweisen, die Namen von Häuptlingen (die Bezeichnung König ist vielleicht noch nicht angebracht) schriftlich festzuhalten. Diese Namen waren vor allem mit Tiernamen wie Fisch, Elefant, Stier, Storch oder Canide gebildet. In dieser Indentifikation drückt sich die von den Menschen der Frühzeit empfundene göttliche Überlegenheit des Tieres durch Kraft, Schnelligkeit und die Fähigkeit, in anderen Elementen leben zu können, aus. Bei den rundplastischen Arbeiten von menschlichen Figuren treten in Aufbau und Ausführung jetzt alle Merkmale der kommenden «pharaonischen Kunst» hervor. Um 3150 v. Chr. wird eine der frühen Königsgestalten Ägyptens, Skorpion I., fassbar. Sein Grab in Abydos, das aus 12 Kammern bestand, enthielt an Grabbeigaben unter anderem kleine Anhängertäfelchen aus Knochen oder Elfenbein mit Inschriften, die zu den ältesten Schriftzeugnissen Ägyptens gehören.

2. Die Frühzeit. Grundlagen der Herrschaft

Man bezeichnet die Jahre von 3150 v. Chr. bis etwa 3000 v. Chr. als protodynastische Zeit oder – auf die Herrscher bezogen – als Dynastie Null. Von den etwa zehn Königen dieser Epoche ist vor allem der letzte prominent: König Narmer. Er hat die Vereinigung der beiden Landeshälften Ober- und Unterägypten nach einem langsamen Prozess der Annäherung und Eroberung abgeschlossen. Wichtigste Residenz des Königs war Hierakonpolis (ägyptisch Nechen), nördlich von Edfu in Oberägypten gelegen. Dort befand sich auch der bedeutende Tempel des Himmelsgottes Horus, als dessen Inkarnation auf Erden der König galt. Der Gottesname «Horus» war Titel des Herrschers. So erscheint bei der Nennung des Königsnamens in der Schrift eine Palastfassade, auf der der Horusfalke hockt. In die Fassade eingeschrieben ist der Name des Königs. Die berühmte Prunkschminkpalette des Königs Horus Narmer (Museum Kairo), die 1897 in Hierakonpolis gefunden wurde, gilt als Denkmal des königlichen Sieges über Unterägypten. Dargestellt ist der König mit oberägyptischer Krone, der mit einer Keule ausholt, um einen vor ihm zusammengesunkenen Feind niederzustrecken. Dieses Bild des «Niederschlagens der Feinde» wurde später zu einem Symbol des siegreichen Königtums überhaupt und fand bis in die Spätzeit hinein Verwendung. Mit Narmer schloss die Reihe der vorgeschichtlichen Könige, die den ersten Territorialstaat in der Geschichte der Menschheit aufgebaut hatten.

Die Königsliste König Sethos' I. (1290–1279 v. Chr.), die heute noch in seinem Tempel von Abydos steht, nennt als ersten geschichtlichen König Ägyptens Meni (griech. Menes), den auch Manetho an den Beginn seiner ägyptischen Geschichte gestellt hat. Durch ein Prinzensiegel wissen wir, dass er der Sohn von König Narmer war. Er nahm den Thronnamen Horus Aha (= Horus der Kämpfer) an und begründete die erste Dynastie. Die offiziellen Listen aber tradieren ihn mit seinem Geburtsnamen Meni.

Seine neue Festung und Residenz gründete Horus Aha (2982–2950 v. Chr.) an der Nahtstelle zwischen Ober- und

Unterägypten, wo sich später die Stadt Memphis ausdehnte. Unweit davon, auf einem Wüstenplateau bei Sakkara, errichtete er für sich einen großen Grabbau in einer rechteckigen Form, was wir heute als Mastaba (arabisch = Bank) bezeichnen. Es wurden aus dem Felsen fünf Kammern herausgehauen, die von einem 5 m hohen Kubus aus Nilschlammziegeln überbaut und mit einer Holzdecke überdacht wurden. Die vier Außenmauern waren wie eine Palastfassade in Vor- und Rücksprünge gegliedert, vor denen eine Reihe von aus Ton modellierten Stierköpfen mit echten Hörnern stand. Nach Norden hin schlossen sich eine Totenkultanlage und eine Grube für ein Schiff an, welches dem König im Jenseits zur Verfügung stehen sollte. Diese Grabanlage eröffnete die große und gewaltige Nekropole von Sakkara. Aber auch in Abydos baute Horus Aha ein bedeutendes Grab für sich, das an Größe alle bis dahin errichteten Gräber seiner Vorgänger übertraf. In diesen doppelten Anlagen, die alle Könige der 1. Dynastie errichteten, drückt sich die Vorstellung aus, dass der Herrscher der «Beiden Länder» sowohl in Ober- als auch in Unterägypten ein Grab besitzen müsse. Unter Horus Aha wurde der Kalender in Ägypten eingeführt. Diese Leistung bewirkte wohl, dass der Name des Herrschers am Anfang der Geschichte steht. Annalen auf Stein, die unter Horus Ahas Herrschaft begonnen wurden und die die Jahresereignisse der Frühzeit und des Alten Reichs bis zur 5. Dynastie festhielten, haben sich nur in einem leider sehr zerstörten Exemplar erhalten. Das größte Bruchstück wird im Museum von Palermo aufbewahrt und ist deshalb unter der Bezeichnung «Palermostein» bekannt. Unter der Herrschaft von Horus Aha wurde die Verwaltung im Inneren des Landes reformiert und zentralistisch ausgerichtet. Gleichzeitig begünstigten regelmäßige Schiffsfahrten entlang der Küsten enge Handelsbeziehungen nach Vorderasien und bis in den Libanon, woher man wertvolle Nadelhölzer holte. Jetzt wurde es notwendig, die Hieroglyphenschrift weiterzuentwickeln, um Nachrichten und königliche Befehle in alle Himmelsrichtungen zu schicken. Aber der Herrscher zeigte auch persönliche Präsenz überall im Lande, er reiste mit seinem Hofstaat umher, nahm die Abgaben als Gottesopfer in Empfang, sprach Recht und wirkte durch seine magisch-göttlichen Kräfte zum Wohl seines Volkes. Die höchsten Staatsämter, mit der Befugnis, in Vertretung des Königs handeln zu können, lagen in Händen von Prinzen und engen Angehörigen der Königsfamilie. Als der König starb, wurde er vermutlich wie seine Vorgänger in Abydos beigesetzt. Dort sind in kleinen Schachtgräbern auch Diener, Harimsdamen, Hofzwerge und Lieblingshunde mitbestattet, was den grausamen Brauch belegt, dass Diener beim Tode des Herrschers sterben mussten, um ihren König ins Jenseits zu begleiten. Dieses Ritual wurde am Ende der 1. Dynastie abgeschafft.

Nach dem Tod von Horus Aha folgte eine kurze Interimszeit. Dann bestieg Horus Djer (= der Fänger) den Thron. Während seiner langen Regierungszeit (2949–2902 v. Chr.) konsolidierte sich das Staatswesen. Er kämpfte gegen eindringende libysche Stämme am Westrand des Deltas und gründete dort bei dem Ort Pe (nahe der späteren Stadt Buto) einen Palast. Außerdem richtete er landwirtschaftliche Anlagen ein, welche die Versorgung der toten Könige mit Nahrung im Jenseits gewährleisten sollten. Seine zahlreichen Leistungen brachten es mit sich, dass der Name des Herrschers noch nach drei Jahrtausenden in hohem Ansehen stand. In Sakkara wurde für ihn eine mit Nischen gegliederte Mastaba errichtet, die erstmals mit steinernen Balken als Decke versehen ist. Sein Grab in Abydos ist das größte der 1. Dynastie. Der fast quadratische Innenraum enthält, völlig ungewöhnlich, eine aus Holz gestaltete Kammer, die das Abbild einer königlichen Wohnanlage darstellt. Im Grab wurde wertvoller Schmuck, darunter vier Armbänder aus Gold und Halbedelsteinen, gefunden. Das Grab von Horus Djer galt in späteren Zeiten (nachweislich ab der 18. Dynastie) als das Grab des Totengottes Osiris.

Nachfolger des Königs wurde sein Sohn Horus Wadji (etwa 2902–2889 v. Chr.). Für ihn ist auch die Benennung «König Schlange» oder «König Djet» geläufig. Auch von ihm sind zwei Grabanlagen (in Sakkara und Abydos) bekannt. Seine Grabstele aus Abydos, die nur den Horusnamen des Königs präsentiert, gehört zu den Meisterwerken der Reliefkunst (Louvre Paris).

Nach dem Tod dieses Königs übernahm sein Sohn Horus Den (= der Schneidende) das Herrscheramt (2889–2842 v. Chr.). Für den noch Unmündigen regierte einige Jahre seine Mutter Meritneith, wohl eine Tochter des Djer, die sich wie ein König sowohl in Sakkara als auch in Abydos eine Grabanlage errichten ließ. Die lange Regierungszeit des Horus Den stellte den politischen und kulturellen Höhepunkt der 1. Dynastie dar. Der Pharao führte nun die Bezeichnung «nisut-biti» (= König von Ober- und Unterägypten) in die offizielle Titulatur ein. Auch zwei Sed-Feste des Herrschers sind belegt. Im Sinai und in Südpalästina führte er erfolgreiche militärische Aktionen durch. Die staatliche Verwaltung wurde neu gegliedert und reformiert, das «Schatzhaus» als eine Art Finanz- und Wirtschaftministerium eingeführt und Verarbeitungsbetriebe wurden ausgebaut. In Sakkara entstanden drei Gräber und ein Kultbezirk für den König, doch ist sein oberägyptisches Grab in Abydos von besonderer Schönheit: Der Fußboden bestand aus rotem Assuangranit, die Stelen kontrastierend aus grau-grünem Diorit. Architektonische Neuerungen waren eine unzugängliche Kammer für Statuen (Serdab) und ein Treppenausgang für den toten König. Ihm folgten noch drei Könige (2842–2803 v. Chr.) der Dynastie, deren Regierungszeiten von politischen Wirren und Thronstreitigkeiten begleitet waren.

In der 2. Dynastie (2803–2657 v. Chr.) verlagerte sich der Schwerpunkt der politischen und kulturellen Entwicklung ganz nach Unterägypten. So wurde die Tradition, Königsgräber in Abydos anzulegen, aufgegeben. Im Lande kam es zu Konflikten und religiösen Spannungen, Kämpfe erschütterten den Staat. Der fünfte König der 2. Dynastie, Peribsen, macht die Tiefe des Konflikts deutlich, wenn er seinen Namen nicht mehr mit Horus verband, sondern nun den Namen Seth als königlichen Titel führte. Der gewalttätige Gott Seth aus Ombos/Negade galt als Gott Oberägyptens und der Wüste. König Seth Peribsen legte bei Abydos eine Festung an und nahm die alte Tradition, dort ein Königsgrab zu errichten, wieder auf. Die unterägyptische Gegenreaktion blieb nicht aus: Ein Horusherrscher setzte sich als Gegenkönig im Norden fest.

Der letzte König der 2. Dynastie, Horus-Seth Chasechemui (2684–2657 v. Chr.) bemühte sich, die Zersplitterung des Landes zu beenden. Er verband den Titel des Seth mit dem des Horus und nannte sich, anspielend auf die beiden Götter, Chasechemui, d. h. die beiden Mächte sind erschienen. Diese Zweiheit war nicht so ungewöhnlich, denn auch nach alter Königstheologie vereinte der König in sich die beiden Götter Horus und Seth, und der Königinnentitel lautet schon früh «Die Horus und Seth schaut».

Chasechemui gelang es, die staatliche Einheit des Landes wiederherzustellen. Der König ließ in Abydos und in Hierakonpolis Bauten errichten, wobei Stein als Architekturmaterial hervortrat. In seiner Regierungszeit gewann königliche und private Plastik an künstlerischem Format. Berühmt sind seine beiden, fast 60 cm hohen, prächtigen Sitzstatuen, die in Hierakonpolis zum Vorschein kamen und die anlässlich seines Regierungsjubiläums angefertigt wurden (Museum Kairo und Ashmolean Museum Oxford).

3. Staat aus dem Stein: Beginn der Pyramidenzeit

Mit der 3. Dynastie begann ein glorreicher Zeitabschnitt, den wir das «Alte Reich» nennen. Er war geprägt durch einen gewaltigen wirtschaftlichen und wissenschaftlichen Aufschwung mit einer florierenden Landwirtschaft, einer Blütezeit des Handwerks, der Mathematik und der Astronomie. Es entstanden einmalige Bauten, Skulpturen und Flachbilder.

Führend war zu dieser Zeit Unterägypten, während Oberägypten in eine gewisse Bedeutungslosigkeit versank. Die königliche Residenz an der Nahtstelle von Ober- und Unterägypten formte sich zur späteren Hauptstadt Memphis. Der Begründer der 3. Dynastie war König Nebka (2657–2640 v. Chr.), der eine Tochter des letzten Herrschers der 2. Dynastie heiratete. Seine Regierungszeit liegt weitgehend im Dunkeln. Erst sein Nachfolger (vermutlich der Sohn des Nebka) wurde berühmt. Wir kennen ihn unter dem Namen Djoser (2640–2620 v. Chr.), obwohl kein zeitgenössisches Denkmal ihn so nennt, sondern er stets mit

seinem Horusnamen Netjerichet (= Göttlichster der Götterschaft) erscheint. Erst spätere Graffiti von altägyptischen Touris-
ten, die seit der frühen 18. Dynastie nachzuweisen sind, nennen
ihn König Djoser und preisen ihn als den Erfinder des monumentalen Steinbaus, denn in seiner Regierungszeit ging man zur
großen Steinarchitektur über. Die Grabanlage des Herrschers,
die auf dem Wüstenplateau von Sakkara südlich der Königsgräber der Frühzeit errichtet wurde, ist der älteste, monumentale
Steinbau der Menschheitsgeschichte und als architektonische
und künstlerische Leistung bestaunenswert. In einem riesigen
Festbezirk von 545 m Länge und 280 m Breite, der von einer
10 m hohen weißen Kalksteinmauer umgeben war, war die irdi-
sche Wohnstatt des Herrschers in Stein nachgebildet. Sie stellte
die Residenz für die Ewigkeit dar, die den Machtanspruch des
Herrschers dauerhaft dokumentierte und wo er seine Regierungsjubiläen in unendlicher Folge feiern konnte. Innerhalb dieses Bezirkes erhebt sich die gestufte Pyramide wie der gewaltige
Urhügel, der, nach frühen altägyptischen Religionsvorstellun-
gen, als erstes Land aus dem Urgewässer auftauchte. In sechs
Stufen erreicht sie eine Höhe von 60 m. Über diese Treppe sollte
der verstorbene König zum Himmel gelangen. An der Nordseite
der Pyramide befindet sich der Eingang ins Innere. Ein tiefer
Schacht führt in einem weitverzweigten System von Gängen und
Räumen bis zur Sargkammer, die mit rotem Assuangranit ausgekleidet war. Im Norden fand man neben dem Totentempel die
lebensgroße Sitzstatue des Königs aus bemaltem Kalkstein, die
in einem engen Raum mit zwei Sehschlitzen (Serdab) aufgestellt
war. Der Körper ist in ein Festgewand gehüllt, der Kopf von einer
schweren Perücke und dem königlichen Kopftuch bedeckt.
Trotz einer Beschädigung besitzt das Antlitz noch immer eine
fast magische Ausdruckskraft. Der geniale Architekt und Bauleiter der Anlage war Vezir des Königs und hieß Imhotep. Auf
einer Statuenbasis (Museum Kairo) sind seine hohen Titel ver-
zeichnet. In späteren Epochen galt er als großer Weiser und als
Heiliger, ja als Sohn des Gottes Ptah selbst, der kultische Verehrung beanspruchen konnte. Die Griechen haben ihn mit dem
Heilgott Asklepios gleichgesetzt.

Unter König Djoser wurde das ganze Land neu geordnet und in Gaue eingeteilt. Dadurch sollte die Versorgung des Landes sicher und unabhängig von den Nilüberschwemmungen gemacht werden. Von den einzelnen Gauen gingen die Abgaben an die Residenz, wo sie magaziniert und verwaltet wurden und woher dann eine gezielte Verteilung bis in die entferntesten Regionen erfolgte. Diese Neuorganisation erforderte einen größeren Verwaltungsapparat mit einer höheren Anzahl von Beamten. Die Würdenträger der Djoser-Zeit legten ihre Gräber in der Umgebung der Stufenpyramide von Sakkara an. Im Mastabagrab des Hesire, «Vorsteher der königlichen Schreiber» und «Oberster Zahnarzt», fanden sich über einen Meter hohe Holzpaneele (Museum Kairo), die in Relief den Grabherrn in verschiedenen Haltungen und Bekleidungen darstellen. Meisterhaft sind die Formgesetze des ägyptischen Flachbilds ausgeführt: Jeder Körperteil der Menschen ist in einer möglichst charakteristischen Sichtweise wiedergegeben, wechselnd zwischen Profil- und Frontalansicht. In der 3. Dynastie kommt es auch in der Privatplastik zu einer Neuorientierung: Der später so beliebte Statuentypus des am Boden hockenden Schreibers, der auf dem straff gespannten Schurz die Papyrusrolle ausgebreitet hat, die er mit der linken Hand festhält und mit der rechten Hand beschreibt, entstammt dieser Epoche.

Nachfolger des Djoser war König Horus Sechemchet (= Mächtigster der Götterschaft), der um 2620–2613 v. Chr. den Thron Ägyptens innehatte. Auch er legte sich in Sakkara einen ummauerten Festbezirk mit einer Stufenpyramide an, doch wurde der Bau durch den frühen Tod des Herrschers unvollendet aufgegeben. Die letzten beiden Könige der 3. Dynastie waren Horus Chaba und ein König mit dem Geburtsnamen Huni. Nach dem Tod von König Huni, der um 2590 v. Chr. starb und in einer heute weitgehend zerstörten Stufenpyramide in Sakkara-Nord bestattet wurde, kam es zu einem Dynastiewechsel.

4. Die 4. Dynastie:
Hochblüte in Architektur und Plastik

Begründer der 4. Dynastie wurde Snofru (= [Gott] hat mich vollkommen gemacht) mit dem Horusnamen Nebmaat (= Herr der Maat). Seine Hauptgemahlin war Hetepheres, eine Tochter des Huni, die ihm wohl die Legitimität des Throns zutrug. In seiner Regierungszeit (2590–2554 v. Chr.) begann der Aufstieg des Landes in Kunst und Kultur, er wurde zu einem der größten Bauherren Ägyptens. Die Annalen des Palermosteins berichten von der Errichtung eines neuen Palastes mit Toren aus Zedernholz, von intensivem Schiffsbau und von einem Feldzug nach Nubien mit riesiger Beute an Gefangenen und Vieh. Zahlreiche Wirtschaftsdomänen und Viehweiden wurden neu geschaffen.

Besondere Bedeutung während der gesamten 4. Dynastie hatte der Pyramidenbau. So begann auch König Snofru bei der königlichen Residenz von Medum, etwa 50 km südlich von Sakkara, seine Pyramide namens «Djed-Snofru» (= Snofru dauert). Der Bau wurde entsprechend dem Sonnenlauf in Ost-West-Orientierung ausgeführt. Zuerst als Stufenpyramide konzipiert, wurde sie einmal erweitert, um schließlich als «klassische» Pyramide (quadratischer Grundriss und darüber ein Körper aus vier gleichschenkligen Dreiecken) weitergebaut zu werden. Auch Kultbauten und ein Prinzenfriedhof für die Söhne Nefermaat, aus dessen Grab die berühmte Malerei «Gänse von Medum» stammt (Museum Kairo), und Rahotep wurden angelegt. Danach aber übersiedelte die Residenz nach Dahschur, 45 km nördlich von Medum, und die Pyramide «Djed-Snofru» wurde aufgegeben.

In Dahschur baute der König zwei weitere Pyramiden, zum einen die sogenannte Knickpyramide, die im unteren Teil einen steileren Böschungswinkel aufweist als im oberen, zum anderen nördlich davon die Rote Pyramide, die heute so genannt wird, weil unter der fehlenden äußeren Verkleidung ihr Kern aus rot schimmerndem Kalkstein hervortritt. Kultanlagen sind auf der Ostseite in einer lockeren Gliederung aufgebaut. Die Knickpyramide besaß einen Taltempel mit reicher Relief-Dekoration, in welchem lebensgroße Königsstatuen standen. Beide Pyramiden bilden zusammen eine religiöse und architektonische Einheit, die «Snofru erglänzt» genannt wurde. Bauleiter für die gesamte Anlage war Kanofer, ein Sohn des Königs. Die hohen Würdenträger durften ihre Grabanlagen in der Nähe der Pyramiden von Dahschur und Medum anlegen und blieben so über den Tod hinaus mit dem Herrscher verbunden. Welch unermessliche Schätze in den Pyramiden beigegeben gewesen sein mögen, davon vermittelt uns der sensationelle Fund der Grabungsmannschaft des amerikanischen Archäologen George Reisner (1867–1942) einen Eindruck: Im Februar 1925 stieß man zufällig in Giza auf einen Schacht, der in 25 m Tiefe zum Eingang einer Grabkammer führte. In dieser Kammer, die seit der 4. Dynastie unberührt geblieben war, fand man die kostbaren und einzigartigen Grabbeigaben der Königin Hetepheres (Museum Kairo).

Nach dem Tod Snofrus bestieg Chufu (= der Gott Chnum ist es, der mich schützt), Sohn des Snofru und der Hetepheres, den Thron. Wir kennen ihn besser unter der gräzisierten Form seines Namens: Cheops. Von ihm ist nur eine einzige, durch seinen aufgeschriebenen Namen sicher identifizierbare Skulptur auf uns gekommen: In Abydos fand man ein nur 7,5 cm großes, hervorragend modelliertes Miniaturfigürchen aus Elfenbein, das den Herrscher mit der roten, unterägyptischen Krone auf einem Thron sitzend zeigt (Museum Kairo). Für immer aber ist sein Name mit der großen Pyramide in Giza verbunden. Sie ist das höchste und gewaltigste Bauwerk der Antike und hat als einziges der sieben antiken Weltwunder die Zeiten überdauert.

Die Errichtung von Pyramiden stellte für die Ägypter eine religiöse Handlung dar: Sie bedeutete, Brücken vom Diesseits zum Jenseits zu schlagen, bedeutete, einen Gottesdienst auszuführen. Während der König durch sie einen Aufstieg zum Himmel erhielt, garantierte er dafür seinen Untertanen, die am Bau beteiligt waren, die Unsterblichkeit. Natürlich stellte die Errichtung so gewaltiger Bauten eine organisatorische Meisterleistung dar. Die Vorstellung aber, dass Sklavenheere die Pyramiden in Fronarbeit erbaut hätten, gehört in den Bereich der Legende. Beim Bau waren vorwiegend Architekten, Astronomen und Mathematiker, qualifizierte Handwerker und Facharbeiter beschäftigt, zeitweise auch Bauern, die während der Überschwemmungszeit, in der die landwirtschaftliche Produktion ruhte, zur Hilfsarbeit herangezogen wurden. Die Steinblöcke brach man in Steinbrüchen, lud sie dann auf Schiffe und transportierte sie bis nahe an die Baustellen heran. Von dort wurden sie auf Holzschlitten umgeladen und von Menschen und Tieren über Ziegelrampen direkt zum Bau geschleppt und präzise eingesetzt. Die Cheops-Pyramide hat als Architekt der Vezir und Neffe des Cheops, Hemiun, dessen herrliche Sitzstatue im Pelizäusmuseum Hildesheim aufbewahrt wird, um einen stehengelassenen Felskern errichtet. Sie trug den Namen «Horizont des Cheops». Bei Seitenlängen von 230 m türmten sich 2,5 Millionen Blöcke, jeder mehrere Tonnen schwer, in einem Böschungswinkel von 51,5 Grad zu einer Höhe von fast 147 m auf. Präzise war das Bauwerk nach Norden ausgerichtet. Die Sargkammer aus Rosengranit liegt zum ersten Mal nicht im unteren Teil, sondern in der Mitte der Pyramide. Vom Totentempel auf der Ostseite sind nur geringe Reste erhalten. Zum gesamten Pyramidenkomplex gehören noch drei kleine Königinnenpyramiden, die für die königliche Mutter Hetepheres und die Königinnen Meritites und Henutsen bestimmt waren, sowie fünf aus dem Felsen herausgeschlagene Wannen, in denen man Schiffe beigesetzt hat, die dem König auf seiner Jenseitsreise dienen sollten. Eines dieser Schiffe von 43 m Länge konnte wieder zusammengesetzt werden und ist heute in einem Museum neben der Pyramide zu besichtigen. Die Söhne und Enkel des Königs legten ihre Mastabas (siehe S. 25) in nächster Nähe östlich oder westlich der Pyramide an. Unbekannt ist, ob der gigantische Sphinx von Giza, ein Wahrzeichen auch des modernen Ägypten, sowie der dazugehörige Tempel, dem «Horus im Horizont» geweiht, ein Werk des Königs Cheops selbst sind oder von einem seiner direkten Nachfolger geschaffen wurden.

Von Cheops sind kaum historische Fakten überliefert. Der negative Bericht von Herodot aber, der «Tyrann» habe alle Ägypter gezwungen, für ihn zu arbeiten, und das Land ins tiefste Unglück gestürzt, beruht auf dem geringen Verständnis des Autors für den ägyptischen Jenseitsglauben. Tatsache ist, dass Totenkult und Verehrung des Cheops im Volk fortdauerten und noch in römischer Zeit praktiziert wurden. Der König starb nach einer Regierungszeit von 23 Jahren etwa um 2531 v. Chr.

Nachdem der Kronprinz Kawab bereits kurz vor seinem Vater gestorben war, bestieg sein Halbbruder Djedefre (= Er dauert, ein Re) den Thron. Er heiratete die Witwe von Kawab, Hetepheres II., die ihm vermutlich den Thronanspruch sicherte. In seiner Regierungszeit (2531–2522 v. Chr.) vollzog sich ein theologischer Wandel. Schon seit Beginn der 4. Dynastie hatte sich der Sonnengott Re an die Spitze des Pantheon gesetzt und dominierte das religiöse Leben. Nun passte sich das Königtum den neuen theologischen Erfordernissen an: König Djedefre führte den Begriff «Sohn des Re» in die Herrschertitulatur ein und schloss damit auch die Entwicklung der fünffachen Königstitulatur ab. Architektonisch wollte er über das Werk seines Vaters hinausgehen, er verließ Giza und legte seine Pyramide mit dem Namen «Sternenzelt des Djedefre» 7 km nördlich bei dem Dorf Abu Roasch auf einem erhöhten Felsvorsprung an. Der Bau wurde zwar nach dem Tod des Herrschers provisorisch fertiggestellt, blieb aber insgesamt unvollendet. Heute sind von ihm nur geringe Reste erhalten, da er leider jahrhundertelang als Steinbruch benutzt wurde. Ein hervorragend gearbeitetes Kopffragment des Königs aus rotem Quarzit, das den Kunststil der Epoche, einen überhöhten Realismus, klar zum Ausdruck bringt, befindet sich im Louvre in Paris.

Nach dem Tod des Königs kam für einige Jahre sein ältester Sohn Baka an die Regierung. Von ihm stammt – durch Graffiti belegt – die nördliche, unvollendet gebliebene Pyramide von Zawiyet el-Aryan. Dessen Nachfolger war ein Halbbruder des Djedefre, Chafre (= Er erscheint, ein Re), griechisch Chephren genannt. Er errichtete seinen Grabkomplex unmittelbar südwestlich neben der Pyramide seines Vaters. Obwohl Chephrens Bau etwas kleiner ist, überragt er, auf einem höheren Terrain liegend, die Cheopspyramide. Ein 600 m langer, ehemals gedeckter Auf-

weg verbindet den Totentempel mit dem hervorragend erhaltenen Taltempel: Dieser ist T-förmig aus Kalkstein aufgebaut, die
Wände sind mit Rosengranit verkleidet, es finden sich mono-
lithische Pfeiler aus dem gleichen Stein und ein Fußboden aus
hellem Alabaster. Im Innern waren einst 23 lebensgroße Statuen
des Herrschers aus Diorit aufgestellt. Dieser Stein wurde in
Toschka (Unternubien) gebrochen, was uns zeigt, dass das Gebiet bis zum zweiten Nilkatarakt bereits damals fest in ägyptischer Hand war. Eine der vollständig erhaltenen Statuen zeigt
den König auf einem mit Löwenköpfen verzierten Thron sitzend
(Museum Kairo). Die kraftvolle Gestalt des Herrschers ist mit
der hohen Rückenlehne des Throns verbunden, auf der der Horusfalke hockt und mit seinen Schwingen schützend das königliche Haupt umschließt. Das Antlitz strahlt Ruhe, Dauer und
Macht aus. Das Rundbild verkörpert den König in seiner göttlichen Funktion als «lebendiger Horus auf Erden».

Nach einer etwa 26-jährigen Regierungszeit starb der König
um 2489 v. Chr. Nachfolger wurde sein Sohn Menkaure (= Mit
bleibenden Lebenskräften, ein Re), dessen gräzisierter Name
Mykerinos lautet. Er ist der Erbauer der dritten Pyramide mit
dem Namen «Göttlich ist die (Pyramide) des Mykerinos», die
nur eine Höhe von 70 m erreicht. Kostbar wurde sie im unteren
Teil mit Rosengranit aus Assuan verkleidet, doch den eigentlichen Schwerpunkt legte man jetzt auf die Dekoration des Tal-
tempels. Dort kamen herrliche Bildwerke zu Tage wie die Statue
des Königs und seiner Gemahlin Chamerernebti (Museum
Boston) und die aus Schiefer gestalteten Triaden, die den König
in Gemeinschaft mit der Göttin Hathor und verschiedenen Gau-
gottheiten zeigen (Museum Kairo). Dass der Pyramidenkomplex
insgesamt deutlich kleiner gestaltet ist als bei den Vorgängern,
muss auch als Ausdruck einer beginnenden Schwäche des Staates angesehen werden. Als Mykerinos nach einer Regierungszeit
von etwa 28 Jahren um 2461 v. Chr. starb, erbte den Thron sein
Sohn Schepseskaf (2461–2456). Er vollendete in Eile den Pyramidenkomplex seines Vaters. Für sich selbst aber legte er keine
Pyramide mehr an, sondern begann eine riesige Mastaba in
der Nachbarschaft der Pyramiden seines Stammvaters Snofru

in Sakkara-Süd zu errichten. Nach dem frühen Tod des Schepseskaf kam es zu Thronwirren und zu einem Dynastiewechsel.
Bisher ist der historische Vorgang, der diesen Übergang bewirkte, nicht geklärt. Er hat auch die alten Ägypter literarisch
beschäftigt und zu einer Jahrhunderte später niedergeschriebe-
nen Legende (Papyrus Westcar, Ägyptisches Museum Berlin)
von der wunderbaren Geburt der frühen Könige der 5. Dynastie
geführt: König Cheops – so die Legende – wurde von einem
großen Weisen prophezeiht, dass die Frau eines Priesters des
Sonnengottes Re Drillinge gebären werde, die Userkaf, Sahure,
Kakai heißen würden. Nach göttlichem Wunsch sollten sie als
Könige nacheinander über Ägypten herrschen und eine eigene
Dynastie begründen.

5. Die Sonnenkönige der 5. Dynastie

Neuer König wurde Userkaf, wohl ebenfalls ein Sohn des Mykerinos. Er begann eine sehr aktive Außenpolitik, indem er in
Nubien militärisch eingriff und die Handelskontakte bis zu den
Ägäischen Inseln ausbaute. Seine Pyramide errichtete er in Sakkara-Nord in nächster Nähe des Djoser-Bezirks, doch war diese
viel bescheidener und weder an Qualität des Materials noch an
Höhe mit den Bauten seiner Vorgänger vergleichbar. Einen
neuen religiösen Akzent aber setzte Userkaf, als er bei dem heutigen Dorf Abusir, einige Kilometer nördlich von Sakkara, zu
Ehren des Sonnengottes Re einen völlig ungewöhnlichen Tempel
baute, den er «Hauptstadt des Re» nannte. Ritueller Mittelpunkt war ein Altar in einem offenen Hof. Die Besonderheit war
ein gewaltiger Obelisk, auf dessen vergoldeter Spitze man die
Sonne ruhend dachte. Allmorgendlich stieg diese mit ihren
ersten Strahlen zur Erde hinab und trat mit dem König in Verbindung. So stellten der kosmische Gott und der König den Einklang des Himmels mit der Erde her. Zudem war das Sonnenheiligtum eng mit der Pyramidenanlage des Königs verknüpft und
hatte wirtschaftlichen und religiösen Anteil am Totenkult des
Herrschers. Damit eröffnete Userkaf in Abusir auch eine neue
Königsnekropole. Im Jahr 1957 fand man im Sonnenheiligtum

den hervorragend gearbeiteten Kopf einer Kolossalstatue des Userkaf (Museum Kairo) aus Grauwacke, der eine enge künstlerische Beziehung zu den Rundbildern des Mykerinos aufweist.

Nachfolger auf dem Thron war ein Sohn des Königs, Sahure (= Re gelangt zu mir), der von 2446 bis 2433 v. Chr. regierte. Er errichtete seine Pyramide auf einem Hügel in der Nachbarschaft des Sonnenheiligtums des Userkaf. Leider ist der Komplex sehr zerstört; den dazu gehörenden Sonnentempel «Opferfeld des Re» hat man bis heute nicht gefunden. Handelsexpeditionen holten Zedernholz aus Byblos oder Gewürze, Weihrauch, Elfenbein und Raubtierfelle aus dem geheimnisvollen Punt, dem heutigen Somalia an der Ostküste Afrikas. Auch die Ausbeutung der Dioritbrüche bei Abu Simbel wurde vorangetrieben.

Nach dem Tod des Sahure kam es zu innenpolitischen Wirren, welche nicht seinen Sohn als legitimen Erben, sondern seinen Bruder Kakai auf den Thron brachten. Dieser nahm den Thronnamen Neferirkare (= Mit schöner Gestalt und Lebenskraft, ein Re) an. Er regierte von 2433 bis 2413 v. Chr. Seine Pyramide war ursprünglich mit 52 m das höchste Bauwerk der Königsnekropole von Abusir. Leider ist sie zusammengebrochen und heute nur noch ein Steinhügel. Der Sonnentempel des Königs, der «Lieblingsplatz des Re», soll die bedeutendste Anlage dieser Art gewesen sein; auch sie ist bis heute verschollen. Im Totentempel entdeckte man Papyrusfragmente des ehemaligen Tempel-Archivs, die uns wichtige Einblicke in die religiösen Gegebenheiten und in die Verwaltung gewähren. Unter der Regierung des Neferirkare kam es nämlich zu einer wesentlichen Veränderung: Die höchsten Verwaltungsämter des Staates wurden jetzt durch eine besonders ausgebildete Schicht von Privatleuten übernommen. Diese neuen Beamten und Priester Neferirkares kennt man durch ihre Grabmäler und Biographien, welche tiefe Einblicke in das Verhältnis zwischen dem Pharao und seinen Gefolgsleuten erlauben. Da wurde etwa der Hofbeamte Rawer versehentlich vom Zepter des Königs berührt, ein todbringender Kontakt. Neferirkare aber rief ihm «Heil» zu, wodurch aus dem Versehen ein besonderer Gunstbeweis entstand. Der Hohepriester des Ptah von Memphis, Ptahschepses, berichtet, dass ihm die hohe Gnade zuteil wurde, Neferirkare die Füsse küssen zu dürfen anstatt den Erdboden vor ihm. Der wichtigste Mann am Hof war Waschptah; er war Vezir und oberster Architekt des Königs. Über sein Ende sind wir gut informiert: Eines Tages besichtigten Neferirkare und sein Hofstaat die Baustelle des Sonnenheiligtums, welches unter Waschptahs Leitung errichtet wurde. Dieser führte die Anlage vor, und der Herrscher und alle, die mit ihm waren, bewunderten sein Werk in den höchsten Tönen. In diesem Augenblick verunglückte der Architekt, indem er von einem hohen Gebäudeteil abstürzte. Vielleicht brach er zusammen, weil ein Schlaganfall ihn getroffen hatte. (Der überlieferte Text weist an dieser Stelle leider eine Lücke auf.) «Daraufhin ließ seine Majestät ihn stützen und ließ ihm einen Verband besorgen.» Man kehrte in den Palast zurück und rief den Oberarzt, aber Waschptah war nicht mehr zu retten. Bestürzt über das plötzliche Ableben seines Vezirs ordnete der König an, dass das eben Geschehene aufgezeichnet werden sollte. Das Grab des Waschptah, das in der Nähe der Pyramide des Sahure liegt, stattete der König mit reichen Gaben aus. Auch die Karriere des «Oberfriseurs» Ti, dessen herrlich dekoriertes Mastabagrab in Sakkara zum Besuchsprogramm jedes Ägyptenreisenden gehört, begann unter Neferirkare.

Seine Nachfolger wurden zuerst zwei Söhne, Neferefre und Schepseskare, die aber nach kurzen Regierungszeiten starben. Zwistigkeiten innerhalb der Herrscherfamilie brachen aus und endeten erst, als Niuserre (= Dem Stärke gehört, ein Re), ein dritter Sohn des Neferirkare, den Thron bestieg. Zu Beginn seiner Regierungszeit (2395–2364 v. Chr.) baute er an den noch nicht vollendeten Pyramidenanlagen seiner Vorgänger weiter und errichtete zugleich seine eigene in der Nachbarschaft der Anlagen des Sahure und der seines Vaters. Berühmt ist sein Sonnenheiligtum «Lustort des Re», das er nordwestlich von Abusir anlegte und das Ende des 19. Jahrhunderts wiederentdeckt wurde. Der Tempel stand auf leicht erhöhtem Terrain; unterhalb breitete sich eine von einer Mauer umgebenene, kleine Stadt aus. Im Mittelpunkt des Tempels standen in einem offenen Hof ein großer Opferaltar aus Kalzit und ein 36 m hoher, aufgemauerter

Obelisk (heute in sich zusammengebrochen), welcher sich auf einem 20 m hohen Sockel erhob. Im Inneren dieses Sockels führte ein gewundener Aufgang, die sogenannte «Weltkammer», zum Obelisken. Dort zeigten herrlich ausgeführte Reliefs, die sich heute in den Museen von Kairo, Berlin und München befinden, das segensreiche Wirken des Sonnengottes während der Jahreszeiten. An der Südostecke des Hofes stand die Sed-Fest-Kapelle. Aus ihr stammen die bemerkenswerten Reliefs, welche den Ablauf des Regierungsjubiläums schildern, das der König an diesem Platz einst feierte (Ägyptisches Museum Berlin).

Nachfolger des Herrschers wurde Menkauhor (= Mit bleibenden Lebenskräften, ein Horus), ein Mann, über dessen Herkunft nichts bekannt ist. Er regierte neun Jahre und hinterließ nur wenige historische Dokumente, darunter eine Gedenkinschrift auf dem Sinai. Seine Pyramide und sein Sonnenheiligtum «Horizont des Re» wurden bis heute nicht entdeckt.

Nach Menkauhors Tod bestieg Djedkare (= Mit dauernder Lebenskraft, ein Re) mit dem Geburtsnamen Asosi den Thron. Auch seine Herkunft liegt im Dunkeln. In seiner langen Regierungszeit (2355–2317 v. Chr.) kam es zu einer Reform der Staatsverwaltung, die notwendig wurde, weil die eigenmächtigen Gauverwaltungen die königliche Zentralregierung immer mehr schwächten. Die Steuereinnahmen verminderten sich beträchtlich, dagegen stiegen die Pfründe der einzelnen Tempel und das Vermögen der hohen Beamten. Der König versuchte, dieser gefährlichen Entwicklung entgegenzusteuern. Er schuf das Amt eines «Vorstehers von Oberägypten» mit Sitz in Abydos, das dem König direkt unterstellt war. Damit konnte der wirtschaftliche und politische Einfluss der Zentralregierung zunächst erfolgreich gestärkt werden. Expeditionen wurden nun nach Byblos, Punt und Nubien geschickt; im Land stellte sich vorübergehend ein gewisser Wohlstand ein. Djedkare gab die Königsnekropole in Abusir auf und legte seine Pyramide im südlichen Sakkara an. Ein Sonnenheiligtum wie seine Vorgänger errichtete er nicht mehr, was sicher religiöse Gründe hatte: Der Sonnengott blieb zwar die zentrale und mächtigste Götterfigur des Pantheon, aber der Herrscher des Totenreiches, Osiris, gewann immer mehr an Bedeutung.

Unter Djedkare wirkte der Vezir Ptahhotep, der als Verfasser einer berühmten Weisheitslehre gilt. Es handelt sich dabei um die älteste vollständig erhaltene didaktische Schrift des Alten Ägypten.

Als letzter König der 5. Dynastie regierte Unas (2317–2297 v. Chr.), von dem wir nicht wissen, wie er mit seinem Vorgänger verwandt war. Unter ihm ging die schleichende Schwächung des Königtums weiter. Unas baute in Sakkara die kleinste Königspyramide der ganzen Epoche. Aber er errichtete einen hervorragenden Komplex von Bauten, darunter einen fast 700 m langen, überdachten, mit schönen Reliefs versehenen Aufweg vom Taltempel zur Pyramidenanlage. Seine Grabkammer war die erste, die mit den sogenannten Pyramidentexten beschriftet wurde. Es handelt sich dabei um eine Spruchsammlung, die den König auf seiner Jenseitsreise schützen sollte. Vorstellungen von Tod und Auferstehung des Osiris treten hervor: Wie Osiris erreichte der König durch sein Sterben den Übergang in die göttliche Welt, während sein Sohn als Horus auf Erden die Herrschaft übernahm. Gewahrt blieb die Kontinuität des Staates: Der König ist tot, es lebe der König.

Noch vier Könige und drei Königinnen der kommenden Dynastie zeichneten ebenfalls diesen allein für den Herrscher bestimmten Text in ihren Grabkkammern auf.

6. Der Zusammenbruch des Staates: Sturz aus der Geborgenheit

Teti (2297–2287 v. Chr.), der Begründer der 6. Dynastie, gelangte durch die Heirat mit der Tochter des Königs Unas, Iput, auf den Thron. Der Name Teti, wie auch der seines Sohnes Pepi, sind Kosenamen, die jetzt in jovialer Weise in die königliche Titulatur aufgenommen wurden. Nachrichten aus seiner Zeit sind spärlich; nach einer zehnjährigen Regierungszeit fiel er einem Mordanschlag zum Opfer und wurde in seinem Pyramidenkomplex in Sakkara-Nord beigesetzt.

Nach kurzen Unruhen, in denen ein Usurpator, Userkare, die Gelegenheit nutzte, für zwei Jahre die Herrschaft an sich zu reißen, konnte sich schließlich mit der Unterstützung oberägyptischer Gaufürsten, vor allem aus Abydos, der legitime Thronfolger, Sohn des Teti, Pepi I. (2285–2235 v. Chr.) als König durchsetzen. Er heiratete nicht nur zwei Töchter des Gaufürsten von Abydos, sondern setzte auch deren Bruder Djau zum Vezir ein. Um die desolate wirtschaftliche Lage in den Griff zu bekommen, ging man dazu über, die üblicherweise im zweijährigen Rhythmus durchgeführte Viehzählung nun jährlich abzuhalten. Handelsunternehmungen zu den Nachbarländern und auch in das Weihrauchland Punt hatten teilweise kriegerischen Charakter, wie uns Berichte in den Gräbern der Expeditionsleiter Kaemheset und Inti in Sakkara zeigen. Zur Untersuchung einer Harimsverschwörung gegen den König setzte der Herrscher den aus Abydos stammenden Höfling Uni ein, der in seiner Biographie berichtet:

«Im königlichen Harim wurde im Geheimen ein Prozess gegen die Königin Weretjamtes durchgeführt. Seine Majestät befahl mir hinzugehen, um alleine das Verhör durchzuführen.»

Auf Uni warteten weitere, ehrenvolle Aufgaben: Als Befehlshaber einer Armee musste er auf dem Sinai und in Palästina militärische Operationen gegen aufsässige Beduinen durchführen. Siegreich und glücklich kehrte er heim. Der autobiographische Bericht über diese Kämpfe ist literarisch bedeutsam.

Einige prominente Bildwerke von Pepi I. sind auf uns gekommen: So fand man im Winter 1897/98 in Hierakonpolis eine lebensgroße, meisterhaft gearbeitete Kupferstatue, die anlässlich seines Sed-Festes geschaffen wurde. Im Innern des Rundbildes befand sich eine weitere, nur 60 cm hohe Statuette, die aber nicht – wie oft behauptet – seinen Sohn, sondern ebenfalls Pepi I. als Kind darstellt (Museum Kairo). Die Verbindung beider Königsfiguren in den verschiedenen Altersstufen gibt den Zyklus des Lebens wieder und war Garant für die Wiedergeburt des Königs. Eine andere, nur 15 cm hohe Statuette aus Schist (Brooklyn Museum, New York) zeigt Pepi I. kniend vor einer

Gottheit. Es ist die älteste Bildwiedergabe eines Königs in dieser Demutshaltung.

Ein Dekret Pepis I. aus dem 21. Regierungsjahr, das auf einem Gedenkstein (Ägyptisches Museum Berlin) erhalten ist, wurde zum Schutz und zur immerwährenden Versorgung der beiden Pyramiden des Königs Snofru erlassen. Die ausgedehnte Pyramidenanlage Pepis I. mit der großen Nekropole seiner Königinnen umfasste insgesamt 17 000 m² und wurde im südlichen Sakkara angelegt. Der Komplex enthielt neben der 54 m hohen Pyramide des Königs sechs Königinnenpyramiden und ein Prinzengrab sowie die dazugehörenden Tempel, Kapellen und einen Aufweg. Der Eindruck, den diese gigantische Anlage einst auf die Menschen machte, war so überwältigend, dass ihr Name «Mennefer Pepi» (= Bleibend und vollkommen ist Pepi) zur Bezeichnung einer Stadt wurde, die wir unter der gräzisierten Form als «Memphis» kennen.

Nachfolger des Königs wurde sein noch unmündiger Sohn Nemtiemsaf I., der den Thronnamen Merenre annahm. In seiner nur sechsjährigen Regierungszeit unternahm der Gaufürst Horchuf von Elephantine, wie er in seinem Grab in Assuan berichtet, drei Expeditionen weit nach Süden, nach Obernubien hinein, um von dort tropische Edelhölzer und Elfenbein nach Ägypten zu bringen. Der schon oben erwähnte Uni sicherte mit einer Truppe die Steinbrüche zwischen dem ersten und zweiten Katarakt. Nach dem frühen Tod des Königs bestieg sein ebenfalls noch unmündiger Halbruder Pepi II. (2229–2169 v. Chr.) den Thron. Nach der Überlieferung soll er 90 bis 94 Jahre regiert haben, doch handelt es sich bei diesen Angaben vermutlich um eine Vertauschung der Zahl 60 mit 90, da beide Zahlen in der hieratischen Schrift zum Verwechseln ähnlich sind. Für den Kindkönig führten seine Mutter, Königin Anchesenpepi II., und ihr Bruder Djau die Regentschaft. Als der König noch jung war, brachte der schon erwähnte Horchuf von seiner vierten Nubienexpedition einen Tanzzwerg, einen Pygmäen, mit und gab dem Herrscher davon Nachricht. Der König war begeistert und schrieb an Horchuf einen Brief, übrigens das einzige vollständig erhaltene Schreiben eines Herrschers aus der Zeit des Alten Reiches:

«… Eile und bringe mit dir diesen Zwerg, den du lebend, gesund und heil aus dem Land der Geister geholt hast, für die Tänze Gottes und für die Belustigung und zur Unterhaltung des Königs von Ober- und Unterägypten, Neferkare (= Thronname), der ewig lebt. Diesen Zwerg wünscht meine Majestät lieber zu sehen als die Gaben des Sinai und die von Punt!»

Es ist dies der Brief eines Kindes, kein Sendschreiben eines Königs, dessen Land am Abgrund steht.

In der langen Regierungszeit Pepis II. vollzog sich ein nicht mehr abzuwendender Niedergang Ägyptens: Die Handelsbeziehungen mit den Nachbarvölkern kamen nach und nach zum Erliegen, eine ägyptische Expeditionstruppe, die zum Libanon ausgeschickt worden war, wurde vernichtend geschlagen. Innenpolitisch zeigte sich die Zentralregierung ohnmächtig gegen die immer eigenmächtiger handelnden Gaufürsten. Selbst die Beamtenschaft fühlte sich unabhängig vom königlichen Hof. Schließlich erlahmte der Verwaltungsapparat vollständig und war nicht mehr in der Lage, die Versorgung des Landes mit Lebensmitteln und Gütern des täglichen Bedarfs zu gewährleisten. Jetzt gab es für die Bevölkerung Ägyptens keine Geborgenheit und keine Sicherheit mehr. Zwar errichtete Pepi im Süden von Sakkara noch eine Pyramidenanlage «Von Dauer ist das Leben des Pepi». Sie sollte aber die letzte des Alten Reiches sein. Nach dem Tod des greisen Königs regierten für ein Jahr sein Sohn Nemtiemsaf II. und danach für zwei Jahre Königin Nitokris. Mit ihr starb das Herrscherhaus der 6. Dynastie aus. Das Land versank in Chaos. Die bildenden Künste und das Handwerk kamen zum Erliegen. Militärische Überfälle der Gaufürsten gegeneinander brachten zusätzlich Not und Elend. Von den Rändern des ehemaligen Reiches drangen Banden ein, plünderten und mordeten. Der Staat Ägypten hatte aufgehört zu existieren. Jeder machte sich seine eigenen Gesetze.

Dieser Abschnitt, den wir als Erste Zwischenzeit oder Erste Wirre bezeichnen, reichte von der 7. bis zur 11. Dynastie. Die zahlreichen «Könige», die teilweise nebeneinander regierten, verfügten über keine wirkliche Macht und waren, wenn überhaupt, nur von lokaler Bedeutung.

7. Die literarische Antwort

Im Spiegel der Literatur, die in den Zeiten des Elends und der Not ihre Blüte erlebte, wird das ganze Ausmaß der katastrophalen Zustände im Lande sichtbar. In aufwühlenden Bildern schildern die «Mahnworte des Ipuwer» (Handschrift im Museum von Leiden) die heillose Welt. Menschliche oder soziale Bindungen existierten nicht mehr, Nächstenliebe war zur fluchwürdigen Schwäche geworden. Im Mittelpunkt dieses Textes aber steht der Vorwurf an den Schöpfergott, der die Welt und die Menschen so unvollkommen und schlecht geschaffen habe und nichts unternehme, um die Zustände zu ändern. «Schläft er etwa?», fragt Ipuwer.

Ein anderer Text mit dem modernen Titel «Gespräch eines Lebensmüden mit seiner Seele» (Papyrushandschrift in Berlin) schildert die verworrenen Zustände der Zeit, die soziale Kälte und die Verlassenheit. Nur das Ende des irdischen Lebens bedeutet dem Lebensmüden Erlösung und Hoffnung auf eine bessere Welt: «Der Tod steht heute vor mir, wie das Genesen eines Kranken, wie das Heraustreten ins Freie nach einem Leiden. Der Tod steht heute vor mir wie der Geruch von Myrrhen, wie das Sitzen unter dem Segel an einem Tag mit Wind.»

In der Erzählung vom «redekundigen Oasenmann» geht es um Gerechtigkeit und Wahrheit: «Die Richtschnur der Welt ist das gerechte Handeln.» Die Geschichte spielt in der Zeit der 9./10. Dynastie (um 2120–2020 v. Chr.) unter einem lokalen Herrscher von Herakleopolis. Ein Oasenbewohner zieht mit seinen Produkten zur Stadt, wird aber unterwegs beraubt. Er beklagt sich mit solcher Wortgewalt, dass seine Klagen aufgezeichnet und zum König gebracht werden. Dieser erfreut sich an der meisterlichen Sprachkunst, und der Oasenbewohner erhält nicht nur sein Eigentum zurück, sondern auch allen Besitz des räuberischen Untertans.

In dieser Zeit ist auch die «Lehre für König Merikare» entstanden. Es handelt sich bei diesem Text um die fiktive Botschaft des verstorbenen Königs Cheti an seinen Sohn Merikare. Darin werden Gedanken und Maximen für das Königtum neu formuliert, wie sie zu Zeiten des Alten Reiches undenkbar gewesen wären. Auf dem Königtum lastet jetzt die schwere Verantwortung, das Land und seine Bewohner vor Unheil zu bewahren: «Geborene Herrscher hat Gott für sie gebildet, Machthaber, um den Rücken des Schwachen zu stärken. Zauber schuf er für sie als Waffen, um den Schlag des Unheils fernzuhalten, über sie wachend des Nachts wie am Tag.» Gott bleibt verborgen vor den Menschen; er wirkt aus dieser Verborgenheit auf die Welt, indem er das Böse bestraft und das Gute belohnt, denn «Gott kennt jeden mit Namen».

III. Das Mittlere Reich

1. Neubeginn und Regeneration des Staates

Am Ende der Ersten Zwischenzeit hatten sich schließlich im Land zwei Machtzentren gebildet, nämlich Herakleopolis im Norden und Theben im Süden. Um 2020 v. Chr. gelang es dem König der thebanischen 11. Dynastie, Montuhotep I. (= Month ist gnädig) mit dem Thronnamen Nebhepetre (2046–1995 v. Chr.), sich durchzusetzen und das Nordreich, in dem die Kleinkönige der 10. Dynastie herrschten, seinem Machtzentrum einzuverleiben. Er änderte daraufhin seinen Horusnamen in Semataui (= Der Beide Länder vereint). Vorausgegangen waren diesem Einigungswerk schwere Kämpfe mit zahlreichen Verlusten. So fand man bei Ausgrabungen im Jahre 1923 das Massengrab von 60 thebanischen Soldaten, die bei den Auseinandersetzungen gefallen waren. In der Geschichte Ägyptens indes begann damit ein neuer Abschnitt.

Montuhoteps Residenz befand sich in Theben, und es war ein Glücksfall, dass der Herrscher noch zahlreiche Regierungsjahre vor sich hatte, um den Aufbau und die Reorganisation des Staates zu sichern. An seinen Hof berief er die besten Verwaltungsfachleute und Künstler des Landes. Schon in kurzer Zeit kam es zu einem fruchtbaren Neubeginn in Kunst und Handwerk. Die

bemalten Sandsteinstatuen des Königs (Museum Kairo und Me-
tropolitan Museum New York) bleiben künstlerisch zwar weit
hinter der Königsplastik der 4. und 5. Dynastie zurück, doch
stand die Reliefkunst der Zeit auf hohem Niveau: Die erhaltenen Bilder sind von einer meisterhaften, herben Schönheit.

Um die Macht der Zentralregierung zu stärken, wurde die
Selbständigkeit der einzelnen Gaue eingeschränkt. Der König
schuf sogar ein neues Amt, nämlich das eines «Vorstehers von
Unterägypten». Der Amtsträger konnte auf Weisung des Herrschers direkt in den einzelnen Gauen des Nordens eingreifen
und Maßnahmen der Zentralregierung durchsetzen. Auch in
der Außenpolitik setzte der König Akzente. In Nubien und im
Ostdelta des Landes bekämpfte er feindliche Stämme, die während der vergangenen Jahre aus der Schwäche Ägyptens Nutzen
gezogen hatten. Handelsschiffe fuhren wieder zum Libanon, um
Zedernholz und andere Güter nach Ägypten zu bringen.

Montuhotep I. gab den Friedhof von El-Taraf auf, wo die
Felsgräber der bisherigen thebanischen Herrscher der 11. Dynastie lagen, und wechselte für sein neuartiges Monumentalgrab
in den Talkessel von Deir el-Bahari. Der gewaltige Komplex vereinte in sich Architekturelemente eines oberägyptischen Felsgrabes und einer Pyramidenanlage des Alten Reiches. Vor der
zerklüfteten Felswand von Deir el-Bahari erhob sich ein dreistu-
figer, terrassenartig angelegter Bau mit Säulenumgängen und
Pfeilerhallen, wobei die königliche Grabkammer unterirdisch
im Berg angelegt war. Das westliche Ende der mittleren Terrasse, wo sich, in einer Reihe angeordnet, sechs Schachtgräber
für die engsten Mitglieder der Königsfamilie befanden, war tief
in das Bergmassiv eingeschnitten. Der ganze Komplex trug den
Namen «Verklärt sind die Stätten des Nebhepetre». In der Nähe
der königlichen Grabanlage legten sich auch die hohen Würdenträger ihre Felsgräber an.

Eine tiefe Veränderung fand im religiösen Bereich statt. Die
Sprüche der «Pyramidentexte», einst königliches Privileg, wurden verändert und einer Redaktion unterzogen. In einem «De-
mokratisierungsprozess» standen sie jetzt allen Menschen zur
Verfügung und wurden direkt auf ihre Särge geschrieben. Das

neue, den religiösen Gegebenheiten der Zeit angepasste heißt deshalb heute «Sargtexte». Der Lokalgott Month (= Wilde) gewann als Gott des kämpfenden Königs überregionale Bedeutung. Zum überragenden Gott aber wurde Amun, der im Alten Reich noch eine ephemere Rolle gespielt hatte. Durch den neu geschaffenen Amunkult stieg Theben zu einem religiösen Zentrum auf, wie es bisher nur die Städte Heliopolis und Memphis gewesen waren.

Als der König nach 51 Regierungsjahren starb, konnte er seinem Sohn ein intaktes Staatswesen hinterlassen. Im Gedächtnis der Menschen aber lebte er, dem die Wiederholung der Reichsgründung gelang, weiter wie König Menes am Anfang der Zeiten.

Montuhotep II. (1995–1983 v. Chr.) war schon in vorgerücktem Alter, als er auf den Thron kam. Er setzte die Politik seines Vaters fort. Zahlreiche Bauten, die er plante, kamen aber wegen der Kürze seiner Regierungszeit über Anfänge nicht hinaus. Auf dem Thot-Berg bei Theben errichtete er neben einem schon seit archaischer Zeit bestehenden Tempel einen Sed-Fest-Palast. Sein Totentempel, etwas südlich von dem seines Vaters gelegen, blieb unvollendet. Im achten Regierungsjahr sandte er eine Expedition ins Wadi Hammamat aus, um geeignete Steine für die Herstellung von Statuen zu suchen. Die Expeditionsleitung lag in den Händen des Oberverwalters Henenu, der schon Montuhotep I. gedient hatte. Durch eine Inschrift im Wadi Hammamat erfahren wir, dass die Gegend sehr unsicher war und Henenu von 3000 Soldaten begleitet wurde. Haushofmeister und Kanzler des Königs war Meketre. Sein Felsgrab, ganz in der Nähe des geplanten Totentempels seines Herrn, war angefüllt mit bemalten hölzernen Modellgruppen, die für das jenseitige Leben des Grabherrn von Wichtigkeit waren und Themen aufgriffen, wie sie sonst als Reliefs die Grabwände schmückten. Die figurenreichen Schnitzwerke besitzen Lebendigkeit und faszinieren durch ihre Realitätsnähe (Museum Kairo).

Nachfolger dieses Königs wurde Montuhotep III. Er wird nicht in den Königslisten geführt; seine Herkunft ist völlig unbekannt. In den sieben Jahren seiner Regentschaft ließ er mehrere Expeditionen durchführen, die zahlreiche Inschriften hinterlassen haben. Berühmt wurde das Unternehmen ins Wadi Hammamat, wo sein Vezir Amenemhat ein Kommando über 10 000 Mann hatte, um Materialien für den königlichen Sarkophag zu holen. Dieser Vezir Amenemhat war es, der nach dem Tod des Königs der Begründer der 12. Dynastie wurde, welche dem Land ein goldenes Zeitalter eröffnete.

2. Die Residenz von Itj-taui

In welcher Form sich der Übergang von der 11. zur 12. Dynastie vollzog, ist nicht gesichert. Vermutlich war der Vezir Amenemhat (= Amun ist an der Spitze) zuerst Mitregent von Montuhotep III., bevor er nach dessen Tod die alleinige Herrschaft (1976–1947 v. Chr.) antrat. Er wählte als Horusnamen Uhemmesut, was «Wiederholer der Schöpfung» heißt und darauf hindeutet, dass der König eine neue Ära ankündigen wollte. Diese neue Ära wurde Wirklichkeit und ging als «klassische Epoche» in die Geschichte ein. Die Sprache dieser Zeit (das «Mittelägyptische») war bestimmend im religiösen Bereich und hat sich in theologischen Dokumenten über zwei Jahrtausende hinweg bis zum Ende des Pharaonenreiches behauptet. Das Königtum definierte man neu: Der Herrscher bezog seine Legitimität jetzt aus der Gottessohnschaft, aus der Maat-Verwirklichung und aus seiner ganz persönlichen Leistung. Nur formal knüpfte man noch an die Zeit des Alten Reiches an.

Amenemhat gab die Hauptstadt Theben auf und gründete etwa 60 km südlich von Memphis, in der Nähe des heutigen Dorfes El-Lischt, die neue Residenz namens «Amenemhat Itj-taui» (= Amenemhat, der die Beiden Länder in Besitz genommen hat). Mit diesem gewaltigen Unternehmen verlegte der König die Zentralmacht an die Nahtstelle von Ober- und Unterägypten. Wie ausgeprägt sein Selbstbewusstsein war, äußert sich darin, dass er nahe an der neuen Residenz seine Pyramide mit dem Namen «Stätten des Erglänzens des Amenemhat» errichtete. Als Baumaterial wurden allerdings nicht nur Steine, sondern vor allem Lehmziegel verwendet, so dass der Komplex bescheiden blieb, aber doch die Tendenz zeigte, sich die glorreiche Zeit des Alten Reiches zum Vorbild zu nehmen. In der Außenpolitik erwehrte sich Amenemhat I. erfolgreich der dauernden Bedrohung durch asiatische Stämme, die über das Ostdelta ins Land eindrangen. Um hier die Grenze «auf immer» zu sichern, errichtete der König die «Fürstenmauer», bei der es sich nicht um einen Schutzwall handelte, sondern um ein System von Grenztürmen, die mit Soldaten besetzt waren. Er griff auch das rohstoffreiche Nubien im Süden an, das sich von Ägypten unabhängig gemacht hatte, ohne aber diesen Nachbarn ganz unter Kontrolle bringen zu können. In den letzten neun Jahren seiner Regierungszeit machte der König seinen ältesten Sohn Sesostris zum Mitregenten. Während dieser zur Vorbereitung des königlichen Sed-Festes im 30. Regierungsjahr seines Vaters gegen libysche Stämme ausgezogen war, um Reichtümer für das Fest zu erbeuten, wurde Amenemhat in der Residenz Itj-taui ermordet. Durch diese Bluttat, die kurz vor dem Regenerationsfest des greisen Herrschers und in Abwesenheit des Mitregenten stattfand, sollte ein anderer Sohn des Königs auf den Thron gebracht werden. Sesostris aber eilte in die Hauptstadt zurück und sicherte sich durch schnelles Handeln seinen Machtanspruch.

3. Sesostris I. und die innere Stabilität

Sesostris I. (= Mann der mächtigen Göttin), der das Land von 1956 bis 1911/10 v. Chr. regierte, war die bedeutendste Herrscherpersönlichkeit der 12. Dynastie. Unter ihm gewann Ägypten an innerer Stabilität und erlebte einen Aufschwung sondergleichen. In mehr als 35 Orten sind Architekturwerke des Königs zu Tage gekommen, darunter die vollständig erhaltene «Weiße Kapelle» von Karnak, ein Juwel der Bau- und Reliefkunst. Diese Stationskapelle, die vollständig aus Kalkstein gearbeitet ist, diente bei Götterprozessionen als Aufenthaltsort für das Gottesbild des Amun. Noch heute steht in Heliopolis einer der beiden Obelisken aus Rosengranit, die der König anlässlich seines Regierungsjubiläums errichten ließ. Etwa 2 km südlich der Pyramidenanlage seines Vaters ließ Sesostris seinen eigenen Pyramidenkomplex erbauen, dem er den Namen «Sesostris blickt auf die Beiden Länder» gab. Den offenen Innenhof des Totentempels umstanden einst prächtige, überlebensgroße Sitzstatuen des Königs aus bemaltem Kalkstein. Zehn dieser vollständig erhaltenen Figuren, die im Stil an das Alte Reich erinnern, befinden sich heute im Ägyptischen Museum Kairo. Expeditionen zum Sinai und nach Nubien brachten wieder Kupfer, Gold und kostbare Steine, die zu Kunstwerken verarbeitet wurden.

Außenpolitisch war Sesostris besonders daran gelegen, die südliche Grenze zu sichern und Nubien in seinen Herrschaftsbereich einzubeziehen. So setzte er in Elephantine einen neuen Gaufürsten ein, der Sarenput hieß und sein enger Vertrauter war. Die Gaufürsten standen anders als in den Zeiten des späten Alten Reiches loyal zum König und dienten damit dem gesamten Staatswesen. Das Felsgrab des Sarenput bei Assuan gehört mit seinen feinen Reliefs zu den großen Sehenswürdigkeiten der Region. Im 18. Regierungsjahr griff der König, vertreten durch seinen General Montuhotep, mit einem großen Militärkontingent Unternubien an und nahm es in Besitz, wobei er aber die Bevölkerung, wie eine überlieferte Inschrift berichtet, mit äußerster Schonung behandelte. Um die Eroberungen zu sichern und eventuelle Angriffe abzuwehren, wurde in Buhen in der Nähe des zweiten Nilkatarakts eine gewaltige Festung errichtet. 5 m dicke und 9 m hohe Mauern mit Schießscharten zeigten den hohen Stand der ägyptischen Fortifikationen.

Sesostris I. war nicht nur ein Förderer von Architektur und Plastik, sondern auch Poesie und Dichtkunst erlebten an seinem Hof einen besonderen Aufschwung. Die Literatur, die hier entstand, blieb über Jahrhunderte hinweg Vorbild und Richtschnur für Schreiber und Schulen.

Ein brillanter Erzähler schrieb «Die Geschichte des Sinuhe, von ihm selbst erzählt», eine Art Entwicklungsroman. Die Handlung setzt im 30. Regierungsjahr von Amenemhat I. mit dessen Ermordung ein. Der hohe Harimsbeamte Sinuhe, der überzeugt ist, dass er in den Strudel der Palastintrige und des Königsmords hineingezogen werden könnte, flieht auf abenteuerlichen Wegen nach Vorderasien. Dort lernt er einen Fürsten kennen, der ihn begünstigt und ihm in der Fremde zu einer glänzenden Karriere verhilft. Schließlich gebietet Sinuhe selbst über Land und Leute. Aber je länger er in der Ferne weilt, desto stärker wird die Sehnsucht nach seinem Heimatland. Nach vielen Jahren fordert ihn ein «Königsbrief» Sesostris' I. auf, nach Ägypten heimzukehren und dort für seine rituell vorgeschriebene Bestattung Sorge zu tragen. Sinuhe kehrt an den Hof zurück, wird vom König in Audienz empfangen und gnädig wieder in die Reihen der Würdenträger aufgenommen. Die stilistisch meisterlich aufgebaute Erzählung, verfasst zur höheren Ehre Sesostris' I., vermittelt dem Leser unter anderem, wie Sendschreiben eines Königs abgefasst waren und wie eine Audienz am Pharaonenhof ablief. Die Geschichte des Sinuhe wurde zum «Klassiker» im Alten Ägypten und wurde auch im Schulbetrieb intensiv durchgenommen, wie die zahlreichen Abschriften in Schülerhandschrift belegen.

Ein weiterer Dichter am Hof hieß Neferti. Er benutzte ein anderes Stilmittel, um dem Herrscherhaus zu huldigen. Neferti ging mit seiner Erzählung 600 Jahre zurück, in die Zeit des Königs Snofru: Der Autor selbst tritt als Weiser auf, der zum König gerufen wird, um die Zukunft des Landes zu prophezeihen, und König Snofru greift zum Schreibgerät und notiert sich die Vorausagen. Mit bewegenden Worten schildert Neferti die Not und das Elend, die über Ägypten hereinbrechen werden. Der Autor übernimmt dabei in eindrücklicher Weise Elemente von Dichtungen der Ersten Zwischenzeit: «Man wird Waffen aus Metall herstellen und Brot mit Blut fordern. Über eine Krankheit lacht man, und den Tod beweint man nicht ... Jeder sitzt da und schaut weg, während einer den anderen umbringt. Ich zeige dir den Sohn als Gegner, den Bruder als Feind und einen Menschen, der seinen Vater tötet.» Aber dem gequälten Land, so verkündet Neferti, wird ein Retter, ein Messias, erstehen, Ameni (= Amenemhat I.) mit Namen. «Die Gerechtigkeit wird an ihren Platz zurückkehren, das Unrecht ist hinausgeworfen. Freuen wird sich, wer es sieht, wer im Dienste des Königs sein wird!» Am Schluss des Textes wünscht Neferti sich, im Gedächtnis der kommenden Generationen zu bleiben. Dieser Wunsch wurde ihm gewährt: Noch nach Jahrhunderten wurde seine «Prophezeiung» immer wieder abgeschrieben und er selbst als einer der großen Weisen verehrt.

König Sesostris I. beauftragte den bedeutendsten Poeten der Zeit namens Cheti, eine Weisheitslehre zu verfassen, die seinem ermordeten Vater, König Amenemhat I., in den Mund gelegt werden sollte. Cheti, der uns auch als Verfasser einer Lehre für seinen Sohn Pepi und als Autor eines Nilhymnus bekannt ist, war die herausragende dichterische Persönlichkeit am Hof. Das neue Buch des Cheti, abgefasst als politisches Testament des toten Königs, enthielt Anweisungen und Direktiven für den Thronfolger. Die Bluttat an dem gütigen König, von Amenemhat aus dem Jenseits persönlich eindrücklich geschildert, erscheint dem Leser als besonders niederträchtiges Verbrechen.

Ein weiteres Zeugnis für die Literatur unter Sesostris I. liefert uns der «dramatische Ramesseumspapyrus». Es handelt sich dabei um den Kultspiel-Text, der anlässlich des Regierungsjubiläums des Herrschers aufgeführt wurde. Seit der 11. Dynastie waren in Abydos Mysterienspiele nachweisbar, in welchen Tod und Auferstehung des Osiris zur dramatischen Darstellung kamen.

Cheti und die anderen Dichter am Hof Sesostris' I. haben sicher ein viel breiteres, literarisches Werk geschaffen, als wir es heute besitzen. Leider ist nur das auf uns gekommen, was Zufall oder Glück uns gelassen haben.

4. Ausdehnung von Handel und Verkehr

Nach dem Tod des großen Sesostris bestieg sein Sohn und Mitregent, Amenemhat II. (1914–1879/76 v. Chr.), den Thron. Er war darauf bedacht, die Vorherrschaft des Landes weiter auszubauen und Verkehr und Handel mit der damaligen Welt voranzutreiben. Gleich im ersten Regierungsjahr stellte er seinen Willen zur Expansion unter Beweis und schickte zahlreiche Expeditionen in die umliegenden Länder. Ein Truppenkontingent besiegte zwei Städte in Syrien und brachte viele asiatische Gefangene in das Nilland, die dort als willkommene Arbeitskräfte eingesetzt wurden. Die siegreichen ägyptischen Soldaten wurden in einem festlichen Akt geehrt und reich belohnt. Auch eine Puntfahrt fand wieder statt, um wertvolle und seltene Waren wie Weihrauch aus Innerafrika zu importieren. Vom Sinai und aus dem Libanon kamen erneut gewaltige Transporte an Hölzern, Kupfer und Edelsteinen, aus Nubien und Asien Gold, Silber und seltene Tiere an den ägyptischen Hof. Der aufblühende Handel brachte regelmäßige Verbindungen zur ägäischen Inselwelt, vor allem zu Kreta, und zu zahlreichen Stadtstaaten Kleinasiens. Die Bekanntschaft mit ganz anders gearteten Kulturen wirkte anregend auf die Kunst des Nillandes. Aus Kreta führte man jetzt Tongefäße ein, und in der Ornamentik übernahmen ägyptische Künstler Spirale und Flechtwerk in ihr Repertoire.

Amenemhat II. erbaute seinen Pyramidenkomplex, der heute leider fast ganz zerstört ist, in nächster Nähe der beiden Anlagen des Königs Snofru, die damals schon 600 Jahre alt waren. Die Pyramide trug den Namen «Amenemhat ist gut versorgt». Eine hohe Mauer umgab Totentempel und Pyramide. Neben dem König selbst fanden auch Angehörige der königlichen Familie dort ihre letzte Ruhestätte. In den Gräbern der beiden Prinzessinnen Ita und Chnemet wurden Holzsärge, Eingeweidekrüge (Kanopen) und Salbgefäße gefunden. Am wertvollsten aber waren die Schmuckstücke der beiden Prinzessinnen, die heute zu den Sehenswürdigkeiten des Museums in Kairo gehören. Wenige Jahre vor seinem Tod erhob Amenemhat II. seinen Sohn Sesostris zum Mitregenten.

5. Die Erschließung des Fajum

Die Herrscher der 12. Dynastie erkannten schon unter Sesostris I., welche agrarwirtschaftlichen Nutzungsmöglichkeiten die Landschaft des Fajum bot. Sie schenkten dieser vom Bahr Jusuf (Josephsfluss) getränkten Oase ihre besondere Aufmerksamkeit und erwiesen konsequenterweise dem Hauptgott der Region, dem krokodilgestaltigen Sobek, große Verehrung. Der

See «Birket Karun», Mittelpunkt der Oase, hatte damals eine
viel größere Ausdehnung als heute. Das ganze Gebiet war moras-
tig und sumpfig und musste erst entwässert werden, bevor es
einer landwirtschaftlichen Nutzung zugeführt werden konnte.

Sesostris II. (1882–1872 v. Chr.) begann, nachdem er als
Nachfolger seines Vaters Amenemhat II. Herrscher geworden
war, mit einer Erschließung des Gebietes. Um das Land einerseits trockenzulegen und andererseits sinnvoll zu bewässern,
ließ der König Dämme und Kanäle anlegen. Das Wesentliche
war, dass der See «Birket Karun» aufgestaut wurde, außerdem
am Eingang zum Fajum ein Damm entstand, der das Wasser bei
sinkendem Pegel zurückhielt, und dass schließlich Schleusen den
Einlauf und den Auslauf des Wassers ermöglichten. Das Kanalsystem war so angelegt, dass das beim Ackerbau entstehende
Salz aus der Erde wieder ausgewaschen wurde. So konnte die
Versalzung des intensiv genutzten Bodens verhindert werden.

Die enge Verbundenheit des Königs mit seinem gewaltigen
Werk zeigt auch der Ort seiner Pyramide, die bei dem Dorf El-
Lahun auf erhöhtem Terrain errichtet wurde. Es ist dies die
Stelle, wo der Bahr Jusuf einen Bergrücken durchstößt und ins
Fajum hineinfließt. Neu an der Pyramide war, dass ihr Zugang
nicht wie bisher im Norden, sondern im Süden liegt, ganz verborgen in 16 m Tiefe unter dem Boden eines Prinzessinnengra-
bes. Ein Labyrinth an Kammern, Gängen und Schächten führt
zur Sargkammer. Diese baulichen Neuerungen waren nicht nur
dazu gedacht, Grabräuber abzuwehren, sondern sie symbo-
lisieren vor allem eine Veränderung im Glauben: Das Ziel des
verstorbenen Königs war nicht mehr der Aufstieg zum Himmel,
sondern das jenseitige Leben wurde in der Erdtiefe der Unterwelt lokalisiert. Dort führte der Weg auf verschlungenen und
verwinkelten Pfaden zum Reich des Gottes Osiris und zur Regeneration. Auch die Familie des Königs wurde im Pyramidenbe-
zirk beigesetzt. Im Grab der Prinzessin Sat-Hathor-Iunet fanden
sich herrliche Juwelen und ihr kostbares Diadem aus Gold, Kar-
neol und Lapislazuli (Museum Kairo).

Sesostris II. gründete 2 km nördlich der Pyramide eine Stadt,
die einst mehr als fünftausend Menschen beherbergte und in der

sich auch ein königlicher Palast befand. Die Bewohner der nach einem einheitlichen Plan errichteten Siedlung waren königliche Beamte und Priester, aber auch viele Handwerker und Arbeiter, die beim Bau des Pyramidenbezirks beschäftigt waren und später am Totenkult für den Herrscher mitwirkten. Es handelt sich um die älteste, städtische Siedlung des Alten Ägypten, welche die Zeiten überdauert hat. Sie trug den Namen «Sesostris ist zufrieden».

Wissenschaft und Dichtkunst erreichten hier ein hohes Niveau. Als ein besonderer Glücksfall erwies sich die Entdeckung von Papyrusfragmenten, die heute in den Museen von Kairo, London und Berlin aufbewahrt werden. Sie informieren uns über viele Bereiche des damaligen wirtschaftlichen Lebens, überliefern aber auch Texte zur Geburtshilfe, zur Veterinärmedizin und zu anderen Wissensgebieten.

Feldzüge oder militärische Unternehmungen aus der Regierungszeit des Königs Sesostris II. sind nicht bekannt. Die Überlieferung spricht von mehreren Steinbruchexpeditionen. In Nubien baute man in Höhe des zweiten Nilkatarakts an der Festung Mirgissa weiter, die schon Amenemhat II. begonnen hatte und die vor allem als Transitstation für den Warenhandel aus dem Süden diente.

6. Höhepunkte in der bildenden Kunst: Sesostris III. und Amenemhat III.

Nach einer Mitregentschaft im Todesjahr Sesostris' II., die nur wenige Monate dauerte, bestieg dessen Sohn Sesostris III. (1872–1853/52 v. Chr.) den Pharaonenthron. Mit ihm bekam nicht nur die Innenpolitik, sondern vor allem die Außenpolitik neue Impulse. Im Inneren des Landes beseitigte er mit starker Hand das Gaufürstentum und setzte stattdessen geschulte Beamte ein, die von der Residenz Itj-taui aus die Gaue zentral verwalteten. Er hatte bei der Neuordnung des Staates die breite Unterstützung des Volkes, denn direkt aus ihrer Mitte kam jetzt die Führungsschicht. Unbekannt ist, auf welche Weise der König die mächtigen und selbstherrlichen Erbfürsten, die sich immer noch als kleine Könige fühlten, entmachten konnte. Ohne Gewalt dürfte der Umbruch nicht abgelaufen sein, und doch muss es der König verstanden haben, keinen größeren Aufruhr entstehen zu lassen. So heißt es auch von ihm in einem Hymnus: «Der die Bogenvölker tötet ohne einen Stockschlag, der den Pfeil schießt, ohne die Bogensehne zu spannen.»

Den Schwerpunkt seiner Außenpolitik richtete der König auf Nubien: Dieses an Bodenschätzen so reiche Gebiet sollte dem Nilland eingegliedert werden. Um hier schneller eingreifen zu können, ließ Sesostris III. südlich von Elephantine bei der Insel Sehel einen Kanal von 78 m Länge, 10,4 m Breite und 7,8 m Tiefe ausheben. Jetzt konnten die Schiffe auf ihrer Reise nach Süden die Strombarrieren rascher überwinden. Der König errichtete bei Semna am zweiten Katarakt eine Grenzstele (Ägyptisches Museum Berlin), auf der geschrieben steht: «Südgrenze, gemacht im Regierungsjahr 8 unter der Majestät des Königs von Ober- und Unterägypten Sesostris III., ... um zu verhindern, dass irgendein Nubier sie nordwärts zu Wasser oder zu Land überschreitet.» Im 16. Regierungsjahr wurde nach einem weiteren Feldzug eine zweite Stele errichtet. Ihren Text ließ der König auf der nahen Nilinsel Uronarti auf einem Steinmal kopieren (Museum in Khartum): «Jeder Sohn von mir, der an dieser Grenze, die meine Majestät gesetzt hat, festhält, der ist mein Sohn und meiner Majestät wurde er geboren.» Um Unternubien ganz in Besitz zu nehmen, errichtete der König zahlreiche Festungen und ließ eine ständige Besatzung zurück. Im 19. Regierungsjahr schließlich musste der König noch einmal in Nubien eingreifen. Dabei verfolgte er die Gegner weit über die zweite Stromschnelle hinaus.

Über seinen außenpolitischen Unternehmungen vernachlässigte der König die Innenpolitik nicht. Der Reichtum, der ins Land kam, wurde in erster Linie zum Ruhme der Götter verwendet. Auf seiner Grabstele erzählt der Schatzmeister Ichernofret, dass der König selbst ihn nach Abydos geschickt habe mit dem Auftrag, die dort als Allerheiligstes verehrte Osirisstatue neu «aus dem Gold herzustellen, das er (der Gott) meiner Majestät in Sieg und Macht aus Nubien hat bringen lassen». Außer-

dem nahm Ichernofret in leitender Funktion am kultischen Wei-
hespiel von Tod, Begräbnis und Auferstehung des Gottes Osiris
teil, das jetzt jährlich von Tausenden von Pilgern in Abydos be-
sucht wurde.

Auf bildhauerischem Gebiet erreichte die Plastik einen neuen,
einzigartigen Höhepunkt. Wer einmal einen Porträtkopf von
König Sesostris III. gesehen hat, wird ihn wohl kaum wieder
vergessen, so klar erkennbar und unverwechselbar bleibt die
Identität des Herrschers. Einmalig in der ägyptischen Kunstgeschichte ist die Verbindung von traditionellem Königsbild und
stark individuellen Zügen, die selbst bei Fragmenten noch klar
hervortreten. Es sind vor allem die Augen, die von schweren
Oberlidern halb bedeckt werden, und die Tränensäcke, die den
König zwar selbstbewusst und ernst, aber durchaus auch pessi-
mistisch erscheinen lassen. Diesen Eindruck verstärkt noch der
festgeschlossene, leicht nach unten gezogene Mund.

In der Privatplastik erlebte der sogenannte Würfelhocker
(oder Blockstatue) eine besondere Blüte. Er stellt den Verstorbenen dar, wie er aus dem Grab zu neuem Leben emporsteigt. Dieser Statuentypus, der den Menschen als Kubus wiedergibt, aus
dem nur der Kopf plastisch und Arme und Beine reliefartig hervortreten, kam zu Beginn der 12. Dynastie auf und wurde von
da ab häufig verwendet.

Nördlich der Pyramide seines Großvaters Amenemhat II.
legte der König seinen Pyramidenkomplex in Dahschur an. Da
die Pyramide nur aus Lehmziegeln errichtet war, ist sie heute
ganz zerfallen. Die Taten des Königs blieben im Gedächtnis der
Menschen. In der Phantasie des Volkes entwickelte sich Sesostris III. zu einer großen Sagengestalt, von der noch Herodot,
Diodor und Plinius berichteten.

Die letzte, kraftvolle Königsgestalt des Mittleren Reiches war
Amenemhat III. (1853–1806/5 v. Chr.), der den Thronnamen
Nimaatre (= Der zur Maat Gehörende, ein Re) annahm. Bis heute
ist die Frage nicht geklärt, ob Sesostris III. seinen Sohn und
Nachfolger schon einige Zeit vor seinem Tod zum Mitregenten
erhoben hat. Die große Tat der Urbarmachung des Fajum, die
sein Großvater Sesostris II. begonnen hatte, führte er der Vollen-

dung entgegen, eine Leistung, die in dieser Region in historischer Erinnerung blieb, so dass er bis in die griechisch-römische Zeit hinein als Schutzgott galt. Zwei thronende Kollossalstatuen des Herrschers standen einst auf einer künstlich angelegten Insel und blickten über das Wasser auf das Werk der Kolonisation. Heute sind sie verschwunden, aber ihr gewaltiger Unterbau ist noch bei dem Dorf Biahmu zu sehen.

Der König baute zuerst bei Dahschur eine Pyramidenanlage mit dem Namen «Amenemhat ist mächtig». Da aber der Böschungswinkel zu steil gewählt war, besaß der Lehmziegelbau keine Stabilität und musste aufgegeben werden. Im Schutt der Anlage fand man im Jahre 1900 die prächtige, aus schwarzgrauem Granit gearbeitete Spitze, das Pyramidion (Museum Kairo). Als neuen Platz für seine Pyramidenanlage wählte der König nun das Fajum, wo sich die Reste in nächster Nähe des heutigen Dorfes Hawara befinden. Der weitläufige Totentempel, der der Südseite der Pyramide vorgelagert war, hatte die enorme Grundfläche von 28 000 m² und war mit Hallen, Räumen, Kammern, Gängen und Kolonnaden ausgestattet. Es war das berühmte Labyrinth, das Herodot bewundernd beschreibt (II, 148). In der Bildhauerkunst wurden die extrem individuellen Züge des Herrschers zurückgenommen und dabei ein neuer, eigener Stil des Königsporträts gefunden: Alles Zufällige wurde zugunsten des Bleibenden, des Dauerhaften herausgenommen und ein eigenständiges Idealbild des Herrschers geschaffen, das in seiner Meisterschaft einmalig in der ägyptischen Kunstgeschichte bleibt.

Ein knappes Jahr vor dem Tod Amenemhats III. gelangte der Sohn des Königs, der den gleichen Namen wie sein Vater trug, zur Mitregentschaft. In seiner kurzen Regierungszeit (1807/06–1798/97 v. Chr.) vollzog sich der rasante Niedergang des Herrschergeschlechts. Zwar unternahm Amenemhat IV. vier Expeditionen, um Steinmaterial für Bauten aus dem Sinai herbeizuholen, aber seine Bautätigkeit blieb eng begrenzt. Im Fajum vollendete er in Medinet Maadi die Tempel für den Gott Sobek und für die Göttin der Ernährung, Renenutet, die schon sein Vater begonnen hatte. Eine Grabanlage oder eine Pyramide aber

sind ihm bis heute nicht sicher zuzuweisen. Die Außenhandels-
beziehungen waren stark rückläufig, es bestanden lediglich
noch Kontakte zum Libanon. Nach seinem Tod übernahm seine
Schwestergemahlin Neferusobek (1798/97–1794/93 v. Chr.)
die Regierungsgeschäfte. Mit ihr endete die glorreiche Zeit der
12. Dynastie.

7. Niedergang und Fremdherrschaft: Unterdrückung durch die «Hyksos»

Mit der 13. Dynastie (1794/93–1648/45) setzten turbulente
Zeiten ein. Könige mit den Namen Sobekhotep, Amenemhat, Sesostris, Montuhotep, Antef tauchen auf und verschwinden in kurzer Zeit wieder, so dass wir heute manchmal nicht
sicher wissen, in welcher Reihenfolge sie regiert haben. Itj-
taui aber blieb weiterhin die Residenz auch dieses Herrscherhauses. Die Grenze zu Nubien musste schrittweise zurückgenommen werden, bis schließlich Elephantine wie zu Beginn der
Epoche des Mittleren Reiches die südliche Grenze Ägyptens bildete. Die «Fürstenmauer», die Amenemhat I. einst im Norden
gebaut hatte, bot nun keinen Schutz mehr vor ungewollter,
fremder Zuwanderung. Die asiatischen Eindringlinge machten
sich hier nach und nach von der Zentralregierung unabhängig
und bildeten kleine Königreiche, die als 14. Dynastie (1648/45)
gezählt werden. Besonders einschneidend aber war die Einwan-
derung aus dem Osten: Schon der Priester Manetho berichtete
in seinem ägyptischen Geschichtswerk, dass Leute unbekannter
Herkunft unerwartet von dort einbrachen und das Land in Besitz nahmen. Diese fremden Könige bildeten die 15. Dynastie
(1648/1645–1539/1536 v. Chr.) und wurden mit einem asiatischen Häuptlingstitel als Hekau-chasut, griechisch Hyksos
(= Herrscher der Fremdländer), bezeichnet. Hyksos heißt also
nicht das eingedrungene Volk, sondern bezeichnet eine kleine
Oberschicht. Die Herkunft und die Art der Machtübernahme
der Hyksos in Ägypten sind unbekannt, doch lassen ihre Namen
vermuten, dass sie semitischer Herkunft waren. Diese lauten
Salitis, Beon, Pachnan, Chajan, Apophis und Chalmudi. Die

Hyksos beherrschten ganz Ägypten und übten auch in Nubien die Führungsfunktionen aus. Zu ihrer Hauptstadt wählten sie Auaris im Ostdelta, und zu ihrem Hauptgott machten sie den gewalttätigen Seth. Nach der Devise «divide et impera» ließen sie Vasallenkönige zu, welche die 16. und 17. Dynastie bildeten und zeitlich parallel mit den Hyksoskönigen wirkten. Während ihrer Fremdherrschaft wurden Pferd und Streitwagen in das Nilland eingeführt. Ohne über größere Verbände dieses neuen Kampfmittels zu verfügen, lehnten sich die in Theben ansässigen Unterkönige der 17. Dynastie auf, um aus dem Vasallendasein auszubrechen und die Oberherrschaft der verhassten Hyksos abzuschütteln. Der König Sekenenre mit dem Geburtsnamen Taa (eine Verkürzung des Namens Djehutiaa = Thot ist groß) eröffnete die Kampfhandlungen und fand bei den Auseinandersetzungen den Tod. Seine Mumie im Kairener Museum weist starke Kopfverletzungen auf, die er, vermutlich auf seinem Streitwagen stehend, von drei Hieben einer Axt erhielt. Nachfolger wurde sein Sohn Kamose (1545–1540 v. Chr.), der den Kampf gegen die Hyksos energisch fortsetzte.

Durch einen archäologischen Glücksfall sind wir über den weiteren Verlauf des Freiheitskampfes gut informiert: Im Schutt eines Grabes in Dra Abu el-Naga, Theben-West, fand der englische Archäologe Howard Carter (1874–1939) zwei hölzerne, mit Stuck überzogene Schreibtafeln, die offenbar einst im Besitz eines Schreibschülers gewesen waren. Auf der Vorderseite einer dieser Tafeln hat der Schreibschüler den Anfang der Weisheitslehre des Ptahhotep zur Übung aufgeschrieben, darunter zeichnete er die Felder eines Brettspiels, vermutlich um mit einem anderen Schüler ein kleines Spielchen zu machen. Auf der Rückseite hat er dann einen Teil der Stele des Kamose abgeschrieben, die uns hier interessiert. Fast 50 Jahre später fand zudem der ägyptische Archäologe Labib Habachi (1906–1984) im Amuntempel von Karnak unter einer Kolossalstatue König Ramses' II. eine weitere Stele des Kamose (heute im Luxor-Museum), welche die Fortsetzung des Textes liefert. Daraus ergibt sich folgender historischer Ablauf: In Auaris im Delta saß der schon alt gewordene Hyksoskönig Apophis auf dem Thron, dessen Herrschaft bis nach Mittelägypten reichte, während Nubien in Händen eines einheimischen, nubischen Fürsten war. Kamose, von zwei Feinden umgeben, beschloss gegen den Rat seiner Beamten, den Kampf zu eröffnen, denn man hatte eine Botschaft des Hyksoskönigs abgefangen, in welcher der Nubier aufgefordert wurde, den Thebaner anzugreifen. Kamose wandte sich nicht nach Süden, sondern fuhr mit seinen Schiffen flussabwärts nach Auaris, überfiel die Stadt und kam mit reicher Beute im Triumph zurück. Leider hat Kamose das Ende der Hyksoszeit nicht mehr erlebt, denn er starb nach einer sehr kurzen Regierung. Die endgültige Befreiung blieb seinem Nachfolger und Bruder Ahmose vorbehalten, der die 18. Dynastie begründete.

IV. Das Neue Reich: Die glorreiche 18. Dynastie

1. Befreiung durch Ahmose

König Ahmose (= Der Mond ist geboren) war ein Angehöriger des Herrscherhauses der 17. Dynastie. Es mag deshalb verwundern, ihn später in den Geschichtsbüchern an der Spitze der 18. Dynastie zu sehen, doch die Ägypter wollten den Befreier des Landes an den Beginn einer Epoche stellen, um in ihm den Schöpfer der erneuten staatlichen Wiedervereinigung in besonderer Weise zu ehren. Ahmose (1540–1525 v. Chr.), der den Thronnamen Nebpehtire (= Herr der Kraft, ein Re) annahm, vollendete nämlich den Befreiungskampf gegen die Hyksos, den sein Vater und sein Bruder begonnen hatten. In den ersten Regierungsjahren des Königs starb in Auaris der Hyksoskönig Apophis. Dessen Nachfolger Chamudi sah sich einer völlig veränderten außenpolitischen Situation gegenüber. Könige der indogermanischen Hethiter, deren Machtzentrum auf dem Boden der heutigen Türkei lag, hatten begonnen, Kriegszüge gegen Nordsyrien zu unternehmen. Im Verlauf der Kämpfe nahm der hethitische König Mursilis I. die Stadt Aleppo ein, deren Fürst mit den Hyksos eng verbündet gewesen war. So sah sich der neue Hyksosherrscher plötzlich zwei Fronten gegenüber: Von Norden drängten die Hethiter, von Süden König Ahmose.

Im 11. Regierungsjahr des Chamudi (1529 v. Chr.) eroberte König Ahmose Heliopolis und im Ostdelta die Grenzfestung Sile zurück, wie ein Vermerk auf der Rückseite des mathematischen Papyrus Rhind (Britisches Museum) berichtet. Er verfolgte bei seinem Kampf gegen die Hyksos die Strategie der kleinen Nadelstiche: Man fuhr zu Schiff nach Auaris, überfiel die Stadt in einem Überraschungsangriff, machte Beute und zog sich blitzschnell wieder zurück. Diese zermürbende Taktik brachte schließlich die Hyksoshauptstadt zur Aufgabe. Auch in Südpalästina kam es zur militärischen Auseinandersetzung. König Ahmose nahm dort nach einer dreijährigen Belagerung die gut befestigte Stadt Scharuhen, 25 km südlich von Gaza, ein. Ein weiteres Kriegsziel war es, das an Goldminen reiche Nubien wieder an Ägypten zu binden. Nachdem das Gebiet unter Kontrolle gebracht worden war, benutzte man wieder die alten Festungen aus dem Mittleren Reich und besetzte sie mit Soldaten. Besonders die Festung Buhen, einst von König Sesostris I. erbaut, wurde zum Heerlager und Stützpunkt. Nach göttlichem Wunsch und Willen, wie es eine Stele berichtet, wurde Theben zur neuen Hauptstadt. Für die staatliche Verwaltung nahm man sich das Mittlere Reich zum Vorbild. Wie es schon immer ägyptische Gepflogenheit gewesen war, bestand bei den einzelnen Ämtern Erblichkeit, aber es war den Inhabern jetzt möglich, ihre geistlichen oder weltlichen Ämter weiterzuverkaufen.

Der König schuf ein neues, wichtiges Organ mit dem Titel «Königssohn von Kusch». Der Amtsträger sollte als Vizekönig von Nubien das Land verwalten und eventuelle Unruhen in der Bevölkerung schon im Keim ersticken. Als ersten «Königssohn von Kusch» ernannte Ahmose einen nahen Verwandten, Ahmose-Satait, der in der Stadt Aniba seinen Dienstsitz einrichtete. Neu war auch die Position der «Gottesgemahlin des Amun», die als erste die Königin Ahmes-Nefertari, die Frau des Ahmose, einnahm. Sie wurde damit zur fiktiven Gemahlin des Gottes Amun. Mit diesem Amt sollte eine legitime Thronfolge zweifach gesichert werden: Der Thronfolger konnte von jetzt ab seine Legitimation sowohl vom König als auch durch die Gottesgemahlin des Amun erhalten.

Nachdem der König die politische Ordnung im Innern und im Äußern wiederhergestellt hatte, begann er mit der Restauration wichtiger Zentren des Landes. An vielen Orten lassen sich seine Bautätigkeiten nachweisen, etwa am Tempel des Ptah in Memphis, in Abydos und am Amun-Tempel in Karnak. Eine Pyramidenanlage für den König baute man nicht mehr: Diesen Brauch hatte man zu Beginn des Neuen Reiches endgültig aufgegeben. Leider kennen wir den Platz nicht, den Ahmose für seine Grabstätte in Theben-West wählte. In einem Versteck von Deir el-Bahari hat man Ende des 19. Jahrhunderts zahlreiche Königsmumien entdeckt, darunter auch die des Ahmose, die um 1000 v. Chr. aus ihren unsicher gewordenen Gräbern dorthin verbracht wurden. Der König ist nur etwa 35 Jahre alt geworden.

2. Der kulturelle Aufschwung unter Amenophis I.

Nachfolger auf dem Thron der Pharaonen wurde der Sohn des Ahmose und der Königin Ahmes-Nefertari, Amenhotep (= Amun ist gnädig), wobei uns heute die griechische Namensform «Amenophis» geläufiger ist. Er regierte das Nilland von 1525 bis 1504 v. Chr. und nahm den Thronnamen Djoserkare (= Mit heiliger Lebenskraft, ein Re) an.

In der Außenpolitik richtete Amenophis I. sein Augenmerk besonders auf die vollständige Wiedereroberung Nubiens. Neuer Vizekönig wurde Turi, der Sohn des Amtsinhabers Ahmose-Satait. Südlich des zweiten Katarakts verstärkte man die Festungen des Mittleren Reiches. Neben dem Engagement in Nubien aber stand bei dem König die Innenpolitik mit dem Aufbau einer straffen Verwaltung im Vordergrund. Ein neuer, geistiger Aufbruch vollzog sich im Nilland. Der König berief die hervorragendsten Männer seiner Zeit an den thebanischen Hof. Der Astronom Amenemhat konstruierte für eine bessere Zeitmessung eine Wasseruhr. Der glänzende Architekt Ineni, der später das berühmte «Tal der Könige» als neuen Begräbnisplatz der Herrscher eröffnen sollte, arbeitete bereits für Amenophis I.

Die große Tradition der ägyptischen Medizin konnte durch die
Abfassung des berühmten Papyrus Ebers (heute Universitätsbib-
liothek Leipzig) weitergeführt werden. Ein bedeutender Theologe und Dichter, dessen Name leider unbekannt ist, schuf ein
neues religiöses Literaturwerk, das den originalen Titel «Amduat» (= Schrift des Verborgenen Raumes) trägt. In diesem
großartigen und gewaltigen Jenseitsgemälde wird in Text und
Bild geschildert, wie der Sonnengott jeden Abend durch das
westliche Horizonttor in die Unterwelt eintritt. Er durchfährt
sie mit seiner Barke in den zwölf Stunden der Nacht. Nach jeder
ermüdenden Tagesreise über den Himmel regeneriert er sich
dort mit seinem Gefolge. Er kommt gealtert als Greis in die Unterwelt, geht eine innige Verbindung mit dem Totenherrscher
Osiris ein, um am Morgen, zum Kind verjüngt, die Unterwelt
wieder zu verlassen und im Osten emporzusteigen. In den
Nachtstunden durchfährt der Sonnengott auf seiner Barke die
unterweltlichen Bereiche und er erweckt durch sein Licht die seligen Toten, während die Verdammten, abgetrennt von den Be-
zirken der Seeligen, immerwährende Höllenpein erleiden müssen. Die älteste Version dieses außergewöhnlichen, literarischen
Werks ist uns aus dem Grab des Nachfolgers von Amenophis I.,
Thutmosis I., überliefert.

In Abydos, Elkab, Kom Ombo und Elephantine trat der König als Bauherr hervor. Besonderes Augenmerk legte er auf den
Amuntempel von Karnak, wo ein wunderschönes, vollständig
aus Alabaster gefertigtes Sanktuar wiederhergestellt werden
konnte. Ungewiss ist noch heute der Ort, an dem der Herrscher,
der etwa 50 Jahre alt geworden ist, einst bestattet wurde. Sein
Totentempel stand jedenfalls nicht in der Nähe seines Grabes.
Die königliche Mumie entdeckte man ebenfalls im Versteck von
Deir el-Bahari. In der 19. Dynastie wurden König Amenophis I.
und seine Mutter Ahmes-Nefertari zu Schutzgottheiten der thebanischen Nekropole.

3. Aufstieg zum Großreich

Die genaue Herkunft des Nachfolgers von Amenophis I., Thutmosis (= Toth ist geboren), ist nicht gesichert. Vermutlich entstammte er einer Seitenlinie des Herrscherhauses und erlangte das Thronrecht durch die Heirat mit Ahmose, Königstochter und Gottesgemahlin des Amun.

Thutmosis I. (1504–1491 v. Chr.) wählte den Thronnamen Aacheperkare (= Groß an Gestalt und Lebenskraft, ein Re). Er musste zunächst außenpolitisch tätig werden: Ein Aufstand in Nubien, der im zweiten Regierungsjahr stattfand, zwang ihn zum Handeln. Im dritten Regierungsjahr kehrte man siegreich zurück. Die ägyptische Grenze lag nun zwischen dem vierten und fünften Nilkatarakt, noch kein König hatte seine Herrschaft je so weit nach Süden ausgedehnt.

Aber auch in Kleinasien war eine Situation entstanden, die schließlich militärisches Eingreifen erforderlich machte. Im 16. Jahrhundert v. Chr. hatte sich auf dem Boden Syriens das Mitannireich gebildet, das nun eine Vormachtstellung beanspruchte. Ägypten wollte und konnte aber eine territoriale Verschiebung nicht hinnehmen. Es muss dann einen gravierenden Zwischenfall gegeben haben, der den Krieg auslöste. Der Astronom Amenemhat berichtet in seinem Grab von einer «Vergeltung für das Böse». Im vierten oder fünften Regierungsjahr brach der König mit Fußvolk und einer Streitwagentruppe zum Syrienfeldzug auf. «Zahllos waren die Kriegsgefangenen, die seine Majestät durch seinen Sieg machte», heißt es in einem Schlachtbericht. Thutmosis I. aber stellte eine Siegesstele bei Karkemisch (heute Djerablus), einer bedeutenden Stadt am oberen Euphrat, auf und jagte nach seinem Sieg Elefanten in der Gegend von Nija (syrischer Ort, unter dem Tell von Qalcat el Mudik gelegen). Die dabei erbeuteten Stoßzähne stiftete seine Tochter Hatschepsut später dem Gott Amun, wie Darstellungen in ihrem Totentempel von Deir el-Bahari belegen.

Eine Innovation unter König Thutmosis I. wurde die Gründung der Arbeitersiedlung von Deir el-Medineh, als der Herrscher beschloss, sein Grab im späteren Tal der Könige anzulegen.

So wurde die Unterbringung der Arbeiterschaft, der Steinmetzen, Erdarbeiter, Metallarbeiter, Maler und Bildhauer, in der näheren Umgebung ihres Arbeitsplatzes notwendig. Die Siedlung bestand ursprünglich aus 20 weiß getünchten, in geraden Reihen angeordneten Häusern aus Lehmziegeln und war von einer ebenfalls aus Lehmziegeln errichteten, 6–7 m hohen Mauer umgeben. Mehrere Ziegel, die den Namen des Gründerkönigs tragen, sind erhalten. Erster Bauleiter im Tal der Könige war der Architekt Ineni, der schon am Hof Amenophis' I. g.ewirkt hatte. Er berichtet: «Ich überwachte das Ausschachten des Felsgrabes seiner Majestät ganz allein, niemand hat es gesehen, niemand hörte es.» Die Geheimhaltung sollte vor Grabräubern schützen. Die ovale Sargkammer der königlichen Grabstätte besitzt einen Pfeiler und ist im Winkel von 140 Grad gegen den steilen Treppenkorridor und dem Vorsaal geknickt. Hier wirkt noch die Tradition der unterirdischen Gänge der Pyramidenanlage von Sesostris II. nach. In der Sargkammer waren Kalksteinplatten angebracht, auf denen die älteste Version des Unterweltbuches «Amduat» aufgezeichnet ist (heute im Museum Kairo).

Ineni stieg zum Bürgermeister von Theben auf und überwachte auch große Bauvorhaben des Königs im Amuntempel von Karnak. Unter seiner Leitung wurde die Pfeilerhalle zwischen dem vierten und fünften Pylon (nach heutiger Zählung) mit den beiden Einzugstoren errichtet. Vor dem vierten Pylon wurden zwei Obelisken des Königs aufgestellt, von denen einer heute noch aufrecht steht. Ineni erzählt: «Ich sah zu, wie man die beiden großen Obelisken aus Granit vor den Toren des Tempels aufrichtete, und ich habe auch gesehen, wie man das herrliche Schiff zimmerte von 120 Ellen (= 62,4 m) Länge und 40 (= 20,8 m) Ellen Breite, um diese Obelisken zu transportieren.» Auch an anderen Orten Ägyptens und auf dem Sinai wurden Spuren von Bauten des Königs gefunden.

Noch während der Regierungszeit ihres Vaters starben der Kronprinz und Generalissimus Amenmose und sein jüngerer Bruder Wadjmes. So rückte in der Thronfolge Prinz Thutmosis nach, der nicht von der großen königlichen Gemahlin Ahmose, sondern von Mutnoferet, einer Nebengemahlin des

Königs, abstammte. Das Thronrecht erlangte er, weil er seine Halbschwester, Prinzessin Hatschepsut, heiratete, die eine Tochter der Ahmose war.

Thutmosis II. (1491–1479 v. Chr.) hatte von seinem Vater ein Großreich geerbt: Ägypten besaß jetzt die größte territoriale Ausdehnung seiner bisherigen Geschichte. Kaum aber verbreitete sich die Nachricht vom Tod des großen Kriegsherrn Thutmosis I., als ein nubischer Fürst die Situation zu einem Aufstand gegen Ägypten nutzte. Gleich im ersten Regierungsjahr musste Thutmosis II. sein Heer – er selbst nahm an dem Feldzug nicht teil – nach Nubien schicken, um die Rebellion mit aller Härte niederzuschlagen. Auch gegenüber aufständischen Beduinen in Syrien und Palästina demonstrierte der König seine Macht und nahm Gefangene «ohne Zahl». Nach zwölf Regierungsjahren starb der König, «er ging fort zum Himmel und mischte sich unter die Götter», schreibt Bürgermeister Ineni. Im Tal der Könige fand der Herrscher seine letzte Ruhe. Der Thron fiel an einen Prinzen, der ebenfalls Thutmosis hieß und der von einer Nebengemahlin des Herrschers, Isis, abstammte. Die große königliche Gemahlin Hatschepsut hatte Thutmosis II. nur eine Tochter, Nefrure, geboren.

Der noch im Kindesalter stehende Nachfolger Thutmosis III. (1479–1426 v. Chr.), der den Thronnamen Mencheperre (= Mit bleibender Gestalt, ein Re) annahm, war noch nicht in der Lage, die Herrschaft auszuüben, so dass die Königsgemahlin Hatschepsut die Regentschaft übernahm. Auch darüber berichtet der greise Bürgermeister und Architekt Ineni: «Sein (Thutmosis' II.) Sohn ist an seine Stelle getreten als König der Beiden Länder, er herrscht auf dem Thron seines Erzeugers. Seine Schwester (lies: Tante oder Stiefmutter), die Gottesgemahlin Hatschepsut, trägt derweil Sorge für das Land. Unter ihrer Leitung stehen die Beiden Länder.» Schon bald aber genügte Hatschepsut diese Rolle nicht mehr. Im zweiten Regierungsjahr ließ sie sich anlässlich eines religiösen Festes durch ein Orakel des Gottes Amun zum König ausrufen und empfing die Krone, wobei sie sich sicherlich auf eine Gruppe Vertrauter stützen konnte, die ihr zu dieser Macht verhalfen. Der Kindkönig Thutmosis III.

wurde beiseitegedrängt. Hatschepsut (1479–1457 v. Chr.) nahm
den Thronnamen Maatkare (= Wahrheit und Lebenskraft, ein
Re) an.

Es war nun in Ägypten nichts völlig Neues, dass eine Frau in
der Rolle als «Sohn des Re» und als «Horus» auf dem Pharaonenthron saß. Aber der Putsch hatte zur Folge, dass zum ersten
Mal gleichzeitig zwei Könige regierten, und zwar ein legitimer,
nämlich Thutmosis III., und ein illegitimer, nämlich Hatschepsut, die beide dem gleichen Herrscherhaus entstammten. Um
dieses Problem zu lösen, ernannte Hatschepsut ihren Stiefsohn
nach dem Vorbild der Könige des Mittleren Reiches zum Mitregenten, wodurch sie ihn als König im Hintergrund beließ, ihn
aber vom politischen Geschehen ausschloss. Gleichzeitig rückte
sie ihre eigene Legitimation mit einer Geburts- und Krönungsle-
gende in eine außerirdische, göttliche Sphäre: Der Reichsgott
Amun habe sie in der Gestalt des Königs Thutmosis I. gezeugt.
Er selbst habe sie zur Herrscherin bestimmt und so diese unge-
wöhnliche und neue Weltordnung für Ägypten geschaffen: «Ich
setze dich auf meinen Thron, ich reiche dir Zepter und Wedel.»
Hatschepsut wurde nach dieser Legende im wahrsten Sinne Königin von Gottes Gnaden.

Die Herrscherin versammelte ihre Getreuen um sich und
formte sie zu einer neuen Führungsmannschaft. Zum allmäch-
tigen Minister stieg Senenmut, ein Mann von bescheidener
Herkunft, auf, der die wichtigen Ämter eines Vermögensverwal-
ters des Amuntempels von Karnak, eines Vorstehers der königlichen Arbeiten und des Erziehers der Kronprinzessin Nefrure
innehatte. Ein anderer Neuling, Hapuseneb, rückte als Hoherpriester des Amun an die Spitze der Priesterschaft. Auch in weitere wichtige Positionen setzte die Königin ihr genehme Beamte
ein, die zum Teil ausländischer Herkunft waren und deren Aufstieg mit dem Erfolg der Königin eng verknüpft war. Das Amt
der Gottesgemahlin des Amun gab sie an ihre Tochter Nefrure
weiter. Diese erscheint nun häufig in Darstellungen, wie sie ihrer
Mutter beim Gottesopfer folgt. Es gibt keine Königstochter
Ägyptens, die man je so ins Zentrum der Macht stellte wie Nefrure. Zahlreiche Skarabäen mit ihrem Namen wurden ediert.

Vermutlich versuchte die Königin, sie als Nachfolgerin für den Thron aufzubauen.

Das berühmteste Baudenkmal aus der Zeit der Hatschepsut ist ihr Totentempel im Talkessel von Deir el-Bahari, der unter der Leitung des Senenmut entstand. In der Nachbarschaft des fast sechs Jahrhunderte zuvor errichteten Grabmonuments des Begründers des Mittleren Reiches, Montuhotep I., erhebt sich dieses Juwel der ägyptischen Tempelarchitektur. Die Wahl des Standortes ist programmatisch zu sehen: Die Königin stellte sich auf die gleiche Stufe mit dem Gründerkönig Montuhotep. Das Bauwerk ist zudem in seiner Achse genau auf den großen Amuntempel von Karnak ausgerichtet. Es schmiegt sich an die 300 m steil aufragende Felsenkette und ist in drei ansteigende Terrassen gegliedert, die durch Rampen miteinander verbunden sind. Vorgelagert sind links und rechts prächtige Pfeilerhallen, an deren Rückwänden in farbigen und überaus feinen Reliefs die wundersame Geburt und Krönung der Hatschepsut, eine Expedition in das Weihrauchland Punt sowie der Transport zweier Obelisken, welche die Königin im Amuntempel von Karnak hatte aufstellen lassen, dargestellt sind. Auf der zweiten Terrasse bilden Sanktuare des Gottes Anubis und der Göttin Hathor den nördlichen und südlichen Abschluss. In diesem Totentempel fanden sich mehr als 200 Statuen der Hatschepsut, die sie thronend, schreitend, kniend oder als Sphinx wiedergeben. Kein König der 18. Dynastie hat ein größeres Repertoire an Figuren hinterlassen. Übrigens hat sich auch der Architekt Senenmut, wohl mit Erlaubnis seiner Königin, im Tempel mehrfach hinter Türen versteckt abgebildet. Die Krönung der Hatschepsut durch den Gott Amun ist auch das Hauptmotiv einer Kapelle in Karnak. Der aus rotem Quarzit errichtete Kultbau diente später zerschnitten als Innenfutter für andere Denkmäler. Heute sind die erhaltenen Blöcke wieder zusammengesetzt und in Karnak unter der Bezeichnung «Rote Kapelle» zu besichtigen.

Ein besonderes Ereignis war die im Jahre 9 mit fünf Schiffen durchgeführte Expedition in das Weihrauchland Punt an der Westküste Somalias, deren Leitung in den Händen des Oberschatzmeisters Nehsi lag. Nach langer zeitlicher Unterbrechung wurde zum ersten Mal wieder eine solche Reise unternommen. Die Ägypter tauschten Waffen, Schmuck und verschiedene Geräte gegen Gold, Elefantenzähne, Weihrauch, Weihrauchbäume, Edelhölzer, Tierfelle und seltene Tiere. Die Darstellung im Totentempel von Deir el-Bahari zeigt eindrücklich das Unternehmen in Wort und Bild. Wir sehen die bienenkorbähnlichen Häuser des Puntlandes, die am Wasser stehen und zu denen man mit Leitern hinaufsteigen muss. Üppig dargestellt sind Fauna und Flora des Landes, der Fürst von Punt erscheint zusammen mit der dicken Fürstin und ihren Reiteseln.

Während ihrer Regierungszeit ließ die Königin auch sechs Feldzüge nach Nubien und Syrien-Palästina durchführen. Bei den kriegerischen Handlungen in den späteren Jahren hatte ihr inzwischen erwachsener Mitregent, Thutmosis III., den militärischen Oberbefehl. Bevor sie Herrscherin wurde, hatte sie bereits ein Grab für sich in einem Wadi westlich von Deir el-Bahari anlegen lassen, das sie aber aufgab, als sie eine Begräbnisstätte im Tal der Könige beanspruchte. Zwischen dem 11. und 16. Jahr starb Prinzessin Nefrure und wurde im Tal der Königinnen beigesetzt.

Hatschepsut starb in ihrem 22. Regierungsjahr, so dass nun Thutmosis III., noch keine 30 Jahre alt, die Alleinherrschaft antreten konnte. Gleich zu Beginn seiner Regierung wurde der Name der Hatschepsut aus den offiziellen Königslisten gelöscht, aber der Rang, den sie vor der Thronbesteigung innegehabt hatte, wurde nicht angetastet. So nennt ein hoher Beamter nach ihrem Tod in seinem Grab in Elkab die Könige, unter denen er gelebt und gewirkt hat. Hatschepsut erscheint darin nicht mehr als Pharao: «Die verstorbene Gottesgemahlin, die große königliche Gemahlin Maatkare erwies mir Gunst, denn ich habe ihre verstorbene große Tochter, die Königstochter Nefrure aufziehen dürfen, als sie ein Kind war an der Mutterbrust.» Es wird also ihr Thronname «Maatkare», aber nicht die königliche Titulatur genannt, als hätte es zu keiner Zeit den Pharao Hatschepsut gegeben. Erst im 42. Jahr Thutmosis' III. setzte eine Verfolgung ein: Hatschepsuts königliche Statuen wurden zerstört, ihre Obelisken eingemauert und ihr Name ausgehackt. Der lange zeitliche Abstand zwischen dem Tod der Hatschepsut und diesen

Vorgängen belegt eindeutig, dass Thutmosis III. die damnatio memoriae nicht aus Hass und persönlicher Rache betrieb. Hier ging es vielmehr darum, die gesetzmäßige Weltordnung wiederherzustellen; die sichtbaren Spuren der illegitimen Herrschaft mussten getilgt werden. Die Denkmäler, die Hatschepsut als königliche Gemahlin und Gottesgemahlin des Amun zeigen, blieben daher unangetastet.

Über Taten und Wirken König Thutmosis' III. sind wir aus verschiedenen Quellen gut informiert, so durch die Biographien seiner wichtigsten Beamten, durch seine Kriegstagebücher, die er an der Nordwand des östlichen Annalensaals im Tempel des Amun von Karnak veröffentlichen ließ, und durch die große Stele im nubischen Napata (Gebel Barkal am vierten Nilkatarakt).

Als der König seine Alleinregierung angetreten hatte, spitzte sich die außenpolitische Lage in Asien gefährlich zu. Gegen Ägypten hatte sich eine Koalition von 330 Stadtfürsten aus Palästina und Syrien unter Führung des Fürsten der Stadt Kadesch zusammengeschlossen. Diese Allianz wurde außerdem vom Mitannireich gefördert und unterstützt. Um der akuten Bedrohung zu begegnen, brach der König mit seinem Heer, das etwa 10 000 bis 15 000 Mann stark war, im Frühjahr des 22. Jahres von der Grenzfestung Sile (el-Qantara am Suez-Kanal) auf und erreichte nach etwa 20 Tagen die Stadt Jehem (heute Chirbet Jimma), wo ein Lager aufgeschlagen wurde. Kundschafter berichteten, dass der Feind in und um die Festung Megiddo (heute Tell el-Mutesellim) versammelt sei und das ägyptische Heer zu einer Entscheidungsschlacht erwarte.

Zwischen der Stadt Jehem, wo die Ägypter postiert waren, und der Festung Megiddo, die auf einem Hügel in der Ebene von Esdralon liegt, erhebt sich aber das Karmelgebirge. Um Megiddo zu erreichen, gab es für das ägyptische Heer nun drei mögliche Wege. Eine Straße führte von Norden her auf Megiddo. Dieser Weg war jedoch über eine lange Strecke gut vom Gegner einzusehen, so dass er sich auf einen Angriff bestens vorbereiten konnte. Die zweite Möglichkeit war, Megiddo über eine gut ausgebaute Straße von Osten her zu erreichen. Aber dort lagerten bereits Truppenteile der Allianz, wie die Späher berichtet hatten. Schießlich gab es noch einen dritten Weg, der zwar kürzer, aber äußerst schmal und beschwerlich war. Er führte über den Pass von Aruna und endete südlich der Festung im Tal des Kina-Baches. Der Weg war so eng, dass nur Mann hinter Mann und Pferd hinter Pferd gehen konnten. Nach genauer Überlegung der Vor- und Nachteile wählte Thutmosis für seine Armee diesen risikoreichen Weg.

Das Heer brach früh am Morgen auf, der König an der Spitze seiner Truppen, und marschierte über den Pass. Gegen Mittag erreichte man den von den Feinden unbesetzten Ausgang. Die palästinensisch-syrische Allianz aber hatte die Ägypter auf der breiten Straße von Osten her erwartet; sie nahm jetzt mit Schrecken wahr, dass das Heer des Thutmosis in ihrem Rücken stand. Noch in der Nacht mussten die Fürsten und ihre Offiziere in aller Eile die Truppen neu positionieren. Aber es war zu spät. Am nächsten Tag griff die ägyptische Armee in breiter Front an.

«Da gewann seine Majestät die Oberhand über sie an der Spitze seines Heeres. Als sie sahen, dass seine Majestät über sie siegte, liefen sie Hals über Kopf nach Megiddo, mit Entsetzen im Gesicht. Sie ließen ihre Pferde und ihre Wagen von Gold und Silber zurück, denn man konnte sie nur so in diese Stadt bringen, indem man sie an ihren Kleidern hochzog. Die Bewohner hatten diese Stadt vor ihnen verschlossen, sie ließen ihre Gewänder herab, um sie nach oben in diese Stadt zu ziehen.»

Der glorreiche Sieg Thutmosis' III. über die Koalition blieb eine strategische Meisterleistung, die 33 Jahrhunderte später nochmals zum Erfolg führte. Der britische Feldmarschall Lord Edmund Allenby (1861–1936) wurde 1917 bei Megiddo in eine Schlacht gegen die türkischen Truppen verwickelt. Er gewann mit der gleichen Kriegslist wie Thutmosis III. und bedankte sich später bei dem amerikanischen Ägyptologen James Henry Breasted (1865–1935): «Es ist merkwürdig, dass wir dieselbe Erfahrung machen mussten wie der alte Thutmosis. Ich hatte Ihre «Geschichte Ägyptens» gelesen und wusste, was sich dort zugetragen hatte.»

Der Sieg von Megiddo brachte Thutmosis III. nur eine kur[
Erholungspause, denn zwischen seinem 24. und 28. Regierungsjahr musste der Pharao dreimal militärisch in Palästina eingreifen. Nach seinem endgültigen Sieg traf er dann eine weise Entscheidung: Er beließ die besiegten Stadtfürsten in Ämtern und
Würden, um sie so langfristig in Dankbarkeit an Ägypten zu
binden. Gleichzeitig aber führte er ihre Kinder als ein Pfand
nach Ägypten, wo er sie erziehen ließ. Verstarb nun in deren
Heimat ein Fürst, so trat sein im Nilland im ägyptischen Geist
erzogener Erbe die Nachfolge an. Auf diese Weise wurden aus
ehemaligen Feinden enge und treue Verbündete.

Den größten militärischen Erfolg erlebte der König im 33. Regierungsjahr auf seinem achten Feldzug in Vorderasien, als er
mit seinen Truppen in das Mitannireich selbst eindrang. Bei
Karkemisch setzte er eine eigene Siegesstele neben die, die König
Thutmosis I. einst hatte aufstellen lassen. Dann zog er sich mit
seiner Truppe zurück.

Insgesamt führte Thutmosis III. sechzehn Feldzüge in Asien
durch und festigte damit seine Macht in Palästina und Syrien.
An der Küste des Mittelmeers wurden Stützpunkte angelegt, die
mit schnell beweglichen Eingreiftruppen besetzt waren und die
bei der kleinsten Unruhe aktiv werden konnten. So wagten die
Nachbarstaaten keinen Angriff gegen das Nilland mehr, sondern bemühten sich um gute Nachbarschaft. Gesandte aus Babylonien, Assur und vom hethitischen Königreich wurden mit Geschenken nach Ägypten geschickt, und manche Fürstentochter
der kleinen Stadtstaaten kam in den königlichen Harim.

Auch Kriegszüge nach Nubien unternahm der König. In seinem 47. Regierungsjahr erreichten er und seine Armee die Stadt
Napata am vierten Nilkatarakt, wo die Ägypter erstmals auf
schwarze Afrikaner trafen, die von jetzt ab in den Bilddarstel-
lungen als Fremdvölker erscheinen. An dieser Stelle wurden ein
Tempel und eine Festung errichtet, hier befand sich jetzt die
Südgrenze Ägyptens. Am Gebel Barkal, einem 100 m hohen,
weithin sichtbaren Sandsteinmassiv, wurde eine große Stele errichtet, welche die Taten des Herrschers verkündete.

Die Kriegsbeute und die Tribute, die allein aus Nubien pro

Jahr etwa 300 kg Gold betrugen, brachten einen ungeheuren
Reichtum nach Ägypten. Den größten Anteil bekamen die Götter, vor allem Re, Ptah und Month, die ihre schützenden Hände
so segensreich über das Nilland hielten und denen nun Tempel
und Opferstätten geweiht wurden. Besonders bedacht aber
wurde der Reichsgott Amun, der Thutmosis III. nach seinen
eigenen Worten von Sieg zu Sieg führte. Zahlreiche neue Kultbauten im ganzen Land entstanden nur für ihn. Der Tempel des
Gottes in Karnak wurde besonders ausgestattet. Kein König hat
dieser Kultanlage seinen Stempel durch Erweiterungen, Wieder-
herstellungen und Neubauten stärker aufgedrückt als Thutmosis III. Von neun Obelisken, die er in Assuan aus dem Steinbruch
herausarbeiten ließ, kamen sieben nach Karnak, drei Paare und
ein Einzelstück, das übrige Paar war für den Sonnentempel in
Heliopolis bestimmt. Er ließ sie jeweils aus Anlass seiner fünf
Regierungsjubiläen im 30., 34., 37., 40. und 43. Jahr herstellen.
Heute sucht man sie vergebens in Ägypten, denn sie haben, soweit sie die Zeiten überdauerten, neue Standorte in Rom, New
York, London und Istanbul gefunden. Gegen Ende seines Lebens ließ der König in Deir el-Bahari zwischen dem Terrassen-
tempel der Hatschepsut und dem Grabmonument Montuhoteps I. einen kleinen Tempel errichten, der Djeserachet (= Heilig
ist der Horizont) heißt. Er steht auf einer 20 m über dem Tal-
grund gelegenen Plattform und überragte die beiden anderen
Denkmäler. Ein Taltempel und ein Aufweg führten zu ihm
hinauf. Im Sanktuar befand sich einst ein lebensgroßes Kultbild
der Göttin Hathor in Kuhgestalt, das im Jahre 1906 unversehrt
gefunden wurde und heute im Kairener Museum steht.

Durch ihre Lebensbeschreibungen kennen wir zahlreiche Beamte, Priester und Offiziere des Königs. Als ein Mann namens
Rechmire, der aus einer hohen Beamtenfamilie stammte, zum
Vezir ernannt wurde, hielt Thutmosis III. zur Amtseinführung
eine Ansprache, die erhalten geblieben ist:

«Das ‹Vezir sein› ist nicht süß, es ist bitter wie Galle. Du sollst darauf
achten, dass alles nach dem Gesetz vor sich geht, dass alles nach Rich-
tigkeit getan wird und jeder sein Recht erhält ... Parteilichkeit ist Gott

ein Gräuel! Eine Weisung soll dies sein! Denke daran, demgemäß zu handeln: Betrachte den, den du kennst genauso wie den, der dir fremd ist, den, der dir nahesteht so wie den, der dir fernsteht.»

Das Grab Thutmosis' III. ist das südlichste im Tal der Könige. Der Zugang befindet sich im Norden, 10 m über der Talsohle. Die Wanddekoration der ovalen Sargkammer ist wie ein großer, ausgerollter Papyrus gestaltet und bringt in Strichzeichnungen und kursiven Hieroglyphen eine Version des «Amduat». Der König sollte teilhaben an der nächtlichen Reise des Sonnengottes durch die zwölf Stunden der Nacht.

Am Ende seines 53. Regierungsjahres starb der König. Er hatte mehr als zwei Jahre zuvor seinen Kronprinzen Amenophis, den ihm die große Königsgemahlin und Halbschwester Meritre-Hatschepsut geboren hatte, zum Mitregenten eingesetzt. Thutmosis III. blieb lange in der Erinnerung seines Volkes, bald rankten sich Fabeln und Legenden um seine Heldengestalt.

4. Der Athlet und der Pragmatiker: Amenophis II. und Thutmosis IV.

Der Nachfolger und Sohn des verstorbenen Königs, Amenophis II. (1428–1397 v. Chr.), nahm den Thronnamen Aacheperure (= Mit großen Gestalten, ein Re) an. Für ihn galt es jetzt, das Erbe seines Vaters zu bewahren. Zur Vorbereitung auf sein Amt als Herrscher hatte Amenophis in Memphis – wie übrigens alle Kronprinzen der 18. Dynastie – das Kriegshandwerk erlernt. Er war ein Musterschüler, von Kampfesmut und sportlichem Ehrgeiz durchdrungen. Als sein Vater, Thutmosis III. von den Leistungen seines Kronprinzen erfuhr, soll er ausgerufen haben: «Er ist es, der den Herrn der ganzen Welt abgeben wird, ohne dass es einen Gegner wider ihn gibt.» (Sphinx-Stele von Giza, heute im Museum Kairo)

Der Prinz war ein Pferdenarr. Auf der Stele heißt es: «Als er noch ein Junge war, da liebte er seine Pferde und freute sich über sie. Es war stetiges Bemühen dabei, sie abzurichten, ihr Wesen zu erkennen, kundig über ihre Ausbildung zu werden und in diese Materie einzudringen.» Auch als Schütze leistete er Außergewöhnliches, er konnte den Bogen spannen wie kein anderer. Vier Schießscheiben aus Kupfer, jede eine Handbreit dick, stellte man im Abstand von je 10 m am Übungsplatz auf. Amenophis jagte mit seinem mit zwei Pferden bespannten Streitwagen heran, in den Händen den Bogen und vier Pfeile. Er schoss viermal während der rasenden Fahrt und durchbohrte alle Kupferscheiben. Bei einer Scheibe trat der Pfeil sogar auf der Rückseite wieder heraus und fiel zu Boden. «Das war eine Tat, die noch nie getan worden war und die man niemals in einer Erzählung gehört hatte», liest man. Auch im Laufen und Rudern gab es keinen, der sich mit ihm messen konnte.

Zu Beginn seiner Regierungszeit reihte sich ein Kriegszug an den anderen, wobei sich in seinen militärischen Unternehmungen ein Hang zu Grausamkeit und Brutalität offenbart. Bereits im Frühjahr des dritten Regierungsjahres begann er einen Feldzug nach Syrien-Palästina, möglicherweise wegen eines vom Mitannikönig Schauschtatar angezettelten Aufruhrs. Im Bezirk Tachsa (südlich von Kadesch) erschlug der König eigenhändig sieben rebellische Fürsten mit der Keule. Ihre Leiber hängte er kopfüber an den Bug seines Schiffes und kehrte in die Heimat zurück. Sechs der Leichen knüpfte man in Theben an die Tempelmauer, der siebte Tote kam nach Napata, am vierten Nilkatarakt, um dort zur Abschreckung ausgestellt zu werden.

Über zwei weitere Feldzüge aus dem siebten und neunten Regierungsjahr berichten, sich gegenseitig ergänzend, zwei Stelen, die eine in Memphis, die andere in Karnak. Vermutlich hatte im Jahre 7 der Mitannikönig Schauschtatar einen Vorstoß nach Nordsyrien unternommen. Dieser Angriff veranlasste Amenophis II. und seine Armee wieder zu einem Feldzug nach Nordpalästina und Syrien. Der Kriegszug im neunten Regierungsjahr begann im Herbst. Zuerst hört man von einem Traum des Königs, in dem ihm Amun erschien und ihm neue Kraft verkündete. Dann zog der König aus, kam aber vermutlich nur bis in die Umgebung von Megiddo und zum See Genezareth. Wo sich Widerstand regte, wurde gnadenlos zugeschlagen und Beute gemacht. Es ist verständlich, dass die größeren Mächte,

Mitanni, das Reich der Hethiter und Babylonien, sich ob solcher Nachrichten bemühten, vorerst stillzuhalten und abzuwarten. So kam es dann nach den kriegerischen Anfangsjahren zu einer friedlicheren Periode. Auffällig ist, dass in der Regierungszeit Amenophis' II. zahlreiche palästinensische und syrische Gottheiten in das ägyptische Pantheon aufgenommen wurden und kultische Verehrung genossen.

Die Männer, mit denen sich der König umgab, waren Kriegskameraden oder mit ihm zusammen im Palast aufgewachsen, wie der Vezir Amenemope und dessen Bruder, der Bürgermeister von Theben, Sennefer. Das Zeitalter Amenophis' II. war nicht nur durch kriegerische Aktionen, sondern auch durch ein hohes, künstlerisches Niveau geprägt, das sich in Architektur und Plastik ausdrückte. Im ganzen Land ist eine rege Bautätigkeit des Königs nachzuweisen. Einen besonderen Schwerpunkt bildeten seine Architekturaufträge für den Amuntempel in Karnak. Dort haben Kapellen und ein Alabasterschrein die Zeiten überdauert.

Amenophis II. starb 1401 in seinem 26. Regierungsjahr und wurde im Tal der Könige beigesetzt. Das 60 m lange Grab liegt sehr versteckt und hat – im Gegensatz zu dem Grab des Vaters – einen rechteckigen Grundriss. Die harmonisch proportionierte Sargkammer, ausgeschmückt mit hervorragenden Malereien, weist sechs Pfeiler auf. Die Wände sind mit dem «Amduat» dekoriert, die Darstellungen an den Pfeilern zeigen den König in Gemeinschaft verschiedener Götter. Aufgrund seiner Lage diente das Grab fast vier Jahrhunderte später auch als Versteck für andere Königsmumien, die in ihren Gräbern nicht mehr sicher waren.

Nachfolger auf dem Thron war Thutmosis IV. (1397–1388 v. Chr.), Sohn des Königs und seiner großen königlichen Gemahlin Tiaa. Er nahm den Thronnamen Mencheperure (= Mit bleibenden Gestalten, ein Re) an. Als Kronprinz war er ebenfalls in Memphis erzogen worden, und «er fuhr auf seinem Streitwagen dahin und seine Pferde waren schneller als der Wind ...», berichtet die Stele, die zwischen den Pranken des Sphinx von Giza aufgestellt ist und die der junge König im ersten Regierungsjahr edierte. Es heißt, dass er eines Tages bei seinen Ausflügen in die

Nähe des Pyramidenbezirks kam und im Schatten des Sphinx, der teilweise vom Wüstensand zugedeckt war, ausruhte. Dabei schlief er ein. Im Traum erschien ihm der Sonnengott, der sich in der Gestalt des Sphinx verkörperte, und sprach zu ihm: «... Siehe, meine Lage ist vergleichbar dem, der in Not geraten ist, weil alle Glieder verschwinden. Der Sand der Wüste, auf dem ich mich befinde, ist mir allzu nahe gekommen.» Gleich, nachdem er den Thron bestiegen hatte, befreite der König das Denkmal vom Sand und legte eine Schutzmauer an, um neue Verwehungen fernzuhalten.

König Thutmosis war eine ganz andere Persönlichkeit als sein Vater Amenophis. Er orientierte sich pragmatisch am Nützlichen und Machbaren und suchte in seiner Politik, sofern es möglich war, einen friedlichen Ausgleich mit den Nachbarstaaten. Mit dem Mitannikönig Artatama schloss er einen Friedensvertrag, der auf weitere militärische Auseinandersetzungen verzichtete und das Mitannireich anerkannte. Zur Festigung dieser neuen, freundschaftlichen Beziehungen heiratete Thutmosis eine Tochter des Königs. Das Bündnis hatte außerdem den Vorteil, dass es die Hethiter in ihrer Expansionspolitik nach Palästina und Syrien stark einschränkte. In Nubien und Asien wurden zwar militärische Expeditionen durchgeführt, die aber mehr den Charakter von Polizeimaßnahmen hatten und vor allem der Sicherung der Verkehrswege dienten. In dem Gebiet von Nuchaschsche, nördlich von Kadesch, setzte Thutmosis eine neue Königsdynastie ein, die Ägypten treu ergeben war. Wohl nur symbolische Bedeutung hatte der Beiname «Eroberer Syriens», den der König mitunter führte.

Die kurze, aber friedliche Regierungszeit bot Gelegenheit zu einer regen Bautätigkeit im ganzen Land. Im Amuntempel von Karnak ließ der König das Eingangsportal am vierten Pylon ganz mit Gold überziehen und stellte den großen Einzelobelisken seines Großvaters Thutmosis III. auf, der 35 Jahre lang auf der Südseite des Tempels liegen geblieben war. Dieser größte ägyptische Obelisk wurde 357 n. Chr. nach Rom verbracht und steht heute auf der Piazza San Giovanni vor dem Lateran. Auffällig ist die Neigung des Königs zum kolossalen Rundbild und zu mächtigen Bauwerken. Dieser Hang sollte sich unter seinem Nachfolger noch steigern. Unter Thutmosis IV. entstanden einige der schönsten Privatgräber, die durch ihre künstlerisch hervorragenden Malereien jeden Besucher begeistern. Zu nennen sind hier das Grab des Kornschreibers Menna und das des Astronomen Nacht. Die herrlichen Kunstwerke werden heute immer wieder reproduziert, etwa die Gruppe der musizierenden Mädchen aus dem Grab des Letztgenannten, die als «kleine Nacht-Musik» weltberühmt ist.

Meisterwerke der Malkunst zeigt auch das eigene Grab von Thutmosis IV. im Tal der Könige, das an Größe über das seines Vaters hinausgeht. Die Sargkammer selbst ist wohl geglättet und sorgfältig ausgeführt, blieb aber undekoriert. Der Herrscher war nur wenig über 30 Jahre alt, als er starb. In seine Ruhestätte drangen schon Jahrzehnte später Plünderer ein und beraubten sie. Als es nach einer aufwändigen Restaurierung erneut zu Räubereien kam, barg man die Mumie und brachte sie zum Versteck in das Grab Amenophis' II.

5. Amenophis III. und das Kolossale

Amenophis III. (1388–1351 v. Chr.), der Sohn Thutmosis' IV. und der Königin Mutemuia, bestieg im Alter von 10–12 Jahren den Thron (Thronname Nebmaatre = Herr der Maat, ein Re). Für den jungen König führte in den ersten Jahren seine Mutter Mutemuia die Regentschaft. Die Politik seines Vaters hatte eine stabile Lage in Syrien-Palästina hinterlassen, und die Grenzen blieben ruhig. Nur in Nubien musste im fünften Regierungsjahr ein Aufstand niedergeschlagen werden. Die militärische Leitung dieser Aktion lag aber in den Händen des Vizekönigs von Kusch, Merimose; eine Anwesenheit des Königs war dabei nicht erforderlich.

Amenophis III. verstand es wie schon sein Vater, seine diplomatischen Fähigkeiten voll einzusetzen. Seine Regierungszeit war eine Zeit des Friedens und des Wohlstands. Im Jahre 1887 fand eine Bäuerin in Amarna zufällig Teile des ägyptischen Staatsarchivs mit Fragmenten der außenpolitischen Korrespondenz des Königs, die ein bezeichnendes Licht auf die heiratspolitischen und diplomatischen Aktivitäten Amenophis' III. mit seinen asiatischen Nachbarn warfen. Er heiratete, um die Beziehungen zum Mitannireich weiter zu festigen, Giluchepa, die Tochter des Königs Schutarna. Später kam von dessen Sohn und Nachfolger König Tuschratta noch Prinzessin Taduchepa in den königlichen Harim, ebenso wie andere Fürstentöchter aus asiatischen Herrschaftsbereichen. Als Gegenleistung schickte Amenophis verschiedene Geschenke und vor allem Gold, an Babylonien sogar mehr als eine halbe Tonne des Edelmetalls. Handelsbeziehungen bestanden zur ägäischen Welt, und in einer Ortsliste erscheinen die Namen von Mykene, Knossos, Kythera, Naplia und Ilios.

Zu seiner großen Königsgemahlin erhob Amenophis III. Teje, die Tochter eines «Rindervorstehers» und «Propheten des Gottes Min» namens Juja aus der mittelägyptischen Stadt Achmim. Die Heirat des Königs mit einer Bürgerlichen stellte einen ungewöhnlichen und beispiellosen Vorgang dar, welcher der festgefügten Tradition zuwiderlief. Als Schwiegervater des Herrschers erhielt Juja einige Ehrentitel, darunter den eines «Gottesvaters». Teje, welche die Mutter der Prinzen Thutmosis und Amenophis wurde, erwies sich als eine bedeutende und starke Persönlichkeit, die eine führende Rolle im Staat einnahm, aber durch ihre bürgerliche Herkunft kaum die Voraussetzung für eine große Königsgemahlin besaß. In späteren Jahren heiratete Amenophis III. zwei seiner Töchter, nämlich Satamun und Isis. Es scheint, dass der König mit diesen Eheschließungen den Bruch mit der Tradition zu korrigieren versuchte, der durch die Heirat mit Teje entstanden war.

Unter Amenophis III. kam die Sitte auf, gewisse Ereignisse, die Jagd und Harimsangelegenheiten betrafen, auf der Unterseite von Skarabäen, der beliebtesten Amulettform des Alten Ägypten, zu verewigen. Diese Gedächtnisskarabäen sind uns in fünf Serien überliefert und wurden anlässlich der Hochzeit mit Teje zum erstenmal ediert. Der königliche Hof entfaltete jetzt seine größte Pracht. In der Gegend von Achmim wurde für Königin Teje ein eigener See angelegt und im elften Regierungsjahr

feierlich eröffnet. Als Bauherr übertraf der Herrscher alle s
Vorgänger, wobei eine starke Neigung zur Größe und zum Kolossalen zum Ausdruck kommt. Vom Ostdelta bis zum dritten
Nilkatarakt erstreckte sich seine gewaltige Bautätigkeit. Die
Leitung übergab der König einem Mann aus der Deltastadt
Athribis namens Amenophis, Sohn des Hapu. Dieser bemerkens-
werte Mann gelangte zu höchsten Ehren, und der König gestat-
tete ihm sogar, sich einen Totentempel auf der thebanischen
Westseite zu errichten, ein Privileg, das sonst nur dem Pharao
selbst zustand. Amenophis, Sohn des Hapu, starb um 1358
v. Chr. im Alter von mehr als 80 Jahren. Sein Kult und sein
Name aber lebten im Andenken des Volkes weiter. Bis an das
Ende der pharaonischen Geschichte blieb er als genialer Weiser
und sogar als Gott in Erinnerung. Für seinen Herrscher erbaute
Amenophis, Sohn des Hapu, an Stelle eines älteren Heiligtums
den Tempel von Luxor, geweiht der thebanischen Götterfamilie
Amun, Mut und Chons. Noch heute steht der Kultbau in großen
Teilen aufrecht da und zeugt von den überragenden Fähigkeiten
seines Architekten.

Der Totentempel Amenophis' III. auf der thebanischen Westseite besaß gewaltige Ausmaße. Heute sind nur noch die beiden
einst den Eingang flankierenden, fast 20 m hohen Sitzstatuen
des Herrschers erhalten. In ihnen sahen griechische und römi-
sche Reisende in klassischer Zeit Abbilder des äthiopischen Sa-
genkönigs Memnon, der durch die Hand des Achilleus vor Troja
fiel. So ist diesen Statuen, die Amenophis, Sohn des Hapu, einst
aufstellen ließ, der Name Memnonskolosse bis zum heutigen
Tag geblieben. Auch blieben mehr als tausend großplastische
Statuen des Herrschers (manche über 3 m hoch) und von verschiedenen Gottheiten erhalten.

In der Zeit Amenophis' III. fanden in der Theologie neben der
traditionellen Religion erstmals neue Überlegungen und bisher
ungewohnte Betrachtungsweisen ihren Ausdruck. In der Erklärung der Mannigfaltigkeit der ganzen Welt hatte eine Elite von
Priestern begonnen, die «Neue Sonnen-Theologie», wie es Jan
Assmann formuliert, in religiösen Texten stärker zu betonen.
Von Amun-Re heißt es jetzt: «Du bist der Eine, der alles Seiende

geschaffen hat, der Eine Einsame, der schuf, was ist.» Der Sonnenlauf wurde nicht mehr mit mythischen Bildern als ein Werk
bestimmter Götter beschrieben, sondern der ferne Sonnengott
offenbarte sich der ganzen Welt durch sein Licht. Mit seinen
Strahlen, die man sich als Blick und als Arm Gottes vorstellte,
trat der «Einsame» mit seiner Schöpfung in Verbindung. «Der
Eine Einzige, mit den vielen Armen; der die Nacht wachend ver-
bringt, wenn die Welt schläft, und sucht, was seiner Herde wohl-
tut.» Selbst im Herrscher des Totenreiches Osiris verwirklichte
sich jetzt eine Form des Sonnengottes. Trotz dieser monotheisti-
schen Tendenzen, die eine schleichende Krise im polytheistischen
Weltbild Ägyptens auslösten, setzte Amenophis III. die traditio-
nelle Religion ungebrochen fort. Eine deutliche Hinwendung
zum Tierkult ist zu beobachten: In Sakkara eröffnete man das
sogenannte Serapeum, in dem die heiligen Apisstiere von Memphis von nun an mit großem Pomp feierlich beigesetzt wurden.
Kein Geringerer als der Kronprinz Thutmosis selbst, der das Amt
des Hohenpriesters von Memphis innehatte, leitete dieses erste
Apisbegräbnis in der neuen Anlage. Erhalten hat sich auch ein
Tiersarkophag, den der Prinz einer verstorbenen Katze gestiftet
hat. Diesem Kronprinz Thutmosis war kein langes Leben beschieden, er starb noch während der Regierung seines Vaters, so
dass sein jüngerer Bruder Amenophis in die Thronfolge eintrat.

Seine späten Regierungsjahre verbrachte Amenophis III. meist
in seinem Palast von El-Molgata auf der thebanischen Westseite.
In seinem 30., 34. und 37. Regierungsjahr feierte er seine Regierungsjubiläen. Nach längerer Krankheit starb Amenophis III.
im 38. Regierungsjahr im Alter von etwa 50 Jahren. Der tote
Herrscher wurde nicht direkt im Tal der Könige, sondern im sogenannten Westtal beigesetzt. Auch seine Mumie gelangte später in das Versteck im Grab seines Großvaters, Amenophis' II.

6. Die Götterdämmerung unter Amenophis IV.-Echnaton

Die Krönung Amenophis' IV. (1351–1335 v. Chr.) fand vermutlich in Theben statt, dort verbrachte der König die ersten Jahre
seiner Herrschaft. Er hatte eine Titulatur angenommen, die der

seines Vaters sehr ähnlich war und die nichts von den kommenden Ereignissen ahnen ließ. So lautet sein Thronname völlig konventionell Nefercheperure (= Mit vollkommenen Gestalten, ein Re). Sein Geburtsjahr kennen wir leider nicht, denn aus der Zeit vor der Thronbesteigung ist nur eine Amphore mit einem Siegelabdruck «Domäne des wirklichen Königssohns Amenophis» erhalten geblieben, die keine genaue Datierung erlaubt. Doch war er sicher kein Kind mehr, als er den Pharaonenthron bestieg, denn auf den Reliefbildern, die in den ersten fünf Regierungsjahren entstanden sind, sehen wir Amenophis IV. zusammen mit seiner großen Königsgemahlin Nofretete und den ältesten drei Töchtern dargestellt.

Im dritten Regierungsjahr ereignete sich der große, revolutionäre Umbruch. Wir erleben zum erstenmal in der Weltgeschichte die Entstehung eines Gottes, der vom König selbst verkündet zum einzigartigen Gott ohne seinesgleichen aufstieg und der unter Leugnung aller anderen Götter den ersten Monotheismus in der Geschichte der Menschheit begründete. Dieser Gott, den wir kurz «Aton» nennen, wurde dem Volk zur alleinigen kultischen Verehrung aufgezwungen.

Das Wort «Aton» bezeichnete ursprünglich die Sonne als Himmelskörper. Später wurde Aton zum Thron des Sonnengottes Re und zu seinem Beinamen. Keinesfalls aber war damit der Gott gemeint, den Amenophis IV. in das Pantheon einführte, denn dieser hat einen längeren, in zwei Königsringe eingeschriebenen, dogmatischen Namen: «Es lebt Re-Harachte, der im Horizont jubelt, in seinem Namen als Licht, das der Aton ist». Das Hervortreten dieses Namens im dritten Regierungsjahr muss als die Geburtsstunde des neuen Gottes gesehen werden. Das theologische Programm, das darin zum Ausdruck kommt, besagt, dass sich Aton ausschließlich in der Erscheinung des Lichts offenbarte. Er war das Licht, das die Welt durchdrang und überall Leben spendete. Wie ein König feierte Aton eigene Regierungsjubiläen, denn die bestehende Königsideologie wurde jetzt in eine kultisch-religiöse Sphäre übertragen. Er benötigte nicht wie andere ägyptische Götter eine Göttin als Partnerin, und es gab für ihn keinen Feind. Waren die alten Götter gewöhnlich durch

Reden, mit Gottesworten, mit dem König in Verbindung getreten, so blieb Aton stumm; er hatte in Amenophis IV. seinen Künder, seinen Propheten. Der König forderte sogleich die Bevorzugung des Aton vor allen anderen Göttern. Mit der Einführung des neuen Gottes in das ägyptische Pantheon wurde ein gewaltiger Konflikt ausgelöst, der nicht nur die religiösen Bereiche berührte, sondern auch künstlerische und wirtschaftliche Folgen hatte, ja alle Gebiete des gemeinschaftlichen Lebens völlig veränderte.

Im dritten Regierungsjahr hatte der König begonnen, seinem Gott Aton einen riesigen Tempel zu erstellen, der in seiner ummauerten Fläche alle bisher in Ägypten errichteten Bauten übertraf. Der Tempel lag in Karnak, östlich des großen Amuntempels, und sollte den mächtigen Reichsgott schon optisch schmälern, ja ihn geradezu demonstrativ verkleinern. Der Bruch mit der religiösen Tradition führte notgedrungen zu einem Bruch mit großen Teilen der führenden Beamtenschaft, nach und nach wechselte der König die meisten seiner höchsten Beamten aus. Die neuen Männer, die er berief, stammten in der Regel nicht aus traditionellen Beamtenfamilien; sie erhielten ihre Legitimation durch eine bedingungslose Ergebenheit dem Herrscher gegenüber, oft waren sie Ausländer. Sein Schwiegervater Aja, der die jüngere Schwester der Königin Teje geheiratet hatte, erhielt den Titel eines königlichen Schwiegervaters, nämlich «Gottesvater». Ihm vertraute der König wichtige Ämter an, wie etwa die Positionen eines Staatssekretärs und eines Befehlshabers der königlichen Streitwagentruppe. Manche Personen der neuen Führungsschicht waren auch bereit, ihre Namen zu ändern, um so das Wohlgefallen des Herrschers zu gewinnen. Ein Mann namens Nachtmin (= Der Gott Min ist stark) zum Beispiel änderte seinen Namen in Nachtpaaton (= Der Aton ist stark), als er das oberägyptische Vezirsamt übernahm. Ein anderer, Merineith (= Liebling der Göttin Neith), wechselte zu Merire (= Liebling des Re), als ihm ein hohes Priesteramt winkte.

Die große Königsgemahlin Nofretete, eine Tochter des Aja, behauptete sich in Kult und Staat fast gleichberechtigt neben Echnaton, denn sie war an allen politischen und religiösen Aktionen des Königs beteiligt.

Im sechsten Regierungsjahr verlegte der Herrscher seine Hauptstadt nach Mittelägypten. Auf halbem Wege zwischen Kairo und Luxor, bei dem Wüstenfeld Tell el-Amarna, entstand auf noch unberührtem Boden die Stadt des Aton, Achetaton (= Lichtort des Aton). Zur gleichen Zeit legte der König seinen Geburtsnamen Amenophis, der den Namen des Gottes Amun enthielt, ab und nannte sich von nun an Echnaton, in korrekter Vokalisation Achanjati (= Dem Aton wohlgefällig). In den Regierungsjahren sechs bis neun setzte der König seine «Revolution von oben» konsequent fort. Hatte der König in der ersten Phase der Reformation Aton an die Spitze des Pantheon gesetzt, so unterdrückte der Herrscher nun schrittweise die anderen Gottheiten und formte aus einer Eingottlehre, welche das Vorhandensein kleiner Götter duldet, einen Monotheismus. Im neunten Regierungsjahr oder etwas später wurde auch der dogmatische Name des Aton abgeändert. Vor allem entfernte man den Gottesnamen «Horizontischer Horus» und ersetzte ihn durch den Begriff «Herrscher der Horizonte». Mit dieser Änderung wurde die altehrwürdige Erscheinungsform des Sonnengottes, der falkengestaltige Horus, endgültig beseitigt. Der neue Name des Aton, der nun in die zwei Königsringe eingeschrieben wurde, zeigte ein Streben nach einer vollkommenen Form des Monotheismus; gleichzeitig betonte man die göttliche Vater-Sohn-Beziehung: «Es lebt Re, der Herrscher der Horizonte, der im Lichtland jubelt, in seinem Namen Re-Vater, der als Aton kommt.» Der einzige Gott, den die neue Religion verehrte, präsentierte sich den Menschen auch nur in einer einzigen Gestalt. Aton wurde stets als Sonnenscheibe dargestellt, an deren unterem Rand eine Uräusschlange mit dem Lebenszeichen «Anch» erschien. Von der Sonnenscheibe gingen Strahlen aus, die in menschlichen Händen endeten, mit denen der Gott in Verbindung zur Erde trat.

Zu Echnatons Lehre gehörte die Liebe seines Gottes zu allen Geschöpfen der Erde. Der große Sonnengesang, vom König selbst verfasst, schildert eindrücklich das Wesen des Aton und zeigt einen Gott, der sich um seine Schöpfung kümmert und sich für sie abmüht. Echnatons Religion war eine Religion der Liebe, wie es Erik Hornung ausgedrückt hat. So sehen wir in Abbildungen den König, die Königin und die Prinzessinnen in einem liebevollen, ja geradezu zärtlichen Umgang miteinander. In diesen Bildern wird eine menschliche Liebe dargestellt, die für alle Welt Vorbild und Verpflichtung sein sollte.

Da es Mythen in der neuen Religion nicht mehr gab, trat in das entstandene Vakuum die Familie des Herrschers. Die Untertanen in Achetaton verrichteten ihre Andachten vor Hausaltären mit dem Bild des Strahlenaton und der königlichen Familie. Wohl in keinem Haus eines hohen Beamten durfte ein Bild des Königs, der Gott, Prophet und Führer seiner Untertanen war, fehlen. Man kann sich gut vorstellen, dass es für viele Ägypter schwierig, ja unmöglich war, die neue Lehre Echnatons, die einer jahrtausendealten Tradition und vertrauten Lebensgewohnheiten zuwiderlief, anzunehmen. Eine große Zahl mag deshalb am Glauben der Väter festgehalten und weiter zu den alten Göttern gebetet haben. Dies aber hatte heimlich zu geschehen.

In Echnatons Religion verwirklichte sich ein planmäßiger Monotheismus und auch ein Gottesstaat. Im Mittelpunkt standen der in die Unerforschlichkeit entrückte Gott des universalen Lichts, Aton, und der König als sein göttlicher Mittler. Die bestimmende Gottheit für den Gläubigen aber war der König, der Brennpunkt, auf den sich die persönliche Gott-Mensch-Beziehung reduzierte. Von seiner Gnade hing es ab, ob der Einzelne nach dem Tode in eine andere, neue Form des Lebens zurückkehren konnte. Nur die mit der Gnade Echnatons Versehenen wurden aus dem Todesschlaf geweckt, konnten Aton schauen und den König zum Tempel begleiten. Dort erhielten sie Anteil an den Opfergaben. Ein Jenseits, das für die Ägypter so voll göttlicher Gestalten gewesen war, gab es in der Atonreligion nicht mehr.

Unvereinbar mit dem Monotheismus war die Vorstellung, dass noch andere Götter, auch außerhalb Ägyptens, existierten. Aton war nicht nur ein ägyptischer, sondern ein universeller Gott, der die ganze Welt beherrschte. Hatte das polytheistische Ägypten immer Toleranz gegenüber ausländischen Göttern und Religionen geübt, so duldete Echnaton neben Aton keine andere

Gottheit. Der Herrscher ließ die Tempel aller anderen Götter im ganzen Land schließen. Um ihr Andenken vollständig zu tilgen, setzte ein regelrechter Bildersturm ein. Kolonnen von Steinmetzen wurden durch das Land geschickt, um bis nach Nubien hinein vor allem das Abbild und den Namen des verhassten Amun auszuhacken. Einen besonderen Schwerpunkt der Verfolgung bildete der Tempel des Gottes in Karnak: Sein Name ist dort selten unzerstört geblieben, selbst auf der Spitze von Obelisken wurde er getilgt. Aber auch die anderen Götter waren von der Verfolgung betroffen, mitunter wurde sogar die Pluralschreibung «die Götter» gelöscht.

Nach dem 13. Regierungsjahr erscheint der Name der Königin Nofretete nicht mehr, sieht man von einer offiziellen Steinbruchinschrift von Dair al-Berscha aus dem Jahr 16 ab. Ihre Namensnennung in dieser Inschrift sagt wenig darüber aus, ob sie damals noch am Leben war. Eine göttliche Persönlichkeit wie Nofretete kann auch nach ihrem irdischen Leben in offiziellen Texten genannt werden. Sie ist wohl bald nach dem Jahr 13 gestorben und wurde in dem vorbereiteten, königlichen Felsgrab in den östlichen Bergen von Achetaton beigesetzt. Von jetzt ab trat eine Nebenfrau Echnatons in den Vordergrund, Mutter einer Tochter, die sich «Gemahlin und große Geliebte des Königs von Ober- und Unterägypten, Kija» nannte. Schritt für Schritt versuchte diese, die Machtposition, die Nofretete innegehabt hatte, für sich zu erobern.

Über die letzten Regierungsjahre Echnatons wissen wir leider nur wenig. Das 16. Regierungsjahr brachte für Ägypten eine angespannte außenpolitische Lage, denn zwei wichtige vorderasiatische Verbündete wechselten in das Lager der Hethiter über. Eine militärische Strafaktion des Nillandes, die daraufhin erfolgte, wurde vom Hethiterkönig Suppiluliuma I. zurückgeschlagen. Nun schickte dieser sich an, seinerseits die ägyptische Provinz Amka in Nordsyrien anzugreifen. Im Sommer des 17. Regierungsjahres, fast gleichzeitig mit der Verschlechterung der außenpolitischen Lage in Vorderasien, starb Echnaton und wurde, nach seiner – leider sehr zerstörten – Grabausstattung zu schließen, im königlichen Felsgrab von Achetaton beigesetzt.

7. Ausklang einer Epoche

Für die Nachfolge hatte Echnaton nicht vorgesorgt. Ein männlicher Erbe war zwar vorhanden, aber ein Kleinkind kam als Herrscher in der Krise nicht in Frage. So begann ein Machtkampf zwischen Kija und Meritaton, der ältesten Tochter Echnatons. Die machtbewusste Kija versuchte, die Frage der Thronfolge dadurch zu lösen, dass sie eine für sie nicht ungefährliche, konspirative Botschaft an den Hethiterkönig Suppiluliuma sandte. Man kennt den Inhalt des Kija-Schreibens aus hethitischer Quelle: «Mein Gemahl Nipchururia (= Thronname Echnatons) ist tot, und ich habe keinen Sohn. Aber man sagt mir, dass du viele Söhne hast. Wenn du mir einen deiner Söhne schickst, könnte er mein Gemahl werden. Ich bin nicht geneigt, einen Diener von mir zu nehmen und ihn zu meinem Gatten zu machen.» König Suppiluliuma ging, nach einigen Erkundigungen seinerseits und einem weiteren Brief der ägyptischen Königswitwe, auf den Wunsch ein und sandte seinen Sohn Zannanza nach Ägypten.

Inzwischen hatten sich dort aber die innenpolitischen Verhältnisse verändert, denn Meritaton hatte die Zeit genutzt und die Macht ergriffen. Den Weg zum Thron verdankte sie wahrscheinlich der Unterstützung ihres Großvaters Aja, der grauen Eminenz des Staates, und seiner meist aus Achmim stammenden Gefolgsleute. Meritaton beseitigte die Verräterin Kija, übernahm deren Palast und Kapelle und ließ den Hethiterprinzen, der unterwegs nach Ägypten war, töten.

Der Mord an seinem Sohn war für Suppiluliuma das Signal, seine ganze Militärmaschinerie gegen Ägypten in Gang zu setzen. Die kriegerischen Auseinandersetzungen, die darauf erfolgten, trafen nicht nur das Mitannireich entscheidend, sondern brachten schließlich auch Ägypten um die Vorherrschaft in Asien. Um die Stabilität des Staates nach innen zu bewahren, heiratete Meritaton den jüngeren Bruder ihrer Mutter Nofretete, Semenchkare (1335–1332 v. Chr.). Semenchkare nahm Meritatons Thronnamen Anchcheperure (= Mit lebendigen Gestalten, ein Re) an und übernahm den Eigennamen seiner

Schwester. Er betrieb eine vorsichtige Politik der Annäherung an Theben und an den Kult des Amun. Es war ihm aber nur eine kurze Herrschaft beschieden: Bezeugt sind Denkmäler bis zu seinem dritten Regierungsjahr. Königin Meritaton scheint noch vor ihm den Tod gefunden zu haben, denn bereits während der Regierungszeit Semenchkares trat die drittälteste Tochter Echnatons, Anchesenpaaton, hervor, die später als Gemahlin von König Tutanchaton/Tutanchamun berühmt geworden ist.

Semenchkare wurde in dieser Zeit der religiösen Wirren und der außenpolitischen Schwierigkeiten in einem Notgrab im Tal der Könige beigesetzt. Den mumifizierten Leichnam legte man in einen prächtigen Goldsarg, der einst für König Echnaton (den Namen des Königs hatte man sorgfältig entfernt) angefertigt worden war, aber für dessen Begräbnis – vermutlich aus religiösen Gründen – nicht verwendbar gewesen war. Die künstlerisch hervorragend gearbeiteten Kanopen, die Semenchkare erhielt, waren dagegen ursprünglich für Kija bestimmt gewesen. Die Inschriften auf den Gefäßen hatte man aber minuziös abgearbeitet und den Namen der Kija getilgt. Der englische Archäologe Edward Russel Ayrton (1882–1914) entdeckte 1907 das Grab des Semenchkare. Die bedeutenden Fundstücke befinden sich heute vorwiegend im Kairener Museum. Die Begräbniszeremonie leitete König Tutanchaton (= Lebendiges Abbild des Aton), der – durch eine DNS-Analyse nachgewiesen – Echnatons und Nofretetes spät geborener Sohn war. Aus der Zeit vor seiner Thronbesteigung gibt es nur ein Zeugnis seines Namens auf einem Steinblock, der aus der Stadt Achetaton stammt und später in der Stadt Hermopolis verbaut wurde. Er wird dort als «leiblicher Sohn des Königs» bezeichnet. Durch neuere archäologische Funde kennt man sogar Tutanchatons Amme, die Maïa hieß, sowie seinen Erzieher und Studienleiter Senedjem, der wie Aja aus Achmim stammte.

Tutanchaton (1332–1323 v. Chr.) war bei seiner Thronbesteigung sieben bis zehn Jahre alt. Das Alter des Königs errechnet sich aus dem Sterbealter, das aufgrund medizinischer Untersuchungen der Mumie mit 18–20 Jahren angegeben wird. Sein

Thronname lautete Nebcheperure (= Herr an Gestalten, ein Re).
Während seiner Regierungszeit verfolgte man eine Politik der
vorsichtigen Restauration, ein Nebeneinander der alten Götter
mit Aton, der aber immer noch eine führende Rolle spielte.
Zentrum des Landes blieb zunächst Achetaton, wo Tutanchaton und seine große Königsgemahlin Anchesenpaaton (= Sie
lebt für Aton) residierten. Im zweiten oder dritten Regierungsjahr aber nahm der König – noch in Achetaton – eine Änderung seines Namens in Tutanchamun vor. Ebenso nannte sich
seine Königin nicht mehr Anchesenpaaton, sondern Anche-
senamun. Kurze Zeit später verließ der junge Herrscher Achetaton und zog mit seinem Hof nach Memphis. Die Häuser von
Achetaton, die erst wenige Jahre zuvor erbaut worden waren,
wurden versiegelt, die angelegten Felsgräber in den östlichen
Bergen blieben unbelegt.

Die Aufgabe der Stadt, die für ganz kurze Zeit das Zentrum
Ägyptens gewesen war, erfolgte sicherlich nicht nur aus religiösen Gründen, sondern war Ausdruck der schwieriger gewordenen außenpolitischen Lage. Die Wahl der neuen Hauptstadt fiel
auf Memphis, das, geographisch günstig zwischen Ober- und
Unterägypten gelegen, seit 1550 v. Chr. Zentrum des Militärs
gewesen war. Von einem Druck der Amunspriesterschaft auf
den König kann offenbar nicht gesprochen werden, denn dann
wäre wohl Theben, die Hochburg des Amunkultes, gewählt
worden. In Memphis erließ der König jenes Dekret, dessen Text
uns auf der sogenannten Restaurationsstele erhalten ist: «Denn
da seine Majestät als König erschien, da waren die Tempel der
Götter und Göttinnen von Elephantine bis zu den Lagunen des
Delta im Begriff, vergessen zu werden und ihre heiligen Stätten
im Zustande des Untergangs, zu Schutthügeln geworden, die
mit Unkraut bewachsen sind.» Man setzte die alten Götter wieder in ihre Rechte ein, tastete aber den Gott Aton zunächst
weiterhin nicht an.

Unter dem minderjährigen Tutanchamun bestimmten vor allem zwei Männer die Richtlinien der Politik, nämlich Aja und
Haremhab, welche ihm dann auch als letzte Könige der 18. Dynastie auf den Pharaonenthron folgten. Der schon betagte Aja,

Schwiegervater Echnatons, war Vezir, also höchster Richter und Verwaltungsbeamter des Staates. Er scheint aufgrund seiner langjährigen Verwaltungspraxis und seiner Beziehung zum Königshaus die eigentliche Regentschaft in Händen gehalten zu haben, musste seine Macht aber mit dem jüngeren «Generalissimus» und «Stellvertreter des Königs an der Spitze der Länder», Haremhab (= Horus ist im Fest) teilen. Die Herkunft von Haremhab und sein kometenhafter Aufstieg zu dieser führenden Stellung im Staat liegen im Dunkeln. Es ist deshalb nicht völlig auszuschließen, dass er mit dem Militärführer Paatonemhab (= Der Aton ist im Fest), einem Protegé Echnatons, identisch war und im Zuge der Restauration seinen Namen in Haremhab umgewandelt hatte. Das Verhältnis von Aja und Haremhab ist schwer auszumachen; es spricht nicht das Geringste dafür, dass sie sich anfangs gegenseitig bekämpft hätten, sondern sie scheinen ihre politischen Ziele eher gemeinsam und in direkter Abstimmung verfolgt zu haben.

Die wichtigste innenpolitische Entscheidung, die Aja und Haremhab für den minderjährigen König trafen, war zweifellos die Einleitung der gemäßigten Restauration und die Aufgabe der Residenzstadt Achetaton zugunsten von Memphis. Die alten Götter herrschten wieder, und es wurde ihnen im ganzen Land bis nach Nubien hinein eine rege Bautätigkeit gewidmet. Außenpolitisch trug der Generalissimus Haremhab die Verantwortung für die Sicherheit der ägyptischen Grenzen. Er versuchte, durch militärische Aktionen gegen die vordringenden Hethiter wenigstens einen kleinen Rest der einstigen Vorherrschaft in Asien für Ägypten zu bewahren. Er leitete wahrscheinlich auch eine Militärexpedition in Nubien. Beiden Regenten, Aja wie Haremhab, standen zahlreiche fähige Beamte zur Seite, doch ist interessant, dass von den führenden Männern Echnatons nur noch wenige in Amt und Würden geblieben waren.

Bemerkenswerterweise liegen die Gräber der führenden Beamten dieser Zeit mehrheitlich in der memphitischen Nekropole, nur wenige befinden sich in Theben. Auch Haremhab baute sich, als er noch Militärführer war, ein Grab in Memphis. Im 19. Jahrhundert wurde es entdeckt und geplündert, galt dann lange als verschollen und wurde erst 1975 durch eine englisch-niederländische Expedition unter Leitung von Geoffrey T. Martin wiederentdeckt. In den Inschriften, die dort angebracht wurden, betonte Haremhab seine führende Position direkt nach dem König.

Tutanchamun verstarb bereits in seinem zehnten Regierungsjahr, im Alter von ungefähr 18 Jahren. Da er kinderlos blieb, erlosch mit seinem Tod das Herrscherhaus der 18. Dynastie. Über die Todesursache, die den König in so jungen Jahren dahinraffte, lässt sich nichts Bestimmtes aussagen, doch sehr wahrscheinlich ist der König einer Seuche zum Opfer gefallen. Gerade in diesen Jahren wütete im asiatischen Raum die Pest, die vielleicht durch Soldaten nach Ägypten eingeschleppt wurde. Die Schädelverletzung an seiner Mumie, die auf Unfall oder Mord weisen könnte, erfolgte wohl erst bei der Mumifizierung.

Eine Entscheidung über den Ort der neuen Königsnekropole war offenbar nach dem Umzug aus Achetaton nicht sofort gefallen. Als der junge König unerwartet starb, beschloss man eilig, ihn wiederum im Tal der Könige zu bestatten, obwohl die Residenz im Norden lag. Jedem Besucher des Tales fällt aber auf, dass das Tutanchamun-Grab schon architektonisch völlig von den anderen Königsgräbern abweicht. Es war ursprünglich nicht für ein königliches Begräbnis vorgesehen, sondern vermutlich schon unter Amenophis III. für Angehörige des Königshauses fertiggestellt worden, aber dann aus unbekannten Gründen unbelegt geblieben. Bestattungen nicht-königlicher Personen konnten durchaus mit Erlaubnis des Herrschers im Tal der Könige stattfinden, allerdings durften diese Privatgräber nur bescheidene Ausmaße besitzen und keinerlei Dekoration aufweisen. Das Recht auf ein dekoriertes Grab hatte allein der König. Mangelnde Vorbereitung und der plötzliche Tod des jungen Herrschers ließ die Fertigstellung einer königlichen Grabanlage nicht mehr zu, und so wählte man für Tutanchamun die unkönigliche, enge Begräbnisstätte, die durch eine eilig angebrachte Dekoration und die Beigaben aber zu einem Königsgrab umgestaltet wurde. Wir dürfen annehmen, dass die Ausschmückung der Grabkammer innerhalb von drei Monaten erfolgte, eben jener Zeitspanne, die zwischen Tod und Begräbnis des Herrschers

lag. Die Wiederentdeckung des Tutanchamun-Grabes und seines vollständigen Grabschatzes durch den Engländer Howard
Carter (1874–1939) im Jahre 1922 bedeutete die größte archäologische Sensation des vergangenen Jahrhunderts.

Der Gottesvater Aja als ältester Verwandter und Vezir sah
nun die Stunde gekommen, den Thron der Pharaonen zu usur-
pieren. Seinen Anspruch auf die Nachfolge demonstrierte er
dadurch, dass er sich im Grab des Tutanchamun darstellen ließ,
wie er das Ritual der Bestattung für seinen Vorgänger zelebriert.
Aja (1323–1319 v. Chr.) nahm den Thronnamen Cheperchepe-
rure (= Der an Gestalt gestaltete, ein Re) an. Während dieser
Vorkommnisse weilte sein Mitregent, General und Erbprinz
(Titel eines Thronnachfolgers) Haremhab, dagegen fern der
Hauptstadt und war vermutlich in Kämpfe gegen die Hethiter in
Vorderasien verwickelt. Die rasche und eigenmächtige Thronbesteigung zerbrach die Allianz, die Aja und Haremhab einst als
Regenten für Tutanchamun eingegangen waren. Aja entzog Haremhab die Machtbefugnisse und ernannte die «königlichen Se-
kretäre» Nachtmin und Nai zu Erbprinzen. Zusätzlich übertrug
er Nachtmin, der wie Aja aus Achmim stammte, den Oberbefehl
über die Armee.

Der greise Aja regierte nur knapp vier Jahre; kleinere Bauten
für den Gott Amun, die er in Auftrag gegeben hatte, haben sich in
Karnak und im Luxortempel erhalten, während der Gott Aton zu
dieser Zeit vollständig aus dem Pantheon verschwand. Er legte
sein Grab im Tal der Könige ganz in der Nähe der Begräbnisstätte
von König Amenophis III., im sogenannten Westtal, an. Als er
dann im Frühsommer 1319 v. Chr. starb, übernahm das Militär
die Macht im Land, an dessen Spitze jetzt wieder Haremhab
stand. Er ließ sich zum König ausrufen, und im Spätsommer des
gleichen Jahres setzte er beim Opet-Fest, der größten religiösen
Prozessionsfeierlichkeit in Theben, seine Berufung durch Gott
Amun selbst durch: «Du bist mein Sohn, mein Erbe, hervorge-
gangen aus meinen Gliedern. Sie vereinigen sich, um dir das Königtum zu geben.» König Haremhab (1319–1292 v. Chr.) nahm
den Thronnamen Djesercheperure (= Mit heiligen Gestalten, ein
Re) an.

Gemäß dem Regierungsprogramm seiner Titulatur, wo es vom König heißt: «Der über die Maat zufrieden ist, der die Beiden Länder neu entstehen lässt», versuchte Haremhab, neue Rechtssicherheit im Lande zu schaffen und die Übergriffe und Rechtsbeugungen, zu denen es in der Vergangenheit immer häufiger gekommen war, zu beseitigen. Drakonische Strafen wurden den Gesetzesbrechern angedroht. Eine wichtige Quelle hierfür ist die leider nicht gut erhaltene Stele, die im Karnaktempel am zehnten Pylon, den der König hatte errichten lassen, aufgestellt war. Als Bauherr trat Haremhab besonders in diesem Tempel, der durch die Revolution Echnatons am meisten gelitten hatte, hervor. Er vollendete dort drei Einzugstore (Pylone) und begann mit dem Bau des großen Säulensaals zwischen dem zweiten und dritten Pylon, der noch heute den Besucher in Staunen und Bewunderung versetzt. Beim Tode Haremhabs war eine Kolonnade von 14 Papyrussäulen fertig, die, 21 m hoch, das Mittelschiff des Saals bilden. Auch die Kolonnade des Luxortempels vollendete der König und baute in Nubien den Felsentempel von Gebel Silsile. Rege Bautätigkeit ließ sich auch in Memphis nachweisen. Haremhab annektierte den Totentempel des Königs Aja auf der thebanischen Westseite, baute ihn um und erweiterte ihn. Sein Grab im Tal der Könige, hervorragend mit Reliefs dekoriert, enthält statt des «Amduat» ein neues Unterweltsbuch, das «Buch von den Pforten des Jenseits», das vermutlich von einem Theologen am Hof Amenophis' III. verfasst worden war und zum erstenmal Verwendung fand. Die Amarnakönige, zu denen jetzt auch Aja zählte, fielen der damnatio memoriae anheim. Echnaton und seine drei Nachfolger wurden aus den Königslisten gestrichen, so dass hier die Herrscherfolge nun von Amenophis III. direkt auf Haremhab überging.

Es ist bemerkenswert, dass seit der Regierungszeit Echnatons das Militär immer mehr zum Träger des Staates wurde. Eine Laufbahn im Heer bot jetzt bessere Aufstiegschancen als eine Laufbahn innerhalb der Beamtenschaft. So setzte König Haremhab in frei gewordene oder neu geschaffene Priesterpositionen ehemalige Frontoffiziere ein: Der Festungskommandant Parémhab etwa erhielt das Amt des Hohenpriesters des Sonnengottes Re in Heliopolis, und auf einer Statuengruppe, die sich heute im Ägyptischen Museum in Turin befindet, berichtet der König, er habe Männer, die sich zuvor in der Armee bewährt hatten, zu Reinigungs- und Vorlesepriestern an verschiedenen Tempeln des Landes ernannt.

Außenpolitisch war Haremhabs Regierungszeit durch eine eher ruhige Lage gekennzeichnet. Nach dem Tod des Hethiterkönigs Suppiluliuma, der der Pest zum Opfer fiel, die ein Jahr später auch seinen Sohn und Nachfolger dahinraffte, gab es an der asiatischen Front wenn auch keinen Frieden, so doch eine merkliche Entspannung.

Unter Haremhabs Herrschaft begann auch der unaufhaltsame Aufstieg eines Mannes namens Paramses (= Der Re ist es, der ihn geboren hat), der schon eine glänzende militärische Laufbahn hinter sich hatte. Paramses stammte aus einer Offiziersfamilie, die vermutlich in Gurob im Fajum zu Hause war. Sein Vater Sethos hatte es bis zum gehobenen Rang eines Truppenobersten gebracht. Der vermutlich um 1360 v. Chr. geborene Paramses trat ebenfalls in den Militärdienst ein, wurde wie sein Vater Truppenoberst, stieg dann, während Haremhab noch Generalissimus war, zum Festungskommandanten von Sile, einer Stadt an der Nordostgrenze des Deltas, auf und erreichte eine Spitzenstellung in der Militärhierarchie als Chef der Streitwagentruppe. Der kinderlose Haremhab ernannte Paramses zum Erbprinzen, Vezir und zum Vertreter seiner Majestät in Ober- und Unterägypten, schließlich in den letzten Regierungsjahren vermutlich bereits zum Mitregenten. Als Vezir errichtete Paramses ein Grab in seinem Heimatort Gurob. Sein Sohn Sethos (gräzisiert, eigentlich ägptisch Suti = Mann des Gottes Seth), der den Namen des Großvaters trug, schlug ebenfalls eine militärische Laufbahn ein und rückte genau wie sein Vater vom Rang eines Obersten über den eines Festungskommandanten zum Chef der Streitwagentruppen auf. Er heiratete Tuia, die Tochter eines hohen Offiziers, die ihm einen Sohn und eine Tochter schenkte. Das Mädchen wurde Tia genannt, der Knabe erhielt, wie es üblich war, den Namen des Großvaters, jetzt aber in einer abgekürzten Form: Man ließ den bestimmten Artikel «pa» weg und nannte ihn Ramses (= Re ist es, der ihn geboren hat).

Als Haremhab nach langer Regierungszeit 1292 v. Chr. starb, bestieg Paramses als Ramses I. den Thron Ägyptens und begründete damit das Herrscherhaus der 19. Dynastie. Sein Sohn Sethos übernahm das Vezirat und alle Ämter, die sein Vater vorher innegehabt hatte.

V. Die Ramessidenzeit

1. Die Erneuerung der Schöpfung

Ramses I. (1292–1290 v. Chr.), der bei seinem Amtsantritt schon hochbetagt war, wählte eine Titulatur, die der von König Ahmose, dem Begründer der 18. Dynastie, sehr ähnlich war: Menpehtire (= Mit bleibender Kraft, ein Re). Er dokumentierte damit, dass er – wie der erste Herrscher des Neuen Reiches – ein eigenes, neues Zeitalter begründen wollte. Er setzte die Bautätigkeit von Haremhab fort, doch war seine Regierungszeit zu kurz, um viele Spuren zu hinterlassen.

Nach dem Tod Ramses' I. ging die Krone diesmal direkt vom Vater auf den Sohn über, welcher als Sethos I. (1290–1279 v. Chr.) den Pharaonenthron bestieg. Noch deutlicher als sein Vater markierte er in seiner Titulatur den Neubeginn. So wählte er neben seinem Thronnamen Menmaatre (= Der die Maat dauern lässt, ein Re) als seinen «Herrinnen-Namen» die Aussage «Erneuerung der Schöpfung». In der Benennung findet zudem eine historische Begebenheit jener Jahre ihren Niederschlag: In Sethos Regierungszeit oder kurz davor kam es zum Zusammenfall vom Frühaufgang des Sothis-Sterns (Sirius) und dem ägyptischen Neujahrstag. Dieses astronomische Ereignis, das nur alle 1460 Jahre stattfand, schien in besonderer Weise den Neubeginn der Schöpfung zu markieren.

Zur «Erneuerung der Schöpfung», die Sethos I. nun in Angriff nahm, gehörte aber insbesondere die Abrechnung mit dem

Frevler und Götterfeind Echnaton, von dem es jetzt in einem Hymnus heißt: «Die Sonne dessen, der dich verkennt, ist untergegangen, o Amun ...» Scharen von Steinmetzen erhielten den Auftrag, die einst ausgehackten Götternamen in den Tempeln und Monumenten zu restaurieren. Seinem verstorbenen Vater, Ramses I., erwies der König eine fürsorgliche Aufmerksamkeit. In seinem großen Totentempel in Theben-West wurden auch Räume für den Totenkult Ramses' I. eingerichtet, und in Abydos, der heiligen Stätte des Osiris, widmete der König seinem Vater ein kleines Heiligtum und verewigte dort auf einer Stele seine Tugenden. Überhaupt bildete Abydos neben Theben den Schwerpunkt von Sethos' Bautätigkeit. Sein gewaltiger Tempel mit der Nachbildung des mythischen Grabes des Osiris an der Rückseite des Gotteshauses gehört zu den schönsten und eindrucksvollsten Bauten, die uns das Alte Ägypten hinterlassen hat. Gleich zu Beginn seiner Herrschaft erteilte Sethos I. den Auftrag, im Tal der Könige einen «Grabpalast» zu beginnen, der in der architektonischen Ausführung und dem Programm der Dekoration anders gestaltet werden sollte als die Felsgräber seiner Vorgänger. Das Grab Sethos' I. ist nicht nur das längste und tiefste im Reichsfriedhof von Theben-West, sondern es besitzt farbige Reliefs und eine Decke mit prächtigen Malereien, die sich erstmals vom Eingang bis zur Rückwand der Sarkophaghalle hinziehen. Unter den Reliefs gibt es zahlreiche Szenen, die den König betend oder opfernd vor den Göttern zeigen, sowie illustrierte Texte, die für das jenseitige Leben des toten Herrschers von Bedeutung waren wie etwa die beiden Unterweltsbücher «Amduat» und «Pfortenbuch».

Schon im ersten Regierungsjahr brach König Sethos mit seiner Armee, deren Divisionen nach den großen ägyptischen Göttern Amun, Re, Ptah und Seth benannt waren, zu seinem ersten Asien-Feldzug auf. Der Krieg wird in einzelnen Reliefbildern auf der nördlichen Außenwand des großen Säulensaals von Karnak dargestellt, der von Sethos I. vollendet wurde und nun als selbständiges Gotteshaus innerhalb des großen Amun-Tempels bestand. Ausgangspunkt des Feldzuges war die Festung Sile, wo schon Sethos' Vater Paramses Kommandant gewesen war. Das unterste Register der Reliefbilder an der Ostseite der Nordwand zeigt die Heerstraße, auf welcher die Armee des Königs vorrückte. Nach Überschreitung eines Kanals, der etwa in dem Gebiet des heutigen Suezkanals verlief, durchquerte sie die Wüste des Sinai, wobei Brunnenstationen, die von ägyptischen Truppen bewacht wurden, für das nötige Wasser sorgten. Ehe man «Pa-Kanaan» (= Gaza) eroberte, musste das Heer Kämpfe gegen rebellische Schasu-Beduinen bestehen, die in Südpalästina ständig für Unruhen sorgten. Ein weiterer Feldzug führte zur teilweisen Rückeroberung des Stadtstaates Kadesch und zu Angriffen auf Amurru. Am Westrand des Deltas musste Sethos I. den ägyptischen Staat gegen Berber und Libyer verteidigen, die die Hauptstadt Memphis bedrohten. Im achten Regierungsjahr wurde dem König, der zu dieser Zeit in Theben weilte, ein Aufstand in Nubien gemeldet. Sethos brach sofort nach Süden auf. Gemeinsam mit dem Vizekönig von Kusch, Amenemope, und den ihm unterstellten Truppen gelang es, die Rebellen vernichtend zu schlagen.

In der Frühphase seiner Regierung hatte der König einen Offizier namens Mehi zum Kronprinz erhoben, bevor er – vermutlich nach dem Tod des Mehi – seinen Sohn Ramses zum Thronfolger erwählt hatte. Als Sethos I. 1279 v. Chr. im Alter von etwa 45 Jahren starb, besaß Ägypten wieder einen Herrschaftsbereich, der sich von Nubien bis nach Vorderasien erstreckte.

2. Ramses II. und die Kunst der Diplomatie

Im Mai 1279 v. Chr. fanden in der Hauptstadt Memphis die Feierlichkeiten zur Thronbesteigung des neuen Königs statt. Ramses II. (1279–1213 v. Chr.) war damals etwas über 20 Jahre alt und schon Vater zahlreicher Söhne und Töchter; zwei Frauen, nämlich Nefertari und Isisnofret, führten den Titel «große Königsgemahlin». Als Thronnamen wählte Ramses II. die Bezeichnung Usermaatre setepenre (= Reich an Maat, ein Re, von Re erkoren).

Im ersten Regierungsjahr nahm der König am thebanischen

Opet-Fest teil und besprach mit seinem oberägyptischen Vezir Paser, den noch Sethos I. ins Amt berufen hatte, die Bauvorhaben, die er in der Region von Theben auszuführen gedachte. Für seinen persönlichen Totenkult wünschte sich Ramses einen großen Tempelbau in Theben-West, in dessen Bezirk auch ein königlicher Palast entstehen sollte. Dieser Bau, den wir heute als «Ramesseum» kennen, steht zum Teil noch aufrecht. Am Luxor-Tempel, einem Werk Amenophis' III., plante Ramses eine größere bauliche Veränderung. Das Gotteshaus, «Amuns südlicher Harim» benannt, war durch einen Prozessionsweg mit der 3 km nördlich davon gelegenen Tempelstadt von Karnak verbunden. Ramses wollte einen Säulenhof bauen, der größer sein sollte als der, den Amenophis III. gebaut hatte, und ihn mit monumentalen Einzugstoren ausstatten. Vor den Pylonen sollten sechs Kolossalstatuen des Herrschers ihren Platz finden, dazu zwei Obelisken aus Assuangranit.

Im vierten Regierungsjahr forderte Ramses II. erstmals die Hethiter unter ihrem König Muwatallis, dem Enkel des berühmten Suppiluliuma, heraus, indem er einen Asienfeldzug unternahm. Er führte sein Heer an der Küste Palästinas entlang bis an den Nahr el-Kelb, den «Hundsfluss», nördlich von Beirut. Der Feldzug verlief erfolgreich und brachte den Anschluss des Kleinstaates Amurru unter dem König Bentesina an Ägypten. Im April 1274 v. Chr., seinem fünften Regierungsjahr, überschritt Ramses die ägyptische Grenze bei Sile, um die Stadt Kadesch zurückzuerobern, die von seinem Vater Sethos I. eingenommen worden, später aber wieder in die Hände der Hethiter gefallen war. Das ägyptische Heer zählte etwa 20 000 Mann und war in vier Divisionen eingeteilt. Die Armee marschierte zunächst auf der alten Küstenstraße nordwärts bis zur Ebene von Scharon. Dort trennte sich eine kleine Einheit von Soldaten, eine Art Eingreiftruppe, vom Heer, um an der Küste bis zur Eleutherusmündung und dann vom Westen her auf Kadesch vorzurücken, während Ramses mit dem Gros seiner Armee über den Landweg dorthin marschierte. Genau nach einem Monat erreichte man eine Anhöhe, von der aus man die 25 km entfernte Stadt Kadesch sehen konnte, die zwischen dem nach Norden

fließenden Fluss Orontes (= Nahr el-Asi) und einem kleinen
Nebenfluss dalag. Die strategische Bedeutung der Stadt war
groß, denn jedes Heer, das auf dem Zug nach Norden oder Süden die Küste Palästinas meiden wollte, musste durch dieses
Hochtal zwischen dem Libanon und dem Antilibanon ziehen.
Der Abfall des Kleinstaates von Amurru und die kriegerischen
Aktivitäten der Ägypter in Palästina und Syrien hatten den Hethiterkönig Muwatallis auf den Plan gerufen, der mit einer gewaltigen, aus allen Ländern, die mit ihm verbündet waren, zu-
sammengestellten Armee von 40 000 Soldaten den Streitkräften
Ramses' II. entgegenzog.

Über die Kämpfe, die um Kadesch entbrennen sollten, sind
wir sowohl durch ägyptische als auch hethitische Quellen informiert, ja es gibt kaum eine Schlacht der Antike, deren Verlauf in
den einzelnen Phasen besser bekannt ist. Das ägyptische Heer
rückte am Ostufer des Orontes vor. Ramses II. und sein Stab bildeten die Spitze, hinter ihnen marschierten die erste Division
Amun und in einem Abstand von jeweils 10 km die übrigen drei
Heeresgruppen Re, Ptah und Seth. Ohne auf die zurückhän-
genden Divisionen zu warten, überquerte der König in einer
Furt den Fluss Orontes. Zwei aufgegriffene Beduinen berichteten dem König, dass der Hethiterfürst mit seinen Streitkräften
bei Aleppo, also mehr als 200 km entfernt, Stellung bezogen
habe. Mit dieser beruhigenden Nachricht versehen, marschierte
Ramses mit seinem Stab und der Division Amun nach Norden,
überquerte den kleinen Nebenfluss des Orontes und schlug
nordwestlich von Kadesch das Lager auf. Man fing aber zwei
Spione, die unter Folter gestanden, dass Muwatallis und seine
Armee tatsächlich ganz in der Nähe östlich von Kadesch standen. Noch während Ramses sich mit seinen Befehlshabern be-
riet, griff der Feind an: Die hethitischen Truppen unter Leitung
des jüngeren Bruders von Muwatallis, Hattusilis, hatten eine
Furt südlich von Kadesch überquert und überfielen die Heeresgruppe Re, welche den Orontes schon überschritten hatte. Die
ägyptischen Soldaten der Division Re flohen in alle Richtun-
gen. Jetzt umzingelten die Hethiter das ägyptische Lager, die militärische Lage wurde für Ramses katastrophal: Er selbst, seine

Leibgarde und die Division Amun waren eingeschlossen, die Division Re auf der Flucht, während die Heeresgruppe Ptah weit entfernt gerade dabei war, den Orontes zu überqueren und die Division Seth, noch weiter zurück, nichts ahnend durch den Wald von Labwi dahinmarschierte. Ramses und einige getreue Soldaten leisteten den hethitischen Streitwagentruppen erbitterten Widerstand, aber dem Bruder des Hethiterkönigs, Huttusilis, schien der vollständige Sieg schon sicher zu sein, als im letzten Augenblick von Westen her jene ägyptische Eliteeinheit erschien, welche über die palästinensische Küstenstraße gezogen war. Dieser Truppe gelang es zwar nicht mehr, die Schlacht umzukehren, doch konnten sie den König aus seiner hoffnungslosen Lage unverletzt befreien. Die Ägypter suchten ihr Heil in der Flucht. Hattusilis aber setzte den Flüchtenden nicht nach, da er offenbar mit seinem Überraschungsangriff zufrieden war, und kehrte mit seinen militärischen Einheiten auf das Ostufer des Orontes zurück. Im Schutze der hereinbrechenden Nacht sammelte Ramses seine angeschlagenen Heeresgruppen Amun und Re und vereinte sich mit den an der Kadesch-Schlacht nicht beteiligten Divisionen Ptah und Seth. Die Ägypter traten einen geordneten Rückzug an. Der Kleinstaat Amurru aber ging wieder an die Hethiter. Muwatallis setzte dessen König Bentesina ab und ernannte einen neuen Herrscher.

In Ägypten wurde die Niederlage von Kadesch in einem bebilderten Schlachtbericht und einem längeren Gedicht, das die Not des Königs schilderte, der, von seinem Heer verlassen, sich der Übermacht der Feinde stellen musste, zu einem grandiosen Sieg und Triumph des Königs Ramses verklärt. Den Heerführern aber wurde ein schlechtes Zeugnis ausgestellt und die Hilflosigkeit der hohen Offiziere so schonungslos offengelegt, dass das Militär deutlich an Einfluss auf den Staat verlor.

Beeindruckt von den Zeichen militärischer Schwäche hielten die südlichen syrischen Städte nun den Zeitpunkt für gekommen, um sich vom Nilland, dem sie tributpflichtig waren, abzusetzen und eigene politische Wege zu gehen. Sie stellten die Abgaben an Ägypten kurzerhand ein. Dem konnte Ramses natürlich nicht untätig zusehen, und so brach er mit seiner Armee im siebten oder achten Regierungsjahr zu einem weiteren Feldzug auf. Zuerst eroberte er Askalon zurück, die wichtige Hafenstadt Südpalästinas, dann marschierte er durch Galiläa, überquerte den Jordan und drang jenseits des Toten Meeres in das neue Königtum Moab ein, das im Ostjordanland entstanden war.

Dass diese ausgedehnten Feldzüge auf so wenig Widerstand bei den Hethitern stießen, lag daran, dass zu dieser Zeit Ramses' Kontrahent König Muwatallis in Hattuscha, der Hauptstadt der Hethiter (dem heutigen Bogazköy in Anatolien), gestorben war. Die einsetzenden Thronstreitigkeiten zwischen dem Bastard-sohn des Muwatallis, Urhitesup, und seinem Onkel Hattusilis bewirkten eine Führungsschwäche im Hethiterreich, die es Ramses erlaubte, seinen Feldzug ungestört durchzuführen. In weiteren Feldzügen konnte Ramses an der Küste Palästinas die Städte Tyros, Sidon, Beirut und Byblos zurückerobern. Wohl zwischen dem 15. und 20. Regierungsjahr kam es weit im Süden des ägyptischen Reiches, in Obernubien, wo es lange Zeit ruhig gewesen war, zu einem Aufstand. Die daraufhin folgende Straf-expedition leitete der Vizekönig von Kusch, Hekanacht; vier Prinzen, darunter der spätere König Merenptah, begleiteten ihn. Bei der erfolgreichen Niederschlagung dieser Revolte wurden 7000 nubische Gefangene gemacht.

So erfolgreich jene Jahre für Ramses verliefen, so schwierig gestalteten sie sich für das Hethiterreich. Im Jahre 1264 kam es hier zu einem Machtwechsel. Der noch junge König Urhitesup (= Mursilis III.) wollte seinen Onkel für immer aus den wichti-gen Funktionen des Staates entfernen, doch Hattusilis setzte sich dagegen zur Wehr. Der Konflikt gipfelte in einer militäri-schen Auseinandersetzung, die der Onkel für sich entschied. Mursilis III. wurde verbannt, floh an den ägyptischen Hof und bat Ramses um politisches Asyl. Zwar verlangte König Hattusi-lis III. die sofortige Auslieferung seines Neffen, doch Ramses lehnte ab, bemühte sich aber jetzt um eine diplomatische Beile-gung der lang andauernden Feindseligkeiten. So beschlossen Ramses II. und Hattusilis III., dass alle Zwistigkeiten in Zukunft auf friedlichem Wege gelöst werden sollten. Nach längerer Zeit kam ein bedeutsamer Vertrag zum Abschluss, bei dem es sich um den ersten uns bekannten Staatsvertrag zweier Großmächte in der Geschichte der Menschheit handelt. Die Auffindung der zwei verschiedenen Vertragstexte gehört zu den großen Augenblicken der Archäologie. Auf einer Tempelwand in Karnak steht die ägyptische, in Hieroglyphen abgefasste Version (Fragmente des Textes auch im Ramesseum), auf der anderen Seite des Mittelmeeres, in den Ruinen von Hattuscha, kam auf zwei Tontafeln der hethitische Text zum Vorschein, der in babylonischer Keilschrift abgefasst ist. Datiert ist der Vertrag auf den 21. November 1259 v. Chr., also auf das 21. Regierungsjahr Ramses' II. In der Präambel werden die Namen der vertragschließenden Könige gleichberechtigt genannt. Dann folgen die einzelnen Artikel dieses Bündnisses, das dazu bestimmt war, über den Tod der beiden Partner hinaus seine Gültigkeit zu behalten. Nach einem Friedensgelübde übernahm jede Partei die Verpflichtung, bei Angriffen eines Drittlandes oder bei einem Aufstand Hilfe zu leisten. Auch das Problem der politischen Flüchtlinge wurde geregelt und eine Auslieferungsklausel beigefügt. In ihr wurde Vorsorge getroffen, dass die jeweils Asylsuchenden bei der Rückführung in ihr Heimatland dort nicht verfolgt werden durften. Dieses herausragende Bündnis, das für die Zeit revolutionär war und noch heute bewundert werden muss, hatte wirklich über den Tod der beiden Könige hinaus bis zum Untergang der Hethiter Bestand.

Die neue Freundschaft zwischen Ägyptern und Hethitern drückte sich auch in gegenseitigen Glückwunschschreiben und Geschenken aus. Darüber hinaus heiratete Ramses im 34. Regierungsjahr die Tochter des Hethiterkönigs, die in Ägypten Maathornefrure hieß, und erhob sie zur großen Königsgemahlin. Später kam noch eine weitere hethitische Prinzessin in den Harim des Königs.

Zu den großen Leistungen Ramses' II. gehörte die Errichtung der Stadt Piramesse (= Haus des Ramses), die im östlichen Delta, fast an der Nord-Ost-Grenze des Reiches, entstand. Sie bezog das alte Auaris in die neue Stadtgrenze ein und breitete sich auf einer Fläche von 10 km² am östlichen Ufer des pelusischen Nilarms aus. Im zehnten Regierungsjahr wurde sie Hauptstadt des Landes.

Wenn man Ägypten durchreist, begegnet man dem Bauherrn Ramses II. so häufig, dass auch der flüchtigste Betrachter seinen Namen mit bestimmten Architekturwerken verbindet. In seinen Bauten und in seiner Plastik dominiert eine kolossale Größe. Die lange Friedensperiode, die im 21. Regierungsjahr begann, bot für das Bauen von Denkmälern die besten wirtschaftlichen und organisatorischen Möglichkeiten. Vom Delta bis Assuan, dem eigentlichen Kernland Ägyptens, hat der König so viele Tempel gegründet, vergrößert und fertig gebaut, dass ihre Aufzählung eine lange Liste bilden würde. Doch hat Ramses als Bauherr nicht nur im Kernland gewirkt, sondern auch in Kleinasien und vor allem in Nubien. Die vielleicht berühmtesten Bauwerke von Ramses II., welche die Zeiten überdauert haben, sind die beiden gewaltigen Felstempel von Abu Simbel. Beide Tempel sind vollständig aus dem Berg herausgearbeitet. Der größere Tempel ist den Göttern Ptah, Amun, dem vergöttlichten König Ramses II. und dem Sonnengott Re geweiht. Anstelle der Einzugstore hat man die Felswand zu einer terrassenartigen Basis abgearbeitet, auf der sich vier exzellent aus dem Stein geschnittene Sitzstatuen des Königs in einer Höhe von 22 m erheben und den Eingang des Heiligtums flankieren. Durch die nördliche Ziegelmauer führt ein Steintor zum zweiten Tempel, welcher der Göttin Hathor und zugleich der Königin Nefertari geweiht war. Diese Lieblingsfrau des Königs starb im 26. Regierungsjahr und wurde in dem noch heute schönsten Grab im Tal der Königinnen beigesetzt. Die herrlichen Tempel von Abu Simbel, die zu den bedeutendsten Architekturwerken der Menschheit zählen, gerieten durch den Bau des großen Staudamms bei Assuan in Gefahr, für immer im Nasser-See zu verschwinden. In einer beispiellosen Rettungsaktion, die von der UNESCO initiiert wurde, wurden die Tempel 64 m höher und 180 m landeinwärts versetzt und konnten so gerettet werden.

Unter den Söhnen Ramses' II. übertraf Chaemwese an Ruhm alle seine Brüder. Er erwarb sich sein Ansehen aber nicht vorwiegend durch die Übernahme bedeutender, militärischer oder politischer, Ämter, sondern sein Aufstieg gründete sich auf sein Wirken als Theologe und Historiker. Der Prinz wurde Hoherpriester des Ptah in Memphis, und die alte Residenzstadt entwickelte sich unter seiner Leitung zu einem bedeutenden religiösen Zentrum. Mit großem Interesse verfolgte der Prinz auch historische Neigungen. So öffnete er in Sakkara verfallene Gräber von Pharaonen und untersuchte sie genau. Was er zerstört vorfand, ließ er liebevoll restaurieren. Gerade sein archäologisches Wirken trug ihm bei der Nachwelt den Ruf eines großen Magiers ein. Sogar ein Romanzyklus, in welchem der Prinz die Hauptrolle spielt, ist uns erhalten geblieben. Im 52. Regierungsjahr wurde Chaemwese Kronprinz, doch starb er bereits drei Jahre später.

Im 30. Regierungsjahr feierte Ramses II. sein erstes Regierungsjubiläum, dessen Zeremonien sein Sohn Chaemwese leitete. Dieses Sed-Fest wurde während seiner langen Herrschaftszeit in allerdings immer kürzeren Abständen noch dreizehnmal wiederholt.

Im August des Jahres 1213 v. Chr. starb der greise und schwerkranke König nach einer Regierungszeit von 66 Jahren und zwei Monaten im Palast der Residenzstadt Piramesse. Mit seinem Tod endete eine glanzvolle und friedliche Epoche Ägyptens. Kein Pharao vorher und nachher hat sein Zeitalter so geprägt wie er. Der tote König wurde nach Theben überführt und in seinem vorbereiteten Grab im Tal der Könige beigesetzt.

Weit verbreitet ist die Meinung, dass in den Zeiten Ramses' II. der Auszug der Kinder Israels aus Ägypten erfolgt sei. Dadurch wurde der König in der jüdisch-christlichen Tradition zum «Pharao der Bedrückung». Dies ist historisch unhaltbar und gehört in den Bereich der Legende.

3. Von König Merenptah zu König Sethnacht

Merenptah (= Den Ptah liebt), 13. Sohn Ramses' II. und seit dem Tod des Chaemwese Kronprinz, bestieg den Pharaonenthron im August des Jahres 1213 v. Chr. Sicher hat er schon vor dem Tod seines 90-jährigen Vaters die Staatsgeschäfte geführt und erkannt, dass sich politisches Unheil über dem Nilland zusammenbraute. Die neuen Freunde, die Hethiter, erlitten eine Hun gersnot und mussten vertragsgemäß von Ägypten mit Getreide-lieferungen unterstützt werden. Gleichzeitig kam es zu Unruhen in Kusch und Palästina. So führte Merenptah zwischen dem dritten und fünften Regierungsjahr einen Feldzug gegen die Städte Askalon und Gezer sowie gegen das nicht städtisch organisierte Israel. Den Bericht dazu liefert uns die sogenannte «Israel-Stele» (Museum Kairo), auf der sich die einzige ägyptische Erwähnung des Namens «Israel» findet. Es heißt dort in den Schlusszeilen: «Libyen wurde zerstört, das Hethiterland ist befriedet, Kanaan erbeutete man mit allem Übel; Askalon wurde gefangen fortgeführt, Gezer gepackt und Jenoam zunichte gemacht; Israel ist verdorben und hat keinen Samen mehr, Syrien ist zur Witwe geworden für Ägypten. Alle Länder sind vereint in Frieden.»

In eine besonders schwierige und gefährliche Situation aber geriet Ägypten durch die Wanderbewegungen der sogenannten Seevölker, die aus dem Balkan, der Ägäis und Kleinasien stammten. Auf der Suche nach neuen Wohnplätzen brachen sie aus der Gegend des Schwarzen Meeres auf und verteilten sich über den ganzen Mittelmeerraum und Nordafrika. In diesem bunten und gewaltigen Völkergemisch befanden sich die Turscha (Etrusker?), Luka (Lyker) und die Scherden, die später Sardinien den Namen gaben. Im fünften Regierungsjahr musste der König ein Heer gegen die Libyer ausschicken, die unter Führung des Fürsten Marijaui zusammen mit einem Kontingent der Seevölker ins westliche Unterägypten eingefallen waren. In einer sechsstündigen Schlacht im Delta wurden die Aggressoren niedergerungen, wie eine Inschrift im Tempel von Karnak berichtet. Ein zweiter Zug der «Seevölker» wurde noch gefährlicher: Die Bewegung erfasste die Türkei und fegte das Reich der Hethiter weg. So änderte sich das politische Gefüge der Region, und Ägypten verlor seinen nördlichen Verbündeten. Dies wirkte sich auch innenpolitisch aus: Der Getreidepreis stieg merklich an und brachte insgesamt eine Verteuerung der Lebensverhältnisse.

Aber auch die wirren Zeiten ließen die königliche Bautätigkeit nicht zum Stillstand kommen. Obwohl Piramesse weiter Verwaltungszentrum blieb, liebte Merenptah es, in Memphis zu residieren. So bildete die alte Hauptstadt den Schwerpunkt seiner Bautätigkeit: Er ließ eine Palastanlage entstehen und einen Tempel für den Gott Ptah bauen. In Theben sind die Spuren seiner Denkmäler dagegen gering; die Bautätigkeit ist ganz auf sein Grab im Tal der Könige konzentriert, dessen Architektur und Dekoration später Vorbildfunktion für königliche Begräbnisstätten haben sollte.

Zahlreiche literarische Werke entstanden in der Zeit des Merenptah, darunter Märchen, Erzählungen und Hymnen, aber auch fiktive Briefe wurden zur Verbesserung des Schreibstils für den Schulunterricht verfasst.

1203 v. Chr. starb der König im zehnten Regierungsjahr und im Alter von etwas über 60 Jahren. Man setzte ihn in seinem Grab im Tal der Könige bei, doch wurde seine Mumie später aus Sicherheitsgründen in das Versteck im Grab Amenophis' II. gebracht. Direkter Nachfolger wurde der Kronprinz des Merenptah, Sethos II. (1203–1196 v. Chr.). Gegen ihn empörte sich aber ein naher Verwandter des Königshauses namens Amenmesse (= Amun ist es, der ihn geschaffen hat), dessen genaue Abkunft im Dunkeln liegt. Dieser nahm Oberägypten in Besitz und verdrängte dort Sethos für zwei Jahre von der Macht. Nach seinem – vermutlich gewaltsamen – Tod aber errang Sethos II. wieder die Herrschaft über ganz Ägypten. Er eignete sich die Monumente des Amenmesse an und verfolgte dessen Andenken. Im Grab des Usurpators im Tal der Könige ließ er Reliefs und Inschriften aushacken.

Nur wenige Bauten von Sethos II. sind erhalten geblieben, so in Karnak eine Barkenstation für die Götter Amun, Mut und Chons und ein kleiner Obelisk vor dem Ersten Pylon. Seine Zeit hatte aber auch literarische Bedeutung: Der Schatzhausschreiber Enene schrieb im ersten Regierungsjahr das Zweibrüdermärchen, den bedeutendsten Märchentext des Alten Ägypten, auf einem Papyrus nieder (Papyrus d' Orbiney, Britisches Museum).

Als Sethos II. in Piramesse starb, beerbte ihn sein erst 14-jähriger Sohn Siptah (= Sohn des Ptah), Kind einer syrischen Nebenfrau, (1196–1190 v. Chr.), der die Grablegung seines Vaters im

Tal der Könige leitete. Die Regentschaft führte für ihn die große Königsgemahlin von Sethos II., Tausret. Hinter dem Thron, am Schalthebel der Macht, aber stand der aus Syrien stammende, zum Kanzler und Schatzmeister avancierte königliche Schreiber Baj, der schon unter Sethos II. mit hohen Aufgaben betraut worden war. Mehrere Denkmäler zeigen ihn zusammen mit dem jungen Herrscher, und in Inschriften bezeichnet er sich als der wirkliche Regent.

Im ersten Regierungsjahr setzte Siptah einen neuen Vizekönig namens Sethi in Nubien ein, und im Tal der Könige begann man mit dem Bau seines Grabes. Auch Kanzler Baj legte sich dort eine Begräbnisstätte an. Der König, der an spinaler Kinderlähmung litt, starb bereits in seinem sechsten Regierungsjahr. Sein Grab und auch sein Totentempel blieben unvollendet, später gelangte seine Mumie in das Versteck im Grab Amenophis' II. Der allmächtige Minister Baj aber war schon vorher in Ungnade gefallen und hingerichtet worden. Nun schickte sich Tausret (= Die Starke) an, die Königswürde anzunehmen, wie es einst Hatschepsut getan hatte. Sie hatte sich bereits zu Lebzeiten Sethos' II. ein Grab im Tal der Könige anlegen dürfen, das sie dann als Regentin umgestaltete und schließlich als regierende Königin durch Elemente eines Königsgrabes erweiterte. Tausret usurpierte die Regierungsjahre des Siptah und regierte danach eineinhalb Jahre das Land allein. Die innenpolitische Lage aber verschlechterte sich in dieser Zeit so sehr, dass Gesetzlosigkeit, Übergriffe und Plündereien die Regel waren. Selbst die Götter bekamen keine Opfer mehr, wie übereinstimmend der Papyrus Harris I (Britisches Museum) und eine Stele aus Elephantine berichten.

Da stand ein Mann unbekannter Herkunft namens Sethnacht (= Seth ist siegreich) auf und behauptete, vom Sonnengott selbst als König erwählt zu sein, um Recht und Ordnung im Lande wiederherzustellen. In den über ein Jahr andauernden Auseinandersetzungen mit ihm fand Königin Tausret, die letzte Repräsentantin der 19. Dynastie, den Tod. König Sethnacht (1186–1184 v. Chr.), der Begründer der 20. Dynastie, verfolgte ihr Andenken. Tausrets Grab im Tal der Könige wurde, nachdem man die tote Königin daraus entfernt hatte, für den neuen Herrscher umgebaut. Die Inschriften wurden geändert und mit Sethnachts Namen versehen.

4. Ramses III., ein bedeutender Herrscher

Ramses III., der Sohn des Sethnacht, bestieg den Thron im März 1184 v. Chr. (Thronname: Usermaatre meriamun = Reich an Maat, ein Re, Geliebter des Amun). Der neue König war ganz auf den großen Ramses II. fixiert und wählte die königlichen Namen nach dem Vorbild seines Idols.

Die ersten vier Amtsjahre verliefen verhältnismäßig ruhig, und der Herrscher versuchte, dem Land wieder eine gewisse Stabilität im Inneren zu verleihen. Außenpolitisch gesehen aber war die ganze Mittelmeerwelt durch die Wanderbewegungen der Seevölker in Aufruhr und Umbruch geraten. Im fünften Regierungsjahr begann der Ansturm der Libyer, die sich mit Stämmen der Seevölker verbündet hatten, auf das Westdelta. Die klug geführten Truppen Ramses' III. schlugen die Angreifer zwar entscheidend zurück, aber bereits im achten Regierungsjahr wandten sich die Seevölker, darunter die Danaer der Ilias, die Philister der Bibel und die Teukrer, von Syrien aus erneut in aggresiver Absicht nach Ägypten. Ramses' III. sagte in seinem Rechenschaftsbericht, der sich im Papyrus Harris (Britisches Museum) befindet, zu dieser Allianz der Stämme: «Kein Land hält ihrer Waffengewalt stand.» Darstellungen und Texte im Totentempel des Königs von Medinet Habu schildern eindrücklich den Kampf. Es war dies ja kein normaler Kriegszug, der Ägypten bedrohte: Nach einer neuen Heimat suchende Völker, die zu allem entschlossen waren, drängten zu Hunderttausenden über den Küstenweg ins Nilland, zusammen mit ihren Frauen und Kindern, mit von Ochsen gezogenen Wagen, auf denen sich ihre Habe und Beutestücke türmten. Auf dem Meer begleitete sie eine Armada von Schiffen. Ramses III. hatte im Grenzland seine Armee postiert, die größtenteils aus einem Söldnerheer bestand, in dem Nubier, Libyer und Scherden dienten, welche später in Unter- und Mittelägypten in Militärkolonien angesiedelt wurden. Dieses Heer warf in einer blutigen Schlacht die Invasoren zurück. Die Schiffe aber gelangten in den östlichen Nilarm. Am Ufer gut verteilt erwarteten sie dort die ägyptischen Bogenschützen, die zunächst ein «Trommelfeuer» von Pfeilen abschossen. Dann enterte die Flotte seiner Majestät die feindlichen Schiffe und errang den Sieg. So konnte das ägyptische Reich vor dem Untergang bewahrt werden. Doch trotz dem großen Sieg drangen die Libyer und der Stamm der Meschwesch im 11. Regierungsjahr noch einmal ins westliche Unterägypten ein und richteten erneut große Verwüstungen an. Wieder schlug Ramses III. sie zurück und erbeutete zahlreiche Gefangene mit ihren Herden.

Dann endlich kam das Land in eine außenpolitisch ruhigere Lage. Verwaltungszentrum des Landes und Hauptstadt des Reiches blieb Piramesse. Die schweren Kriege hatten aber die Rücklagen in den Schatzhäusern des Staates schrumpfen lassen. Eine Teuerungswelle, welche den Getreidepreis auf das Fünffache hochschnellen ließ, machte der Wirtschaft des Landes schwer zu schaffen. Im Jahre 28 erschienen plötzlich in der thebanischen Region wieder plündernde und marodierende Libyer. Die Überfälle und die schlechte Konjunktur führten dazu, dass mitunter die Arbeiter vom Tal der Könige nicht entlohnt wurden. Deshalb gab es im 29. Regierungsjahr Arbeitsniederlegungen und Protestmärsche, ja, man kann vom ersten überlieferten Arbeiterstreik in der Geschichte der Menschheit sprechen. Korruption und Grabräubereien waren an der Tagesordnung, ein Vezir musste gar seines Postens enthoben werden.

Unter den zahlreichen vom Delta bis nach Nubien errichteten Bauten des Königs steht sein Totentempel von Medinet Habu an erster und herausragender Stelle. Weitgehend fertiggestellt wurde das gewaltige Werk im 12. Regierungsjahr. Das heute noch sehr gut erhaltene Heiligtum, architektonisch dem Ramesseum nachempfunden, war wie eine Festung geschützt. Tempel und Wohnpalast mit einem speziellen Erscheinungsfenster, in dem der König sich dem Volk zeigen konnte, waren von einer doppelten Mauer umgeben. Im sogenannten «Hohen Tor», so beweisen es die noch vorhandenen Reliefs, vergnügte sich der

König mit seinen Harimsdamen. Leider wissen wir sehr wenig über die Familie des Herrschers. Neben zahlreichen Nebenfrauen dominierte die große königliche Gemahlin Isis. Von den etwa zehn Söhnen starben vier bereits während der Regierungszeit des Vaters. Seit dem 22. Jahr stand der fünfte Sohn, der wie sein Vater Ramses hieß, als Erbprinz fest. Er war zugleich Generalissimus der ägyptischen Armee.

Im 30. Regierungsjahr beging Ramses III. sein erstes Thronjubiläum, aber zu Beginn des 32. Regierungsjahres setzte ein Mordanschlag seinem Leben ein Ende. Der bedeutende König, der Ägypten lange Zeit vor einer Fremdherrschaft bewahrt hatte, fiel einer erbärmlichen Harimsverschwörung zum Opfer. Die Nebengemahlin Tij wollte ihren Sohn Pentawere auf den Thron setzen und ließ durch willige Hofbeamte das Attentat vorbereiten und durchführen. Die Täter wurden dann ermittelt und in mehreren Prozessen zu hohen Strafen – zu Tod, Selbstmord auf Befehl oder körperlichen Verstümmelungen – verurteilt, wie uns der juristische Papyrus von Turin und einige andere Papyrus-Fragmente übermitteln. Der rechtmäßige Erbe aber konnte sich durchsetzen und bestieg als Ramses IV. (1153–1146 v. Chr.) den Thron. Im Tal der Könige bestattete er seinen Vater in einem Grab, das Sethnacht einst begonnen hatte, das aber dann aufgegeben worden war, weil es das vergessene Grab des Gegenkönigs Amunmesse anschnitt. Nach neuen Plänen war es während der Regierung Ramses' III. umgearbeitet und fertiggestellt worden.

5. Die Arbeitersiedlung von Deir el-Medineh

Es gibt keine dörfliche Siedlung in Ägypten, die besser erhalten geblieben ist als das Arbeiterdorf von Deir el-Medineh. Über seine Bewohner sind wir teilweise detaillierter informiert als über die Könige, unter denen sie einst lebten. Die Siedlung, die in der frühen 18. Dynastie unter König Thutmosis I. gegründet wurde, liegt in einer sanften Talsenke des thebanischen Westgebirges. Hier lebten einst zwischen 40 und 120 Facharbeiter mit ihren Familien, die im Tal der Könige die prächtigen Gräber der

Herrscher anzulegen hatten. Eine hohe, weißgetünchte Lehm-
ziegelmauer, die mit Zunahme der Arbeiterstellen im Laufe der
Zeit verlängert und vergrößert wurde, schloss das Dorf ein. Die
Häuser waren klein und eng aneinander gebaut, aber sie lassen
doch noch heute den sozialen Status ihrer einstigen Bewohner
erkennen.

Die Hinterlassenschaft der Siedlung entstammt größtenteils
der 19. und 20. Dynastie. In einem außerhalb des Dorfes gelegenen, viereckigen und 52 m tiefen Schacht, dessen Bestimmung
bis heute nicht ganz geklärt ist, haben die letzten Einwohner
während der ptolemäischen Zeit (nach 300 v. Chr.) den Schutt
und die für sie unbrauchbaren Alltagsdokumente ihrer ramessi-
dischen Vorgänger entsorgt. So entstand eine Fundgrube für Archäologen.

Noch heute kann man dem Pfad folgen, den die Arbeiter einst
zum Tal der Könige gingen. Man benötigt für diese Wegstrecke
etwa zwei Stunden; dies war zu lang, um den Marsch täglich hin
und zurück zu machen. Deshalb übernachteten die Arbeiter
während der Arbeitswoche, die zehn Tage dauerte, in einem
Feldlager auf dem Grat zwischen dem Tal der Könige und ihrem
Heimatdorf. Nur die Frauen, Kinder und Greise sowie die Kranken und Wachhabenden blieben zurück. Während der Feiertage
und am Wochenende aber kehrten die Arbeiter nach Deir el-Medineh heim. Die Leitung der ganzen Arbeiterschaft lag in den
Händen des Vezirs. Die Werkleute waren in zwei Kolonnen eingeteilt, in eine «linke» und «rechte» Mannschaft, an deren
Spitze je ein Vorarbeiter stand. Schreiber notierten den Baufort-
schritt, machten Angaben über die Abwesenheit bestimmter Arbeiter und verteilten die Löhne.

Es war eine Gemeinschaft, in der die Religion eine große
Rolle spielte. Zahlreiche Votivstelen wurden den Göttern ge-
widmet, und vor dem Ort gab es viele Sanktuare und Kapellen.
Neben den großen Göttern Ägyptens wurden auch lokale
Gottheiten und der vergöttlichte König Amenophis I. und seine
Mutter Ahmes-Nefertari verehrt. Ihre Toten wurden ganz nahe
bei den Lebenden begraben: Vor allem auf dem Abhang des
westlichen Gebirgszuges drängen sich die Gräber und die Kult-

kapellen der verstorbenen Dorfbewohner, die durch die Schönheit ihrer Dekoration oft Weltruhm erreichten.

Viele der Einwohner – auch die Frauen – hatten einen durchaus gehobenen Bildungsstand, sie konnten lesen und schreiben. Stellvertretend für viele sollen hier einige Lebensläufe skizziert werden: Ramose, ein durch zahlreiche Denkmäler bekannter Schreiber von Deir el-Medineh, wurde unter der Regierungszeit König Haremhabs geboren. Sein Vater Amunemheb war Botengänger, der Nachrichten von einem Schreiber zum anderen übermittelte. Dieser bat einen der Schreiber, seinen aufgeweckten Sohn ebenfalls zum Schreiber auszubilden. Ramose stellte sich nun sehr geschickt an und wurde schon in jungen Jahren an zwei verschiedenen Tempeln in Theben-West angestellt. Mit 35 Jahren, im fünften Regierungsjahr Ramses II., bekam er die ehrenvolle Berufung als Nekropolenschreiber nach Deir el-Medineh. So sehen wir auf einer Stele, die den König und den Vezir Paser bei der Inspektion der Arbeiten am königlichen Grab im Tal zeigen, auch den Schreiber Ramose als Repräsentanten der Arbeiterschaft. Es zeichnete ihn eine schöne und klare Handschrift aus, die, als er alt geworden war, aber etwas zittrig wurde. Verheiratet war er mit einer Frau namens Mutemuia. Zum Leidwesen der beiden blieb die Ehe kinderlos. Immer wieder drückten sie auf Votivstelen für die Götter den Wunsch nach einem Kind aus. Ramose kam schließlich zu Reichtum, er besaß Felder, die er von Dienern bestellen ließ, und er errichtete in der Nekropole drei Gräber für sich und seine Familie. Um das 38. Regierungsjahr Ramses' II. starb er. Durch zahlreiche Belege wissen wir, dass Ramose und seine Frau im Dorf sehr beliebt gewesen sind.

Sein Schüler und Nachfolger war der Schreiber Kenherchepeschef, der sein Amt im 40. Regierungsjahr Ramses' II. antrat. Er war damals etwa 20 Jahre alt und behielt die Position bis zu seinem Tode im sechsten Regierungsjahr Sethos' II. Seine Handschrift, die sich auf zahlreichen Dokumenten erhalten hat, ist krakelig und schwer lesbar. Auch er brachte es zu großem Reichtum im Dorf, wenn auch die Methoden, die er dabei anwandte, selbstherrlich und nicht immer legal waren. So zwang er etwa Werkleute aus Deir el-Medineh, die im Tal der Könige arbeiten sollten, für sich und zu seinem Nutzen tätig zu sein. Bei seinen Zeitgenossen im Dorf war er wenig beliebt. Man beklagte den Missbrauch seiner Macht gegenüber der Arbeiterschaft und sein korruptes Verhalten. Er war aber auch ein vielfach interessierter und gelehrter Mann und besaß eine umfangreiche Bibliothek. Unter seinen zahlreichen «Büchern» befand sich auch ein Papyrus mit einigen Liebesliedern, einer Literaturgattung mit reinstem lyrischen Ausdruck und individueller, freier Form der Dichtung:

«Wie kundig ist die Geliebte beim Werfen des Lassos und doch zahlt sie keine Viehsteuer!

Mit ihrem Haar als Schlinge fängt sie mich, sie holt mich durch ihr Auge, sie fesselt mit ihren Schenkeln, mit ihrem Siegel aber setzt sie den Brand.»

Es gehört zu den Sternstunden der Archäologie, dass es französischen Archäologen gelang, Kenherchepeschefs gesamte Bibliothek, die nach seinem Tod noch mehrfach weitervererbt worden war, nach mehr als dreitausend Jahren, im Jahr 1928, nur wenig beschädigt wiederzufinden. Im vorgerückten Alter von 54 Jahren heiratete er die erst zwölfjährige Naunachte, die später in zweiter Ehe acht Kinder gebar. Ihr von ihrem ersten Mann geerbtes Vermögen hinterließ sie testamentarisch nur vier Kindern, die anderen enterbte sie, weil diese sich nicht um die alte Mutter gekümmert hätten. Das Testament der Naunachte (Ashmolean Museum, Oxford) hat sich erhalten und zeigt eindrücklich, dass die Frau im Alten Ägypten nicht nur de iure, sondern auch de facto dem Mann gleichgestellt war.

Zur gleichen Zeit wie Kenherchepeschef lebte in Deir el-Medineh auch Paneb, wohl der größte Verbrecher, den wir dort kennen. Vom einfachen Arbeiter stieg er zum Vorarbeiter auf, und sein Weg zu dieser Position wurde von Mord, Totschlag, Vergewaltigung, Grabraub, Diebstahl und Bestechung begleitet. Teilweise befehligte er eine ganze Verbrecherbande und tyrannisierte das Dorf derart, dass die Bewohner eingeschüchtert schwiegen und niemand es wagte, gegen ihn vorzugehen. Schließlich überwand Amunnacht, der jüngere Sohn des Vorarbeiters Nebnefer, seine Furcht und klagte den Verbrecher an (Papyrus im Britischen Museum). Paneb nämlich hatte der Familie des Amunnacht ganz besonders übel mitgespielt: Er war gewaltsam in das Haus seines älteren Bruders, des Vorarbeiters der rechten Seite Neferhotep, eingedrungen und drohte mit Mord. Kein Familienmitglied war mehr seines Lebens sicher. Die Anklage des Amunnacht aber brachte nicht den gewünschten Erfolg, denn Paneb hatte durch Bestechung schon beste Beziehungen zu den höchsten Stellen der Verwaltung geknüpft. So konnte er die schweren Vorwürfe geschickt von sich abwenden. Als dann Neferhotep starb, übernahm nicht wie üblich der Bruder Amunnacht seine Stelle, sondern der kriminelle Paneb, der damit eine der höchsten Positionen im Dorf einnahm. Jetzt gab es für den dreisten Verbrecher kein Halten mehr, er betrieb den Grabraub in größter Dimension. Kaum war Sethos II. im Tal bestattet, raubte Paneb das königliche Grab aus. Schließlich aber kam es doch, wie es kommen musste: Die Taten konnten nicht länger verschleiert werden. Im sechsten Regierungsjahr des Königs Ramses III. wurde der damals 50–60-jährige Paneb zum Tode verurteilt und hingerichtet.

Rund fünf Jahrhunderte lang war das Dorf die Heimat der Nekropolenarbeiter. Als mit dem Ende der 20. Dynastie das Tal der Könige als Reichsfriedhof aufgegeben wurde, verließen auch die Arbeiter und ihre Familien Deir el-Medineh, nahmen alle beweglichen Güter und Einrichtungen mit und zogen fort. Lange Zeit blieb das Dorf verlassen. Erst später in ptolemäischer Zeit wurde es wieder besiedelt.

6. Der Niedergang Ägyptens

Die Nachfolger Ramses' III. führten alle den Namen «Ramses» als Hommage an den großen Ramses II., doch hat die 20. Dynastie keine herausragende Herrscherpersönlichkeit mehr hervorgebracht.

Ramses IV. unternahm einige große Steinbruchexpeditionen, die teilweise bis zu 8368 Teilnehmer hatten, wie uns mehrere Stellen im Wadi Hammamat berichten. Andere Expeditionen wurden zu den Türkis- und Kupferminen auf dem Sinai entsandt. Das wichtigste erhaltene Denkmal ist das Grab Ramses' IV. im Tal der Könige.

Bereits im siebten Regierungsjahr starb der König im Alter von ungefähr 50 Jahren. Sein erstaunlich selbstbewusstes Gebet, das er im vierten Regierungsjahr dem Gott Osiris dargebracht hatte, wurde also nicht erhört: «Mögest Du mir die lange Lebensspanne und die hohe Regierungsdauer des Königs Ramses' II. verdoppeln! Wahrlich, stärker sind die Taten und die Herrlichkeiten, die ich Deinem Tempel darbrachte, … als das, was vorher König Ramses II. Dir darbrachte in seinen 67 Regierungsjahren!»

Nachfolger wurde sein Sohn Ramses V. (1146–1142 v. Chr.), in dessen Regierungszeit Naunachte in Deir el-Medineh ihr berühmtes Testament durch den Schreiber Amunnacht abfassen ließ. Die Zeiten blieben unruhig. Ein Papyrus in Turin berichtet von dem sogenannten «Elephantine-Skandal», in den mehrere Personen, alle Angestellte des Chnum-Tempels von Elephantine, verwickelt waren. Es war zu Diebstählen, Erpressungen und Amtsanmaßungen in großem Stil gekommen. So hatte ein niedriger Priester des Tempels schwere Strafen ausgesprochen, ohne dazu befugt zu sein. In seinem Haus fanden sich Unmengen von wertvollem Diebesgut. Ein Schiffskapitän, der für den Tempel Güter transportierte, hatte 5000 Sack Korn, ein Riesenvermögen, unterschlagen. Ramses V. starb etwa 30-jährig an einer Pockeninfektion. Er hatte mit einem Grab im Tal der Könige begonnen, das von seinem Onkel und Nachfolger, Ramses VI. (1142–1135 v. Chr.), übernommen, beträchtlich erweitert und herausragend ausgeschmückt wurde. Das Grab ist das wichtigste Baudenkmal von Ramses VI., der den Thronnamen Nebmaatre meriamun (= Herr der Maat, ein Re, Geliebter des Amun) nach dem Vorbild Amenophis' III. annahm. Gegen Ende seines ersten Regierungsjahrs drangen Libyer in Oberägypten ein, die den Weiterbau der Grabanlage vorerst verhinderten. Auch der Tempel von Karnak wurde von den Feinden acht Monate lang besetzt. Aber die Truppen des Königs konnten die Invasoren schließlich zurückwerfen, so dass die Westgrenze zunächst bestehen blieb. Die Ostgrenze des Reiches aber musste bis zum Delta zurückgenommen werden, Palästina war für Ägypten verloren. Nur in Nubien bestand die Herrschaft des Nillandes ungebrochen fort.

Nach dem Tod des Königs folgte ihm sein Sohn Ramses-Itjamun als Ramses VII. (1135–1129 v. Chr.), der schon als junger Mann starb. Dessen Nachfolger wurde wieder ein direkter Abkömmling Ramses' III., der als Ramses VIII. (1129–1127 v. Chr.) das Nilland regierte. Aus dem Arbeiterdorf von Deir el-Medineh erfahren wir, dass das Land in dieser Zeit eine gewaltige Verteuerung des Getreidepreises und wirtschaftliche Krisen erlebte.

Ramses IX. (1127–1109 v. Chr.) war ein Enkel Ramses' III. Unter ihm waren die eigentlich gut bewachten Nekropolen nicht mehr sicher, Verbrecherbanden plünderten die Gräber im Tal der Könige und die privaten Grabstätten in großem Stil. Beamte und Priester erhielten Schweigegeld. In den Regierungsjahren 16 und 17 kam eine Untersuchungskommission nach Theben: Die Schuldigen wurden festgenommen; von dem folgenden Prozess sind uns eine Anzahl Gerichtsprotokolle erhalten geblieben (Britisches Museum).

Unter den Baudenkmälern Ramses' IX. ist sein 86 m langes Grab im Tal der Könige das bekannteste. Als er 1109 v. Chr. starb und dort bestattet wurde, folgte ihm sein Sohn Amunherchepeschef als Ramses X. (1108–1099 v. Chr.) auf den Thron. Von diesem König weiß man nur wenig, Nachrichten aus seiner Regierungszeit stammen alle aus der Arbeitersiedlung von Deir el-Medineh, wo eine stark reduzierte Mannschaft von 32 Arbeitern am neuen königlichen Grab tätig war. Allerdings wurde die Bautätigkeit immer wieder für längere Zeit eingestellt, denn die wirtschaftliche Lage des Landes war verheerend. Der Lohn der Nekropolenarbeiter wurde nur schleppend, teilweise gar nicht mehr ausgezahlt. Daher kam es in der Arbeiterschaft zu Unruhen und zu Protestmärschen zum Ramesseum, dem Sitz der Verwaltung. Zwei der Arbeiter schrieen geradezu klassenkämpferische und für die damalige Zeit ganz unglaubliche Parolen: «Der Vezir soll die Hölzer selber tragen!» (Arbeitertagebuch im Museum Turin) Die Klagen verhallten ungehört, denn König und

Vezir, die für Deir el-Medineh zuständig waren, residierten weit entfernt im Delta.

Als Ramses X. im neunten Regierungsjahr starb, wurde er nicht im Tal der Könige, sondern vermutlich in einem Tempelgrab in Piramesse beigesetzt. Den darniederliegenden Staat erbte sein Sohn, der als Ramses XI. den glücklosen, letzten Herrscher der 20. Dynastie bildet. Er wählte seinen Thronnamen nach dem Vorbild von König Sethos I.: Menmaatre setepenptah (= Mit bleibender Maat, ein Re, erkoren von Ptah). In seiner langen Regierungszeit von 1099 bis 1070 v. Chr. war er nicht mehr als nur ein Verwalter des Elends. In der Region von Theben wurde die wirtschaftliche Lage immer instabiler, Plünderungen der Nekropolen nahmen weiter zu, und es kam zu bürgerkriegsähnlichen Zuständen. Um die Ordnung wieder herbeizuführen, entsandte Ramses XI. den Vizekönig von Kusch, Panehesi, mit einem Truppenkontingent. Der aber maßte sich königliche Befugnisse an, um den Proviant seiner Soldaten zu sichern, was wieder den Hohenpriester des Amun, Amunhotep, derart empörte, dass er Ramses XI. um sofortiges militärisches Eingreifen bat. So wurde eine weitere Truppe unter der Leitung des Generals Pianch nach Süden geschickt, die auf den erbitterten Widerstand des Panehesi traf. Nach dem Sieg im 19. Regierungsjahr übernahm Pianch alle Ämter und Positionen seines Gegners; Panehesi wich mit seiner Truppe nach Nubien aus. Wie eng der politische Rahmen des Königs geworden war, zeigt die Tatsache, dass Ramses XI. diesen Sieg feierte, als wäre er ein Neubeginn der Weltschöpfung. Das 19. Regierungsjahr ernannte er zum «Jahr eins der Wiederholung der Schöpfung».

Der General Pianch, der später auch noch die Ämter des Amunhotep übernahm und damit höchster geistlicher Führer in seiner Eigenschaft als Hoherpriester des Amun wurde, beherrschte bis zum 28. Regierungsjahr Ramses' XI. die thebanische Region durch eine Militärdiktatur. Briefe (heute im Ägyptischen Museum Berlin) zeigen eine gnadenlose Schnelljustiz.

Nachfolger des Pianch in allen seinen Ämtern wurde nach dessen Tod sein Schwiegersohn Herihor (= Ein Anführer ist Horus), der vermutlich einer libyschen Soldatenfamilie entstammte und bei Pianch als Offizier gedient hatte. Als nun Ramses XI. in seiner Residenz in Piramesse gestorben war und dort in einem Tempelgrab beigesetzt wurde (sein Grab im Tal der Könige hatte man aufgegeben), nahm Herihor die Königswürde an. Mit ihm begann in der Thebais ein vier Jahrhunderte andauernder Gottesstaat, der sich auf die absolute Herrschaft des Gottes Amun-Re, des Königs der Götter, gründete. Dieser herrschte durch Orakelentscheidungen, die als königliche Dekrete behandelt wurden. Höchste Repräsentanten des Gottes auf Erden waren die Hohenpriester des Amun, das heißt Herihor und seine Erben. Tatsächlich wurde der Süden jedoch durch eine fortdauernde Militärdiktatur regiert. Deren Machthaber, die gelegentlich die Königstitulatur annahmen, erkannten aber die Pharaonen, die im Delta die 21. Dynastie begründeten und mit denen sie teilweise nahe verwandt waren, als oberste politische Instanz an.

An der Spitze der neuen Dynastie stand Smendes (1070–1044 v. Chr.). Residenzstadt war jetzt nicht mehr Piramesse, sondern Tanis, ein Ort im östlichen Teil des Deltas, doch sind die Gründe, die zur Verlegung führten, nicht eindeutig auszumachen. König Smendes, vermutlich ein Sohn des Herihor, hatte Tentamun, die Tochter des letzten Ramessiden, geheiratet und damit legal ein neues Herrscherhaus begründet. In dieser Zeit spielt eine nur als Fragment erhaltene ägyptische Erzählung, die im Puschkin-Museum, Moskau, aufbewahrt wird: Der thebanische Tempelbeamte Wenamun wird in den Libanon geschickt, um Bauholz für eine Barke des Gottes Amun zu holen. Von Herihor mit einem Sendschreiben an König Smendes versehen, schifft sich Wenamun in Tanis zu einer abenteuerlichen Reise nach Byblos ein. Der Thebaner wird auf seiner unglücklichen Mission aber nicht nur beraubt, sondern von den Fürsten, die er auf seiner Reise aufsucht, lächerlich gemacht, gedemütigt und schlecht behandelt. Leider ist das Ende der Geschichte verloren, aber sie spiegelt deutlich wider, wie sehr die Macht Ägyptens im Niedergang begriffen war.

Der theologische Einfluss Thebens auf die religiösen Vorstellungen der neuen Residenzstadt war gewaltig. Amun-Re, seine

Gemahlin Mut und der Kindgott Chons waren die überragenden Gottheiten und hatten die einheimischen Götter in das zweite Glied verdrängt. Im Tempelstaat des Amun spielten vor allem Frauen eine gewichtige Rolle. Die prominenteste Funktion hatte – auch in politischer Hinsicht – die «Gottesgemahlin des Amun». Sie war, wie schon früher, Gattin des Gottes auf Erden, durfte aber jetzt nicht mehr verheiratet sein, sondern verpflichtete sich zu einem jungfräulichen Leben. Die Bedeutung ihres Amtes drückte sich in dem Titel «Herrin der Beiden Länder» aus. Die Gottesgemahlin besaß eigene Domänen mit zahlreichem Personal und ein Kontingent Soldaten. Die Nachfolge wurde jeweils durch Adoption geregelt.

Hervorstechend in der Zeit der 21. Dynastie sind die Leistungen, die man für die Verstorbenen erbrachte. Die Nekropole von Theben-West mit dem jetzt nicht mehr benutzten Tal der Könige ordnete man neu, und das Grabräuberwesen wurde mit scharfen Kontrollen und Überwachungen unterbunden. Die königlichen Gräber wurden ausgeräumt und die Mumien in verschiedenen Verstecken neu beigesetzt. Diese Wiederbestattungen erfolgten allerdings wohl nicht allein aus Pietät und zum Schutz der Verstorbenen, sondern der wirtschaftlich ausgeblutete Staat wollte sich vor allem durch die Aneignung der wertvollen Grabbeigaben bereichern. Fast drei Jahrtausende blieben die Königsmumien verborgen, erst in der zweiten Hälfte des 19. Jahrhunderts wurden sie gefunden.

Die Priester in Theben legten für sich in Deir el-Bahari Gemeinschaftsgräber, die sogenannten «Cachettes», an, die uns viel wertvolles historisches Material überliefert haben. Die Jenseitsbücher (unter anderem das «Amduat»), die früher Privileg des Königsgrabes waren, wurden jetzt auch für einen nichtköniglichen Personenkreis verfügbar. In der 21. Dynastie dienten vor allem Papyri oder die hölzernen Särge als Schrift- und Bildträger; sie bildeten den Ersatz für die fehlenden Wanddekorationen.

In der Deltaresidenz Tanis wurden von anderen Standorten – vor allem aus dem nicht so weit entfernten Piramesse – Monumente des Mittleren und Neuen Reiches herbeigeschafft und

aufgebaut. Nachdem Smendes gestorben und in einem Tempelgrab beigesetzt worden war, folgten ihm noch sieben Herrscher
der Dynastie: Amenemnisu (1044–1040 v. Chr.), Psusennes I.
(1040–990 v. Chr.), Amenemope (990–984 v. Chr.), Osorkon,
der Ältere (984–978 v. Chr.), Siamun (978–960 v. Chr.) sowie
Psusennes II. (960–945 v. Chr.). Es ist nicht viel, was wir von
diesen Herrschern wissen: Sie waren darauf bedacht, den Status
quo zu erhalten und die innere Sicherheit zu gewährleisten.
Außenpolitische Ereignisse erfahren wir vor allem aus dem
Alten Testament. In dieser Zeit einte König David die Stämme
Israels und führte Krieg gegen die Philister. Vor allem König Siamun beobachtete die Vorgänge im Vorderen Orient genau, griff
auch militärisch ein und entriss den Philistern die Stadt Gezer.

Im Jahre 1939 entdeckte der französische Ägyptologe Pierre
Montet (1885–1966) im inneren Bezirk des Amuntempels von
Tanis mehrere Pharaonengräber, darunter das vollständig un-
versehrte Grab von König Psusennes I. Der äußere Sarkophag
bestand aus Rosengranit und war ursprünglich für König Merenptah bestimmt gewesen, der innere aus schwarzem Granit
hatte einst einem höheren Beamten der 19. Dynastie gehört. Die
Sarkophage schlossen einen Sarg aus Silber ein, der mit Gold
reich verziert war. Über dem Gesicht der stark verfallenen Mumie lag eine herrlich gearbeitete Goldmaske. Die Ausgräber
fanden darüber hinaus bedeutenden Schmuck und ansehnliche
Beigaben zur königlichen Bestattung. Auch das Grab des Psu-
sennes-Nachfolgers Amenemope wurde entdeckt. Die gesamten
Tanisfunde kamen in das Kairener Museum und gehören heute
neben dem Schatz des Tutanchamun zu den prominentesten Ob-
jekten dieses einmaligen Kulturinstituts.

VI. Die Spätzeit

1. Libysche Könige aus Bubastis

Scheschonk I. (945–924 v. Chr.) begründete die 22. Dynastie.
Er war der Neffe von Osorkon dem Älteren, der schon in der
21. Dynastie kurze Zeit regiert hatte, und stammte von den
«Oberhäuptlingen der Meschwesch» ab, einem Libyerstamm,
der seit Generationen mit der ägyptischen Kultur und Religion
eng verbunden war und große Ländereien in Bubastis besaß.
Der Historiker Manetho bezeichnet die Herrscher der Dynastie
geradezu als «Könige aus Bubastis». Unter Psusennes II. hatte
Scheschonk das Amt des Heerführers bekleidet; gleich nach dem
Tod des Königs marschierte er mit seinen Soldaten in Theben ein
und übernahm die Herrschaft im Lande. Er wählte den Thronnamen Hedjcheperre setepenre (= Mit glänzender Gestalt, ein
Re, von Re erkoren), den schon Smendes, der Gründer der Vor-
gängerdynastie getragen hatte.

Scheschonk I. betrieb eine umsichtige Familienpolitik. Um die
Legitimität des Herrscherhauses zu festigen, verheiratete er sei-
nen Sohn Osorkon mit Maatkare, einer Tochter von König Psu-
sennes II. Das Fürstentum von Herakleopolis war Familienbe-
sitz und lag jetzt in den Händen von Namilt, einem Sohn des
Scheschonk. Außerdem setzte der König seinen Sohn Iupet als
Hohenpriester des Amun in Theben ein, um einer eventuellen
Opposition Oberägyptens vorzubeugen und um überhaupt den
Süden des Reiches stärker einzubinden. Unter seiner weitsichti-
gen Führung gewann Ägypten die lange Zeit entbehrte innere
Stabilität zurück.

Außenpolitisch kam es in Vorderasien zu einem Umbruch. Als
Salomon, der König von Israel und Juda, 930 v. Chr. starb, be-
gannen Streitigkeiten zwischen diesen beiden Stämmen. Ihre
daraus entstandene Schwächung wollte der ägyptische König
nutzen, um seine Herrschaft dort wieder zu etablieren. Im Frühjahr 925 v. Chr. brach Scheschonk I. zu einem groß angelegten

Palästinafeldzug gegen Israel und Juda auf. Er durchzog das Land, verwüstete Juda, nahm viele befestigte Städte ein und zwang den König von Juda, Rehabeam, die Tempel- und Palastschätze Jerusalems herauszugeben, um im Gegenzug die Stadt selbst und ihre Bewohner zu retten. Das ägyptische Heer stieß dann weiter nach Sichem, Tirza und Megiddo vor. Trotz dieser Erfolge konnte Ägypten allerdings auf Dauer nicht mehr Fuß in Palästina fassen.

Durch die Kriegsbeute aber war Ägypten erstmals nach langer Zeit wieder zu Wohlstand gelangt, der auch den Beginn größerer Bauvorhaben erlaubte. So ließ Scheschonk im Amuntempel von Karnak durch seinen Sohn Iupet vor dem zweiten Pylon einen großen Kolonnadenhof, die sogenannten Bubastidenhallen, anlegen. Auf der Außenseite der Südwand veröffentlichte er in Wort und Bild seine Siege im Palästinafeldzug.

Als Scheschonk I. starb, folgte ihm sein Sohn als Osorkon I. (924–887 v. Chr.) auf dem Thron. Gleich zu Beginn seiner Regierung stiftete er 27 000 kg Gold und 18 000 kg Silber an die Tempel der großen Gottheiten Ägyptens. Die Wirtschaft im Lande blühte, und an allen wichtigen Orten Ägyptens wurde gebaut, besonders aber in Bubastis. Er ernannte später seinen Sohn Takelot zum Mitregenten, der nach seines Vaters Tod für mehr als ein Jahrzehnt das Land regierte. Er scheint eine blasse Persönlichkeit gewesen zu sein und hat fast keine Spuren hinterlassen, er blieb der unbekannteste Herrscher dieser Dynastie. Erst sein Sohn Osorkon II. (874–850 v. Chr.) zeigte sich wieder als fähiger König, der den auftretenden Verfallserscheinungen des Staates entgegenwirkte. Seinen Thronnamen Usermaatre setepenamun (= Reich an Maat, ein Re, von Amun erkoren) wählte er nach dem Vorbild der Ramessidenzeit. Zu einer Krise kam es, als sich im vierten Regierungsjahr der Hohepriester des Amun in Theben, Harsiese, ein Vetter des Königs, zum Herrscher des Südens erklärte. Osorkon II. ließ ihn zunächst gewähren und schob erst nach dem Tod des Harsiese (860 v. Chr.) seine Söhne in die priesterlichen und militärischen Spitzenpositionen von Theben, Memphis und Tanis. Tanis war immer noch Hauptstadt des Reiches, Bubastis weiterhin königliche Residenz. Beide Städte schmückte der König mit Bauten. In Bubastis errichtete er eine gewaltige Festhalle aus Rosengranit, wo er im 22. Jahr sein Regierungsjubiläum (Sed-Fest) beging. Zwei Jahre später erhob er seinen Sohn Takelot zum Mitregenten.

Die Bedrohung kam aus dem Nahen Osten: Die Assyrer waren in Syrien und Palästina eingefallen. Im Jahr 853 v. Chr. wurde die Situation so beängstigend, dass Ägypten mit Byblos, Israel und anderen Nachbarstaaten ein Bündnis schloss, um den Assyrern mit geballter militärischer Gewalt entgegenzutreten. In der Schlacht von Qaqar am Orontes schlug die Allianz die Eindringlinge zurück.

Kurze Zeit später starb Osorkon II., und Takelot II. (850–825 v. Chr.), der den Thronnamen von Scheschonk I. übernahm, trat die Nachfolge an. Nach dem Tod des Hohepriesters des Amun wollte der König seinen Sohn Osorkon in das Amt einsetzen, doch ein thebanischer Usurpator versuchte, dies zu verhindern. Ein blutiger Aufstand brach aus, den Prinz Osorkon mit Militärmacht niederschlug.

Vier Jahre blieb es nun ruhig in der Thebais, dann aber setzte der Bürgerkrieg wieder ein und hielt ein Jahrzehnt an. Unmittelbar vor dem Tod des Königs war der Pontifex Osorkon so geschwächt, dass er das Hohepriesteramt und damit die Herrschaft über den Süden aufgeben musste. Als Takelot II. gestorben war, wurde nicht, wie eigentlich vorgesehen, Osorkon der Thronfolger, sondern dessen jüngerer Bruder, der die politische Schwäche des älteren Bruders ausnutzte und als Scheschonk III. (825–773 v. Chr.) die Herrschaft antrat. Das Reich zerbröckelte jetzt in verschiedene Machtbereiche. Im achten Regierungsjahr ließ sich ein libyscher Fürst aus Leontopolis, Padibastet (818–793 v. Chr.), in Mittelägypten zum Herrscher ausrufen. Er begründete mit diesem Schritt die 23. Dynastie, die von nun an mit der 22. Dynastie parallel verlief. In Theben datierte man seither die Ereignisse doppelt nach beiden Königen.

Die Auflösung des Staates aber schritt weiter fort, in beiden Herrscherhäusern folgten ephemere Könige. Um 725 v. Chr. gab es auf ägyptischem Boden nebeneinander bereits fünf Könige, die verschiedene Landstriche regierten. Im Delta gelang es dem libyschen Fürsten von Sais, Tefnacht (727–720 v. Chr.), die 24. Dynastie zu begründen und im Bündnis mit Kleinkönigen des Nordens gegen die südlichen Machthaber vorzugehen. Dort hatte sich seit dem 10. Jahrhundert v. Chr. in Napata am vierten Nilkatarakt ein nubisches Königtum installiert, das allerdings durch die Jahrhunderte ägyptischer Besatzung die Geisteshaltung, Kultur und Götterwelt des Nillandes angenommen hatte. Jetzt war der Einfluss dieser nubischen bzw. kuschitischen Könige so stark geworden, dass er im Norden bis nach Theben reichte.

Tefnachts Gegner war ein Heer des nubische Königs Pije (747–716 v. Chr.). In mehreren Schlachten konnte diese Südarmee kleine Fortschritte erzielen, aber der entscheidende Durchbruch gegen Tefnacht und seine Allianz gelang nicht. König Pije selbst weilte zu dieser Zeit in Theben und hatte dort seine Schwester Amenirdis I. als «Gottesgemahlin des Amun» eingesetzt, indem er sie kurzerhand von der amtierenden Gottesgemahlin Schepenupet I., Tochter Osorkons III., adoptieren ließ. Er nahm an der großen thebanischen Götterfeier, dem Opet-Fest, teil und zog dann mit seinen nubischen Truppen nordwärts, um die endgültige Entscheidung zu suchen.

2. Fremde Herren auf dem Pharaonenthron

Pije, der der Wegbereiter der kuschitischen Herrschaft werden sollte, belagerte zuerst die Städte Hermopolis und Herakleopolis. Nachdem deren Fürsten sich ihm ergeben hatten, marschierte er weiter nach Norden, wo Medum und Itj-taui kapitulierten. Großmütig ließ Pije seine einstigen Gegner als Statthalter weiter im Amt. Nur die mit 8000 Soldaten besetzte Garnison Memphis widerstand anfangs, schließlich aber ersuchte Tefnacht um Waffenstillstand. Über die Vorgänge wissen wir deshalb so gut Bescheid, weil der König eine großen Siegesstele im Amuntempel am Gebel Barkal aufstellte (heute im Kairener Museum). Dieses Heldenepos berichtet von der Unterwerfung des Tefnacht.

Nach dem überwältigenden Sieg kehrte Pije nach Nubien heim und versuchte von dort aus, das südliche Ägypten zu regieren.

Als er 716 v. Chr. starb, ließ er sich in einem Pyramidengrab in El-Kurru in der Nähe von Napata bestatten. Vermutlich war er bei seinem Besuch in Itj-taui und Memphis von den Pyramiden des Alten und Mittleren Reichs so tief beeindruckt, dass er sich eine ähnliche Anlage errichtete.

Nachfolger auf dem Thron wurde sein Bruder Schabaka (716–702 v. Chr.). Er verlegte den Regierungssitz nach Norden und wurde dadurch der erste König der kuschitischen 25. Dynastie in Ägypten. Im zweiten Regierungsjahr musste er sich gegen Tefnachts Sohn Bakenrenef, den letzten Angehörigen der 24. Dynastie, zur Wehr setzen, weil dieser seinen Machtbereich nach Süden auszudehnen begann. Bakenrenef wurde gefangen genommen und soll – nach Manethos Angaben – bei lebendigem Leib verbrannt worden sein. Schabaka sicherte seine Macht in Theben auch dadurch, dass er seine Nichte Schepenupet II., Tochter des Pije, im Jahre 710 v. Chr. als Gottesgemahlin des Amun etablierte, indem er sie von Amunirdis I. adoptieren ließ.

Schabaka fühlte sich ganz der Tradition ägyptischer Könige verpflichtet und begann, zahlreiche Bauten – vor allem zum Lobpreis des Gottes Amun – in den religiösen Zentren des Landes zu errichten. In Memphis ließ er einen wichtigen religiösen Text, das sogenannte «Denkmal memphitischer Theologie», der aus der Zeit Ramses' II. stammte, von einem zerfallenden Papyrus auf Stein kopieren und hat ihn so der Nachwelt erhalten (Britisches Museum). In seiner Weiheinschrift heißt es: «Seine Majestät ließ diese Schrift von neuem ... in Stein hauen, nachdem es seine Majestät als Werk der Vorfahren erkannt hatte und als von Würmern zerfressen. Es war nicht von Anfang bis Ende erkennbar.»

Als Schabaka nach 14-jähriger Regentschaft starb, herrschten nacheinander zwei Söhne des Pije, Schebitku (702–690 v. Chr.) und Taharqa (690–664 v. Chr.). Die Regierungszeit beider Könige war geprägt von den Expansionsgelüsten des assyrischen Reiches. Sofort nach seinem Amtsantritt schloss sich König Schebitku deshalb der syrisch-palästinensischen Allianz an. Aber bereits im zweiten Regierungsjahr, 701 v. Chr., fiel der assyrische König Sanherib (705–681 v. Chr.) in Palästina ein. Bei der folgenden Schlacht in den judäischen Bergen, an der auch ägyptische Truppen teilnahmen, siegte Sanherib: Die Städte Timna, Ekron und Lachisch wurden von den Assyrern genommen und teilweise zerstört, die Vernichtung Jerusalems nur durch Reparations- und Tributleistungen des judäischen Königs Hiskia abgewendet. Eine im assyrischen Heer ausbrechende Seuche verhinderte die geplante Invasion von Ägypten im letzten Augenblick; die Assyrer mussten den Rückzug nach Ninive antreten.

Noch in jungen Jahren starb Schebitku. Sein Nachfolger Taharqa empfing – wie in einem Stelentext überliefert – die Krone der «Beiden Länder» in Memphis. Er wurde der bedeutendste Bauherr in Ägypten seit den lang vergangenen Zeiten des Neuen Reiches; seine Baudenkmäler findet man vom Delta bis nach Nubien. In Theben errichtete er im Vorhof des Karnaktempels vor dem zweiten Pylon einen herrlichen Kiosk, von dem heute noch eine majestätische Säule aufrecht steht: «Dem höchsten Dache war sie zu hoch. Sie überstand und trug Ägyptens Nacht», so hat Rainer Maria Rilke sie besungen. Bauleiter des Königs war der Bürgermeister der Stadt und Amunsprophet, Monthemhet, der später beim Übergang zur 26. Dynastie eine wichtige und konstruktive Rolle spielen sollte.

Im Jahre 671 v. Chr. marschierte der Assyrerkönig Assarhaddon, der seinem ermordeten Vater Sanherib 681 v. Chr. auf dem Thron gefolgt war, mit einer gewaltigen Armee über die Sinaihalbinsel nach Ägypten. Taharqa konnte diese Militärmaschinerie nicht aufhalten, so dass Memphis schon nach kurzer Zeit fiel. Im letzten Augenblick floh Taharqa nach Süden, musste aber seinen Sohn und Kronprinzen Nisuonuris und seinen Bruder in der Stadt zurücklassen, die in assyrische Gefangenschaft gerieten. Assarhaddon aber ordnete Unterägypten verwaltungsmäßig völlig neu; die Städte erhielten jetzt assyrische Namen.

Kaum hatte Assarhaddon Ägypten verlassen, kehrte Taharqa zurück und restituierte seine Herrschaft. Die Assyrer, die dies auf keinen Fall zulassen konnten, griffen das Nilland erneut an. Unter dem Nachfolger Assarhaddons, Assurbanipal, drangen die fremden Truppen 667 v. Chr. bis nach Theben vor, so dass die

ägyptischen Fürsten die Herrschaft der Assyrer zunächst akzeptieren mussten. Doch als Assurbanipal sich aus Ägypten zurück-
gezogen hatte, brach eine offene Rebellion gegen die Besatzer
aus. Die assyrische Reaktion auf diesen Aufstand war gnadenlos. Alle an der Revolte beteiligten fürstlichen Rädelsführer
wurden gefangen genommen, nach Ninive deportiert und dort
hingerichtet. Auch zahlreiche Stadtfürsten in den unterägyptischen Städten verloren ihr Leben. Lediglich Necho, ein Nach-
komme des saitischen Herrschers Tefnacht, der für die assyrische Politik in Ägypten wichtig war, wurde als König von Sais
und Memphis (672–664 v. Chr.) belassen. Seinen Sohn Psammetich setzte man als Oberhaupt von Athribis ein.

Taharqa, der jetzt im fernen Napata residierte, bestimmte
seinen Neffen Tanutamun, den Sohn des Schebitku, 665 v. Chr.
zum Mitregenten. Schon im Jahr darauf starb Taharqa; Tanutamun (664–656 v. Chr.) wurde der letzte Herrscher der kuschitischen 25. Dynastie. Seine Krönung fand in Napata statt. In
einem Traum, den er auf einer Stele vom Gebel Barkal (heute
Nubisches Museum Assuan) erzählt, wird ihm von göttlicher
Seite befohlen, Ägypten zurückzuerobern und vom assyrischen
Joch zu befreien. Mit geradezu missionarischer Besessenheit
widmete er sich dieser Aufgabe: Er drang mit seinen Soldaten
über Elephantine und Theben bis nach Memphis vor. König
Necho, der mit den Assyrern paktiert hatte, kam bei den Kämpfen ums Leben. Aber das militärische Glück verließ Tanutamun,
als Assurbanipal 663 v. Chr. seine Truppen zum Gegenangriff
schickte. Tanutamun musste nach Süden fliehen, und die assyrischen Truppen besetzten Theben. Die kuschitische Herrschaft
in Ägypten hatte für immer ihr Ende gefunden.

3. Die Renaissance in der 26. Dynastie

Den Begründer der 26. Dynastie, Psammetich I. (664–610
v. Chr.), der Sohn des Necho, hatten die Assyrer als neuen König
eingesetzt. Der noch junge Herrscher sicherte seine Macht
durch den Aufbau einer starken und schlagkräftigen Armee, aus
dem ganzen Mittelmeerraum warb er Söldner, vor allem Grie-

chen, an. Die freundschaftliche, verwandtschaftliche Verbundenheit mit den mittelägyptischen Fürsten ermöglichte es ihm im neunten Regierungsjahr, Theben in seinen Herrschaftsbereich einzubeziehen. Mächtigster Mann war dort weiterhin der Fürst und Bürgermeister Monthemhet, Repräsentant der kuschitischen Dynastie, der dafür gesorgt hatte, dass in seinem Machtgebiet von Elephantine bis Hermopolis noch immer Tanutamun anerkannt wurde. Dieser veranlasste, dass die beiden amtierenden Gottesgemahlinnen des Amun, Schepenupet II. und Amenirdis II., Tochter von Taharqa, nun ihrerseits Nitokris, Tochter von Psammetich I., adoptierten. Mit diesem letztlich politischen Akt wurde König Psammetich I. legitimer «Herr der Beiden Länder».

Es folgten Jahre, die dem Land noch einmal wirtschaftliche Kraft und Stabilität verliehen. Der allgemeine Aufschwung brachte auch eine kulturelle Erneuerung, bei der man trotz fremder Einflüsse am großen Erbe der Vergangenheit festhielt und sich vor allem an Relief- und Skulpturwerken der weit zurückliegenden Epoche des Alten Reiches orientierte. Durch das beharrliche Festhalten an Traditionen einerseits und durch das virtuose Beherrschen des Materials andererseits wurden Kunstwerke geschaffen, die einen Vergleich mit Schöpfungen früherer Zeiten nicht zu scheuen brauchen.

Der Stern des assyrischen Reiches aber sank, denn ein langandauernder Krieg mit Babylon hatte zuviel Kraft gekostet. Im Jahre 653 v. Chr. verstand es Psammetich, sich der Schutzmacht zu entziehen, und verhalf damit Ägypten wieder zu einer unabhängigen Stellung unter den Ländern des Mittelmeerraums. Doch auch Skythen, Meder, Babylonier und Perser wollten die assyrische Macht brechen und hofften auf reiche Beute. Diese außenpolitische Entwicklung konnte nicht im Sinne des ägyptischen Königs sein, der sich nun mit einem Truppenkontingent 616 v. Chr. auf die Seite der Assyrer stellte. Doch die Hilfe hatte keinen Erfolg, 612 v. Chr. wurde Ninive vollständig zerstört und das assyrische Herrscherhaus ausgelöscht.

Zwei Jahre später starb Psammetich I. hochbetagt in der neuen Hauptstadt Sais.

Im Sommer 610 trat Psammetichs Sohn Necho (610–595 v. Chr.) die Nachfolge an. Er verwickelte sich in heftige Kämpfe mit Babylon, die in der Schlacht bei Karkemisch (606 v. Chr.) ihren Höhepunkt hatten. Necho, der verlor, musste sich aus Syrien und Palästina zurückziehen und hatte große Mühe, wenigstens die östlichen Gebiete des Deltas unter seiner Oberhoheit zu behalten. Er versuchte nun, durch eine Umstrukturierung der Armee neue Überlegenheit zu gewinnen, und setzte auf eine Seestreitmacht. Seine Marine bestand aus griechischen Triremen (Dreiruderer), und seine Matrosen rekrutierte er aus jonischen und phönizischen Seeleuten. Er soll – so wird berichtet – die erste Umseglung Afrikas durchgeführt haben. Zudem begann er, einen Kanal zwischen dem pelusischen Nilarm und dem Roten Meer zu graben, ohne ihn jedoch zu vollenden. Doch waren dies Pläne, die 1869 mit dem Bau des Suez-Kanals verwirklicht wurden.

Sein Sohn und Nachfolger Psammetich II. regierte nur sechs Jahre von 595 bis 589 v. Chr. Er betrieb eine aggressive Außenpolitik gegen Nubien. Im dritten Jahr stieß eine ägyptische Armee unter Leitung der Offiziere Potasimto und Amasis tief auf nubisches Gebiet wohl bis nach Napata vor. Im Kampfe wurden zahlreiche Nubier getötet und 4200 Gefangene gemacht. Der neue nubische König Aspalta verzichtete aber auf eine Revanche. Er zog sich zurück und verlegte seine Hauptstadt nach Meroë, oberhalb der Mündung des Atabara.

Nach dem frühen Tod des Psammetich II. bestieg dessen Sohn Apriës (589–570 v. Chr.) den Thron des Nillandes. Als Herrscher hatte er wenig Fortüne, denn die meisten seiner Unternehmungen misslangen. Zuerst unterstützte er mit einer Flotte und Landstreitkräften den Abwehrkampf des Königs Zedekia von Juda gegen Nebukadnezar II. von Babylon. Der Babylonier belagerte mit seinem Heer Jerusalem und nahm, nur kurze Zeit durch die ägyptische Intervention abgehalten, die Stadt im Juli 586 v. Chr. ein und zerstörte den Tempel; die Oberschicht Israels ging in die Babylonische Gefangenschaft. Apriës aber zog sich ganz aus Palästina zurück.

571 v. Chr. bat der libysche Fürst Adikran den ägyptischen König um Hilfe wegen andauernder Übergriffe der griechischen

Siedlung Kyrene. Noch im Sommer des gleichen Jahres schickte Apriës ein Expeditionsheer dorthin, wohl auch mit dem Hintergedanken, sich den Reichtum der Stadt anzueignen. Aber die Griechen schlugen das ägyptische Heer vernichtend. Deswegen kam es bei der Rückkehr unter den Soldaten zu Aufstand und Meuterei. Um die Disziplin und militärische Ordnung wiederherzustellen, entsandte der König seinen kampferprobten General Amasis. Nun geschah das kaum Denkbare: Die Armee erklärte Apriës, mit dem sie unzufrieden war, für abgesetzt und rief Amasis zum König aus; Apriës wurde gefangen genommen und in Sais festgehalten, bis Anfang des Jahres 569 v. Chr. die Babylonier unter ihrem König Nebukadnezar in Ägypten einfielen und ihn befreiten. Gegen Amasis kämpfend, starb der unglückselige König auf dem Schlachtfeld.

Der Usurpator Amasis (570–526 v. Chr.) ließ seinen Vorgänger Apriës in Sais mit allen königlichen Ehren bestatten. Hauptanliegen seiner Politik war der ägyptische Handel mit allen Ländern des Mittelmeers. So erlebte Ägypten unter Amasis eine Blüte, die im Volk als goldene Zeit in Erinnerung blieb. Er schloss Bündnisse mit König Kroisos von Lydien, Polykrates von Samos und vor allem mit den Griechen. So erhielt die griechische Kolonie Naukratis im Delta einen priviligierten Sonderstatus. Diese Bündnispolitik muss auch vor dem Hintergrund der heraufdämmernden persischen Großmacht gesehen werden.

Amasis wird von Herodot, der kaum hundert Jahre später Ägypten bereiste, als ein trinkfester, fröhlicher Volkskönig beschrieben, der aber auch ein kluger, weiser und gerechter Herrscher war. Besonders bei allen Griechen war er als Freund hoch geschätzt. Ende des Jahres 526 starb der König und wurde im Tempelbezirk von Sais beigesetzt. Letzter Thronerbe der Dynastie wurde sein Sohn Psammetich III., der sich bereits im Mai 525 v. Chr. bei Pelusium, an der Ostgrenze des Deltas, der persischen Invasion unter dem Großkönig Kambyses stellen musste. In der Schlacht unterlag der ägyptische König der Übermacht der Feinde. Er floh nach Memphis, wo er gefangen genommen und nach einem Aufstand hingerichtet wurde.

4. Persische und griechische Herrscher im Nilland

Noch im gleichen Jahr (525 v. Chr.) ließ sich Kambyses in Sais zum ägyptischen König krönen und erklärte Ägypten zur sechsten persischen Satrapie. In Ägypten begründete er die erste persische Ära, die 27. Dynastie. Sein engster Vertrauter auf ägyptischer Seite war der Priester und Oberarzt Udjahorresenet, der unter Amasis und Psammetich III. als Flottenkapitän Dienst getan hatte. Auf dessen Basaltstatue, die Kaiser Hadrian nach Rom brachte (heute im Vatikanischen Museum), überliefert er seine Biographie. Er erzählt, dass er für Kambyses, den er als seinen Freund und Gönner bezeichnet, als Berater tätig gewesen sei und auch die königliche, ägyptische Titulatur ausgesucht habe. Udjahorresenet beurteilt die persische Herrschaft sehr positiv und steht damit den antipersischen, antiken Quellen, vor allem den Gräuelschilderungen Herodots, entgegen, der berichtet, dass Kambyses ein grausamer und brutaler Herrscher gewesen sei, der die ägyptischen Götter verhöhnte, ihre Tempel ausraubte, den Apisstier tötete und die Mumie des Königs Amasis aus seinem Grab holte, auspeitschen ließ und anschließend verbrannte. Die Fakten aber sprechen eine ganz andere Sprache: Kambyses stiftete dem im September 525 v. Chr. verstorbenen Apisstier einen Sarkophag, nahm in Sais an religiösen Festen teil und vertrieb Gesindel aus dem Neithtempel. Auch die wirtschaftlichen Verhältnisse in Ägypten blieben gut.

Er starb bereits 522 v. Chr. und wurde in der Nähe von Persepolis bestattet. Auf ihn folgte Darius I. (522–486 v. Chr.), der nur einmal in seiner langen Regierungszeit das Nilland (518 v. Chr.) besuchte, sich sonst aber durch einen Statthalter (Satrapen) vertreten ließ. Als ägyptischer Berater wirkte wieder Udjahorresenet. Darius I. ordnete an, alle Rechtsvorschriften, beginnend mit dem 44. Jahr des Amasis, zu sammeln und aufzuschreiben. In der Oase El-Charge in Hibis ließ er einen schönen Amun-Re-Tempel aus der 26. Dynastie mit Dekorationen und Texten versehen, die religionswissenschaftlich von überragender Bedeutung sind. Auch wurden zahlreiche Heiligtümer im ganzen Land restauriert. Den Plan des Königs Necho, einen Kanal vom pelusischen Nilarm zum Roten Meer zu bauen, griff er wieder auf und vollendete ihn. Leider versandete dieser bald darauf.

Als das persische Großreich 490 v. Chr. in der Schlacht bei Marathon eine schwere Niederlage durch die Griechen hinnehmen musste, hielten die Ägypter die Zeit für gekommen, um die verhasste Oberherrschaft der Perser abschütteln zu können. Der Aufstand brach kurz vor dem Tod des Darius aus, wurde aber vom neuen König Xerxes (486–465 v. Chr.) brutal niedergeworfen. Er ging mit übergroßer Strenge gegen die Aufständischen vor, verstärkte dadurch den Hass des ägyptischen Volkes auf das persische Regime und legte den Keim für kommende Revolten. So sahen sich sein Nachfolger Artaxerxes I. (465–424 v. Chr.) und der Satrap Achaimenes nach der Ermordung des Großkönigs dem Aufstand des Prinzen Inaros aus Heliopolis, eines Nachfahren Königs Psammetichs III., gegenüber. Der Fürst Amyrtaios von Sais war mit Inaros verbündet. Anfangs hatten die beiden militärische Erfolge zu verzeichnen und nahmen Unterägypten und auch Memphis ein, aber dann gewannen die Perser ihre Überlegenheit zurück und schlugen den Aufstand nieder. Inaros, der als Freiheitskämpfer im Gedächtnis des Volkes weiterlebte, wurde gefangen genommen und hingerichtet. Aber die äußerliche Ruhe, die danach eintrat, war nur die Ruhe vor dem Sturm: Schon kurz nach der Thronbesteigung Darius' II. (423–405 v. Chr.) kam es zu Aufständen, die Ägypten eine Teilautonomie brachten. Auch der letzte persische König, Artaxerxes II. (405–359 v. Chr.), konnte seine Macht nicht mehr dem ganzen Nilland aufzwingen.

Amyrtaios aus Sais, Enkel des gleichnamigen Fürsten, der einst mit Inaros den Aufstand gegen die Perser erfolgreich geprobt hatte, rief sich beim Tod von Darius II. zum König aus und begründete mit diesem Schritt die 28. Dynastie. In den sechs Jahren seiner Regierungszeit konnte er die persische Herrschaft abschütteln. Im Jahre 399 ergriff Nefaarud (griechisch Nepherites) aus der Stadt Mendes die Macht, nahm die Königswürde an und wurde so zum Begründer der 29. Dynastie. Vermutlich hat er

Amyrtaios gefangen genommen und hingerichtet. Er verlegte die Residenzstadt von Sais in das zentraler gelegene Mendes und unterstützte außenpolitisch die Spartaner, die mit den Persern im Kampf lagen. Vor allem in Unterägypten, aber auch in Oberägypten haben sich Spuren seiner Bautätigkeit gefunden. Nach seinem Tod 393 v. Chr. brachen einjährige Thronwirren aus, die schließlich der Usurpator Hakor (griechisch Achoris) für sich entschied, der die Königsgewalt von 392 bis 380 v. Chr. erlangte. Die Angst vor den Persern bestimmte seine Innen- und Außenpolitik. Um sich der Mittelmeerökonomie anzupassen, fand jetzt die erste ägyptische Münzprägung statt; nur mit dieser neuen Art der Bezahlung konnte das Söldnerheer fest auf ägyptischer Seite gehalten und der Aufbau einer Kriegsflotte in Angriff genommen werden. Nach außen suchte Hakor Verbindungen zu griechischen Klein- und Stadtstaaten und schloss 389 v. Chr. einen Bündnisvertrag mit Athen. Mehrfach musste der ägyptische König persische Einfälle ins Delta abwehren. Aber selbst in diesen schweren Zeiten trat der König durch eine imposante Bau- und Restaurierungspolitik hervor, die im ganzen Land Zeugnisse hinterlassen hat. Als Hakor 380 v. Chr. starb, konnte sein Sohn Nepherites II. nur für einige Monate den Thron behaupten, dann wurde er von einem Nachkommen des Königs Nepherites I., Nachtnebef (= Der Starke ist sein Herr), besser bekannt unter dem gräzisierten Namen Nektanebos, verdrängt.

Nektanebos I. (380–362 v. Chr.) begründete das letzte einheimisch-ägyptische Herrscherhaus (30. Dynastie), das aus der Deltastadt Sebennytos stammte. Er hat in seiner 18-jährigen Regierungszeit eine rege und künstlerisch bemerkenswerte Bautätigkeit entfaltet. Aber auch er hatte sich des Ansturms der Perser zu erwehren, die mit eigenen und griechischen Truppen in das Delta einfielen und langsam in Richtung Memphis vorstießen. Ein Glück für die Ägypter war es, dass Perser und Griechen untereinander uneins waren, zudem die Nilüberschwemmung eintraf und den Boden in Sumpf und Morast verwandelte. Die landesunkundigen fremden Truppen zogen sich daraufhin zurück.

Der Sohn König Nektanebos' I., Djedhor (Tachos), der schon

zu Lebzeiten Mitregent seines Vaters gewesen war, herrschte nach dessen Tod nur zwei Jahre, von 362 bis 360 v. Chr. Er hatte sich mit dem Spartanerkönig Agesilaos verbunden, um die Perser aus dem Westen zu vertreiben. Aber das erfolgversprechende Unternehmen scheiterte, denn der Bruder des Königs, der während dessen Abwesenheit Regent in Ägypten war, rief seinen Sohn Nachthorehbit (= Der Starke des Horus von Hebit) zum neuen Pharao aus, und Tachos, der ausgezogen war, um die Perser zu vertreiben, endete als Exilant am Hof des Großkönigs in Susa.

König Nachthorehbit (360–343 v. Chr.) war wie sein Großvater darauf bedacht, den Göttern Tempel zu errichten und die zerfallenen wiederherzustellen. Ein knappes Jahrzehnt konnte in Ruhe daran gearbeitet werden, denn die persische Kriegsmaschinerie zeigte Schwächen. Erst im Winter 343/42 konnte der Großkönig Artaxerxes III. Ochos (351/350 v. Chr.) das Delta und dann das ganze Nilland unter seine Herrschaft bringen: Ägypten war wieder persische Satrapie. Der letzte einheimische König, Nektanebos II., musste nach Nubien fliehen.

Die zweite, verhasste Perserherrschaft (als 31. Dynastie gezählt) dauerte von 343 bis 332 v. Chr., also nur etwas mehr als zehn Jahre. Drei Großkönige regierten in dieser kurzen Zeitspanne: Artaxerxes III. Ochos bis 338 v. Chr., Arses (338–336) und Darius III. (336–332 v. Chr.), dann trat Alexander III. von Makedonien, der später den Beinamen «der Große» erhielt, in das Licht der Geschichte. Nach der Ermordung seines Vaters 336 v. Chr. nahm er den Kampf gegen das Weltreich Persien auf. Bei der kilikischen Stadt Issos (am Golf von Iskenderun, Türkei) brachte er 333 v. Chr. dem Großkönig Darius III. eine vernichtende Niederlage bei und überschritt im Dezember 332 v. Chr. nahe von Pelusium die Grenze Ägyptens. Kampflos übergab ihm der persische Satrap die königliche Residenz; mit diesem Akt wurde Alexander zum neuen Herrscher Ägyptens; in Memphis wurde er zum ägyptischen König gekrönt. Anfang des Jahres 331 fuhr Alexander auf dem westlichsten Nilarm nach Norden, wo er am 20. Januar südlich der Insel Pharos die Stadt Alexandria gründete. Danach zog er die Mittelmeerküste entlang nach Westen und gelangte in die Oase Siwa zum berühmten Gottesorakel des Amun (Ammoneion). Dort wurde er von den Priestern als Sohn Gottes und als Pharao begrüßt und ihm die Herrschaft über die ganze Welt zuerkannt.

Von Ägypten aus wandte sich Alexander nach Osten, wo er mit erfolgreichen Feldzügen Babylon, Susa und Persepolis eroberte und nach wenigen Jahren sein Reich bis zum Indus ausdehnte. Im Frühjahr 323 v. Chr. kehrte Alexander nach Babylon zurück und starb dort plötzlich am 10. Juni. Der unerwartete Tod des Königs brachte das Riesenreich in eine schwierige Lage. Die Armee und die Heeresführung mussten um die Lösung einer Nachfolge ringen. Schließlich wurde sie in einer sogenannten «Reichsordnung von Babylon» gefunden. Thronfolger wurde der Halbbruder Alexanders, Philipp III. Arrhidaios (323–317 v. Chr.), der den postum geborenen Sohn des Königs, Alexander IV. (317–311 v. Chr.) als Mitregenten akzeptieren musste. Ein Dreierkollegium übernahm die Regierungsgeschäfte. Philipp III. und Alexander IV., die niemals ägyptischen Boden betraten, starben beide eines gewaltsamen Todes.

Im Nilland leitete die Regierungsgeschäfte als Satrap einer der treuesten Freunde und Begleiter Alexanders des Großen, Ptolemäus (= der Kriegerische), der am Königshof Philipps II. in Pella erzogen worden war. 323 v. Chr. holte er kurzerhand den Leichnam des vergöttlichten Alexanders, der bereits unterwegs in die makedonische Königsnekropole war, nach Ägypten und bestattete ihn erst in Memphis, dann in einem Mausoleum im Bezirk des Königspalastes von Alexandria. Dieses Grab ist bis heute unentdeckt geblieben. Ptolemäus war in wesentlicher Funktion an der Aufteilung des riesigen Alexanderreichs beteiligt. Während seiner langen Satrapenzeit baute er Ägypten systematisch zum selbständigen Territorialstaat aus und verstand es dabei, durch eine kluge Außenpolitik seine Macht zu stärken und zu erweitern.

Im Jahre 306 rief sich Ptolemäus, dessen Beiname Soter (= der Retter) kultische Bedeutung hat, zum ägyptischen König aus, nahm den gleichen Thronnamen wie Alexander an und begründete mit diesem Schritt die fast drei Jahrhunderte währende Dynastie der Ptolemäer im Nilland. Neue Residenz wurde die Stadt Alexandria. Der gebildete König, der mit dem griechischen Dichter Menander im Briefwechsel stand, versuchte, seine Stadt zum kulturellen Mittelpunkt der hellenistischen Welt auszubauen. Er errichtete eine Bibliothek und gründete den Verein Museion, eine Vorstufe unserer Universitäten, wo Dichter und Gelehrte wirkten. Zu ihnen zählte der Mathematiker Euklid, dessen Lehrsatz heute Bestandteil jedes Mathematikunterrichts ist.

Ptolemäus I. respektierte die altägyptische Götterwelt, er förderte ihre Tempel und die Priesterschaft. Aus religionspolitischen Zielen führte er in Alexandria eine neue Gottheit, den Sarapis, ein. Dieser Gott, ursprünglich geschaffen aus einer theologischen Verbindung der Götter Osiris und Apis als eine Verkörperung aller verstorbenen heiligen Apisstiere, wurde jetzt von Ptolemäus mit stark hellenisierten Zügen zum Stadtgott der neuen Hauptstadt erklärt. Er sollte eine Gemeinsamkeit zwischen dem ägyptischen Bevölkerungsteil und den zahlreichen anderen Bewohnern aus aller Welt bewirken.

Ende des Jahres 282 v. Chr. verstarb der Baumeister des griechischen Ägypten, König Ptolemäus I., hochbetagt in Alexandria, nachdem er seinen Sohn Ptolemäus II. schon 284 v. Chr. zum Mitregenten erhoben hatte. Das Geschlecht der Ptolemäer bescherte dem Nilland zunächst eine späte Blüte, die mehr als ein Jahrhundert andauerte. Zahlreiche monumentale Tempel (Philae, Edfu, Dendera) und Städte wurden errichtet, der Leuchtturm von Alexandria auf der Insel Pharos, eines der sieben Weltwunder der Antike, unter Ptolemäus II. vollendet. Erst im 2. Jahrhundert v. Chr. begann der langsame Verfall des ptolemäischen Ägypten. Das Reich verlor allmählich seine Kolonien und Stützpunkte rund um das Mittelmeer, während Rom zur neuen Macht der antiken Welt aufstieg.

5. Ägypten wird römische Provinz

Als König Ptolemäus XI. Neos Dionysos (80–51 v. Chr.) starb, bestimmte er in seinem Testament unter der Garantie Roms seinen zehnjährigen Sohn Ptolemäus XII. und seine achtzehnjährige Tochter Kleopatra VIII. Philipator als Nachfolger (Zählung der ptolemäischen Könige und Königinnen nach Werner Huß). Doch versuchten der General Achillas und Pothinus, welche die Vormundschaft für Ptolemäus ausübten, sich Kleopatras zu entledigen. Gewarnt floh diese zuerst in die Thebais, dann nach Palästina. Von dort kam sie mit einem Söldnerheer zurück. Die weiteren Ereignisse bestimmte Rom. Dort war im Januar 49 v. Chr. ein Bürgerkrieg zwischen Gnaeus Publius Pompeius und Gaius Iulius Caesar ausgebrochen. In Griechenland fiel die Entscheidung. Nach der Schlacht von Pharsalus, die am 9. August 48 v. Chr. stattfand und die Caesar gewann, floh Pompeius mit seiner Familie nach Ägypten. Aber der Staatsrat von König Ptolemäus XII. hatte beschlossen, Pompeius zu beseitigen, um sich Caesar zum Freund zu machen. Als dieser dann zwei Tage später den Hafen von Alexandria erreichte, präsentierte man ihm den abgeschlagenen Kopf seines Gegners.

Caesar berief nun das königliche Geschwisterpaar zu sich. Als er zuerst die schöne und kluge Kleopatra kennenlernte, begann jene Romanze, die in Schauspiel, Filmen und zahlreichen Romanen die Phantasie der Menschen bis zum heutigen Tage beschäftigt. Ptolemäus XII., der später hinzukam, glaubte sich verraten und stürzte davon. Er und seine Hintermänner mobilisierten die ägyptische Armee und belagerten die Römer. In der kriegerischen Auseinandersetzung, die jetzt begann, fing die berühmte Bibliothek von Alexandria Feuer: Es verbrannten dort Hunderttausende von unersetzlichen Buchrollen. Caesar aber entschied den Kampf für sich, und der junge König Ptolemäus verlor sein Leben. Um die gesetzmäßige Doppelbesetzung des Throns zu bewahren, ordnete Caesar an, dass ein jüngerer Bruder der Kleopatra als Ptolemäus XIII. Philipator II. (47–44 v. Chr) an seine Stelle trat.

Die Liebesbeziehung zwischen Caesar und Kleopatra war indessen nicht ohne Folgen geblieben. Am 23. Juni 47 v. Chr. schenkte sie einem Knaben das Leben, den sie Kaisar nannte. Caesar hatte Ägypten zu diesem Zeitpunkt bereits verlassen, um andere außenpolitische Aufgaben wahrzunehmen. Im Jahr darauf reiste die politisch vorausschauende Kleopatra mit ihrem

Söhnchen und einem Hofstaat nach Rom. Sie wollte ihr Schicksal mit dem Caesars, des mächtigsten Mannes der damaligen Welt, verbinden. Mit Pracht und orientalischem Pomp zog sie in die Stadt ein und erregte bewundernden Abscheu bei den Römern. Eine Prunkvilla, die Caesar selbst für seine Geliebte ausgewählt hatte, stand der ägyptischen Königin als Residenz und Wohnsitz zur Verfügung.

Da geschah das Unvorstellbare: Am 15. März 44 v. Chr. fiel der Diktator während einer Senatssitzung einem republikanischen Mordanschlag zum Opfer. Bestürzt floh Kleopatra und kehrte nach Alexandria zurück, wo sie ihren Mitregenten Ptolemäus XIII., der kaum älter als 15 Jahre war, ermorden ließ. Dann setzte sie den dreijährigen Kaisar als Ptolemäus XIV. mit dem Kultnamen Philipator Philometor an dessen Stelle und erreichte seine Anerkennung durch Rom.

Im Bürgerkrieg zwischen der Partei der Caesarianer, an deren Spitze Marcus Antonius und Gaius Octavian, der Adoptivsohn Caesars, standen, und den Caesarmördern unter Führung von Marcus Iunius Brutus und Gaius Cassius Longinus blieb Kleopatra scheinbar neutral. In Wirklichkeit hatte sie über den römischen Senat erreicht, dass vier Legionen Soldaten für die Caesarianer aus Ägypten abgestellt wurden, die später aber auf die Seite des Gaius Cassius wechselten. Der Krieg wurde am 23. September 42 v. Chr. in der Doppelschlacht bei Philippi entschieden. Marcus Antonius und Gaius Octavian besiegten mit ihren Streitkräften die Legionen der Caesarmörder. Marcus Antonius, der dem aus dem Bürgerkrieg hervorgegangenen Triumvirat (= Dreimännerbund, der die Macht im Römischen Reich ausübte) zusammen mit Marcus Aemilius Lepidus und Gaius Octavian angehörte, hatte die östlichen Besitztümer des Staates neu zu ordnen und beorderte deshalb Kleopatra nach Tarsus. Sie erschien wirkungsvoll in einem prächtigen Schiff mit Purpursegel, dessen Kiel vergoldet war, sie selbst gleichsam eine Erscheinung der Göttin Aphrodite, «wie man sie von Malereien kennt» (Plutarch). Sie bezauberte und gewann Marcus Antonius, und es begann eine Liebesbeziehung, die 37 v. Chr. mit einer Heirat der beiden in Antiochia gekrönt wurde. Drei Kinder entstammten

dieser Verbindung. Aus römischem Besitz schenkte Antonius der
«Königin der Könige» Kreta, Kilikien, Phönizien und Syrien,
woraufhin es zu scharfen Auseinandersetzungen zwischen ihm
und Octavian kam. Octavian erreichte im Spätsommer 32
v. Chr. vom römischen Senat die Ächtung von Kleopatra und die
Kriegserklärung an Ägypten. Am 2. September 31 v. Chr. kam
es zur Seeschlacht bei Actium, in der ägyptische Schiffe und die
Geschwader des Marcus Antonius den römischen Seestreitkräf-
ten gegenüberstanden und die schließlich der Feldherr des Octavian dank der besseren Strategie gewann. Im Sommer 30 v. Chr.
rückte Octavian dann mit seinen Truppen von Westen her nach
Alexandria vor. Marcus Antonius, der nach der Seeschlacht von
Actium mit Kleopatra nach Ägypten zurückgekehrt war, stellte
sich zum Kampf. Es war der 1. August, als er an der Spitze seiner
Reitertruppen gegen Octavian vorging und das Gefecht gewann. Doch am nächsten Tag brach der Widerstand des Marcus
Antonius zusammen; seine Truppen hatten ihn im Stich gelassen. Er floh in die Stadt zurück. Dort wurde ihm irrtümlich die
Nachricht überbracht, dass Kleopatra Selbstmord begangen
habe. Jetzt schien für Marcus Antonius alles verloren. Er zog
sein Schwert und durchbohrte sich. Den Schwerverletzten
brachte man zu Kleopatra, die sich in ihr Mausoleum zurückge-
zogen hatte: Er starb in ihren Armen. Wenig später setzte die
ägyptische Königin ihrem Leben durch Gift ein Ende. Ihr Sohn
und Mitregent Ptolemäus Kaisar wurde auf der Flucht nach Indien ergriffen und hingerichtet.

Ägypten war von jetzt ab Provinz des römischen Weltreichs.

Korrigierte Zeittafel

In der 5. Auflage ist die Übersicht über die Dynastien und
Könige falsch gedruckt worden. Sie wird hiermit richtiggestellt.
Wir bitten unsere Leser, das Versehen zu entschuldigen.

Dynastien und Könige

3150–3000 v. Chr.	Dynastie 0	Narmer eint Ägypten zu einem Staatswesen. Vor Narmer etwa zehn Könige.
3000–2657 v. Chr.	1.–2. Dynastie	Aha (= Menes), Djer, Wadji, Den (Königin Meritneith) Es folgen drei Könige der 1. und vier Herrscher der 2. Dynastie. Peribsen, Chasechemui
2657–2590 v. Chr.	3. Dynastie	Nebka, Djoser (Horus Netjerichet), Sechemchet, Chaba, Huni
2590–2456 v. Chr.	4. Dynastie	Snofru, Cheops, Djedefre, Baka, Chefren, Mykerinos, Schepseskaf
2456–2297 v. Chr.	5. Dynastie	Userkaf, Sahure, Neferirkare, Neferefre, Schepseskare, Niuserre, Menkauhor, Djedkare (Asosi), Unas
2297–2166 v. Chr.	6. Dynastie	Teti, Userkare, Pepi I., Merenre, Pepi II., Nemtiemsaf, Königin Nitokris
2166–2120 v. Chr.	7.–8. Dynastie	Erste Zwischenzeit. Die Namen der rasch aufeinander folgenden Könige sind zeitlich schwer einzuordnen.
2120–1976 v. Chr.	9.–11. Dynastie	Könige in Herakleopolis und Theben
2020 v. Chr.	Vereinigung des Reiches	Montuhotep I. Nebhepetre, Montuhotep II. Seanchkare, Montuhotep III. Nebtauire
1976–1793 v. Chr.	12. Dynastie	Amenemhat I., Sesostris I., Amenemhat II., Sesostris II., Sesostris III., Amenemhat III., Amenemhat IV., Königin Nofrusobek

1793–1540 v. Chr.	13.–17. Dynastie	Zweite Zwischenzeit
1540–1292 v. Chr.	18. Dynastie	Ahmose, Amenophis I., Thutmosis I., Thutmosis II., Königin Hatschepsut, Thutmosis III., Amenophis II., Thutmosis IV., Amenophis III., Amenophis IV. (Echnaton), Königin Meritaton und Semenchkare, Tutanchamun, Aja, Haremhab
1292–1186 v. Chr.	19. Dynastie	Ramses I., Sethos I., Ramses II., Merenptah, Sethos II., Amunmesse, Siptah, Tausret
1186–1070 v. Chr.	20. Dynastie	Sethnacht, Ramses III., Ramses IV. bis Ramses XI.
1070–945 v. Chr.	21. Dynastie	Smendes, Amenemnisu, Psusennes I., Amenemope, Osorkon d. Ältere, Siamun, Psusennes II.
945–722 v. Chr.	22. Dynastie	Scheschonk I., Osorkon I. (Mitregent Scheschonk II.), Takelot I., Osorkon II., Takelot II., Scheschonk III. Zwei weitere ephemere Könige parallel mit der 23. Dynastie
808–715 v. Chr.	23. Dynastie	Die Dynastie besteht aus einer Nebenlinie der 22. Dynastie. Pedubastis
727–711 v. Chr.	24. Dynastie	Tefnacht
716–656 v. Chr.	25. Dynastie	Pije, Schabaka, Schebitku, Taharqa, Tanutamun Herrschaft der Assyrer
664–525 v. Chr.	26. Dynastie	Psammetich I., Necho, Psammetich II., Apries, Amasis, Psammetich III.
525–404 v. Chr.	27. Dynastie	Kambyses, Darius I., Xerxes, Artaxerxes, Darius II.
404–399 v. Chr.	28. Dynastie	Amyrtaios
399–380 v. Chr.	29. Dynastie	Nefaarud (Nepherites I.), Hakor (Achoris), Nepherites II.
380–343 v. Chr.	30. Dynastie	Nachtnebef I. (Nektanebos I.), Djedhor (Tachos), Nachthorehbit (Nektanebos II.)
343–332 v. Chr.	31. Dynastie	Artaxerxes III. Ochos, Arses, Darius III.
332–323 v. Chr.		Alexander der Große
323–317 v. Chr.		Philipp III. Arrhidaios
317–311 v. Chr.		Alexander IV.
306–30 v. Chr.		Ptolemäische Könige
30 v. Chr.		Ägypten wird Teil des Römischen Weltreichs.

Dynastien und Könige

3150–3000 v. Chr.	Dynastie 0	Narmer eint Ägypten zu einem Staatswesen. Vor Narmer etwa zehn Könige.
3000–2657 v. Chr.	1.–2. Dynastie	Aha (= Menes), Djer, Wadji, Den (Königin Meritneith)
2657–2590 v. Chr.	3. Dynastie	Es folgen drei Könige der 1. und vier Herrscher der 2. Dynastie.
2590–2456 v. Chr.	4. Dynastie	Peribsen, Chasechemui
2456–2297 v. Chr.	5. Dynastie	Nebka, Djoser (Horus Netjerichet), Sechemchet, Chaba, Huni
2297–2166 v. Chr.	6. Dynastie	Snofru, Cheops, Djedefre, Baka, Chefren, Mykerinos, Schepseskaf
2166–2120 v. Chr.	7.–8. Dynastie	Userkaf, Sahure, Neferirkare, Neferefre, Schepseskare, Niuserre, Menkauhor, Djedkare (Asosi), Unas
2120–1976	9.–11. Dynastie	Teti, Userkare, Pepi I., Merenre, Pepi II., Nemtiemsaf, Königin Nitokris
2020 v. Chr.	Vereinigung des Reiches	Erste Zwischenzeit. Die Namen der rasch aufeinander folgenden Könige sind zeitlich schwer einzuordnen.
1976–1793 v. Chr.	12. Dynastie	Könige in Herakleopolis und Theben.
1793–1540 v. Chr.	13.–17. Dynastie	Montuhotep I. Nebhepetre, Montuhotep II. Seanchkare, Montuhotep III. Nebtauire
1540–1292 v. Chr.	18. Dynastie	Amenemhat I., Sesostris I., Amenemhat II., Sesostris II., Sesostris III., Amenemhat III., Amenemhat IV., Königin Nofrusobek
1292–1186 v. Chr.	19. Dynastie	Zweite Zwischenzeit
1186–1070 v. Chr.	20. Dynastie	Ahmose, Amenophis I., Thutmosis I., Thutmosis II., Königin Hatschepsut, Thutmosis III., Amenophis II., Thutmosis IV., Amenophis III., Amenophis IV. (Echnaton), Königin Meritaton und Semenchkare, Tutanchamun, Aja, Haremhab

1070–945 v. Chr.	21. Dynastie	Ramses I., Sethos I., Ramses II., Merenptah, Sethos II., Amunmesse, Siptah, Tausret
945–722 v. Chr.	22. Dynastie	Sethnacht, Ramses III., Ramses IV. bis Ramses XI.
808–715 v. Chr.	23. Dynastie	Smendes, Amenemnisu, Psusennes I., Amenemope, Osorkon d. Ältere, Siamun, Psusennes II.
727–711 v. Chr.	24. Dynastie	Scheschonk I., Osorkon I. (Mitregent Scheschonk II.), Takelot I., Osorkon II., Takelot II., Scheschonk III.
716–656 v. Chr.	25. Dynastie	Zwei weitere ephemere Könige parallel mit der 23. Dynastie
664–525 v. Chr.	26. Dynastie	Die Dynastie besteht aus einer Nebenlinie der 22. Dynastie.
525–404 v. Chr.	27. Dynastie	Pedubastis
404–399 v. Chr.	28. Dynastie	Tefnacht
399–380 v. Chr.	29. Dynastie	Pije, Schabaka, Schebitku, Taharqa, Tanutamun
380–343 v. Chr.	30. Dynastie	Herrschaft der Assyrer
343–332 v. Chr.	31. Dynastie	Psammetich I., Necho, Psammetich II., Apries, Amasis, Psammetich III.
332–323 v. Chr.		Kambyses, Darius I., Xerxes, Artaxerxes, Darius II.
323–317 v. Chr.		Amyrtaios
317–311 v. Chr.		Nefaarud (Nepherites I.), Hakor (Achoris), Nepherites II.
306–30 v. Chr.		Nachtnebef I. (Nektanebos I.), Djedhor (Tachos), Nachthorehbit (Nektanebos II.)
30 v. Chr.		Artaxerxes III. Ochos, Arses, Darius III. Alexander der Große Philipp III. Arrhidaios Alexander IV. Ptolemäische Könige Ägypten wird Teil des Römischen Weltreichs.

Weiterführende Literatur

Nachschlagewerke: Dodson, Aidan/Hilton Dyan: The Complete Royal Families of Ancient Egypt, Kairo 2004. – Lexikon der Ägyptologie, 7 Bde, Wiesbaden 1975–1992. – Redford, Donald B. (Hrsg.): The Oxford Encyclopedia of Ancient Egypt, 3 Bde, Kairo 2001. – Schneider, Thomas: Lexikon der Pharaonen, München 1996. – Wilkinson, Richard H.: The Complete Gods and Goddesses of Ancient Egypt, Kairo 2003.

Gesamtdarstellungen: Assmann, Jan: Ägypten. Eine Sinngeschichte, München/Wien 1996. – Beckerath, Jürgen von: Chronologie des Pharaonischen Ägypten. Die Zeitbestimmung der ägyptischen Geschichte von der Vorzeit bis 332 v. Chr., Mainz 1997. – Clauss, Manfred: Das Alte Ägypten, Berlin 2001. – Hornung, Erik: Grundzüge der Ägyptischen Geschichte, Darmstadt ⁴1992. Hornung, Erik/Krauss, Rolf/Warburton, David A. (Hrsg.): Ancient Egyptian Chronology. Handbook of Oriental Sudies. Section 1: The Near and Middle East, Leiden/Köln 2006. – Schlögl, Hermann A.: Das Alte Ägypten. Geschichte und Kultur von der Frühzeit bis zu Kleopatra, München 2006. – Scholz, Piotr O.: Altes Ägypten, Köln 1996.

Darstellungen einzelner Epochen: Adams, Barbara/Cialowicz, Krzysztof M.: Protodynastic Egypt, Shire Egyptology 25, Buckinghamshire 1997. – Grimm, Alfred/Schlögl, Hermann A.: Das thebanische Grab 136 und der Beginn der Amarnazeit, Wiesbaden 2005. – Grimm, Alfred/Schoske, Sylvia: Am Beginn der Zeit. Ägypten in der Vor- und Frühzeit, München 2000. – Dies.: Das Geheimnis des goldenen Sarges. Echnaton und das Ende der Amarnazeit, München 2001. – Helck, Wolfgang: Das Grab Nr. 55 im Königsgräbertal, Mainz 2001. – Hölbl, Günther: Geschichte des Ptolemäerreiches, Darmstadt 1994. – Hornung, Erik/Staehelin, Elisabeth: Neu Studien zum Sedfest, Basel 2006. – Huß, Werner: Ägypten in hellenistischer Zeit 332–30 v. Chr., München 2001. – Mysliwiece, Karol: Herr Beider Länder. Ägypten im 1. Jahrtausend v. Chr., Mainz 1998. – Ockinga, Boyo G.: A Tomb from Reign of Tutankhamun at Akhmim, Warminster 1997. – Schlögl, Hermann A.: Nofretete. Die Wahrheit über die schöne Königin, München ²2013. – Verner, Miroslav: Die Pyramiden, Reinbek 1998. – Wedel, Carola: Nofretete und das Geheimnis von Amarna, Mainz 2006. – Wildung, Dietrich (Hrsg.): Ägypten 2000 v. Chr. Die Geburt des Individuums, München 2000. – Wilkinson, Toby A. H.: Early Dynastic Egypt, London–New York 1999.

Religion: Assmann, Jan: Tod und Jenseits im Alten Ägypten, München 2001. – Hornung, Erik: Der Eine und die Vielen. Altägyptische Götterwelt,

6., vollständig überarbeitete und erweiterte Auflage, Darmstadt 2005. – Ders.: Echnaton. Die Religion des Lichtes, Zürich/München 1995.

Landeskunde und Beziehungen zum Ausland: Baines, John/Málek, Jaromír: Weltatlas der alten Kulturen. Ägypten, München 1980. – Helck, Wolfgang: Die Beziehu~~~~~ Ägyptens zu Vorderasien im 3. und 2. Jahrtausend, Wiesbaden ²1971. – Keel, ~~~~~~ Küchler, Max: Herders Grosser Bibelatlas, Freiburg 2002. – Loprieno, Antonio: Topos und Mimesis. Zum Ausländer in der ägyptischen Literatur, Wiesbaden 1988. – Schneider, Thomas: Asiatische Personennamen in ägyptischen Quellen des Neuen Reiches, Freiburg/Göttingen 1992. – Ders., Die ausländische Bevölkerung, Wiesbaden 2003. – Willeitner, Joachim: Nubien. Antike Monumente zwischen Assuan und Khartum, München 1997.

Archäologische und textliche Quellen (in Übersetzungen): Assmann, Jan: Ägyptische Hymnen und Gebete, Zürich/München 1975. – Grimm, Alfred/Schoske, Sylvia: Stimmen vom Nil. Altägypten im Spiegel seiner Texte, München 2002. – Hornung, Erik: Das Totenbuch der Ägypter, Zürich/ München 1979. – Ders.: Ägyptische Unterweltsbücher, Zürich/München ²1984. – Ders.: Altägyptische Dichtung, Stuttgart 1996. – Schlögl, Hermann A.: Gärten der Liebe. Lyrik aus der Zeit der Pharaonen, Düsseldorf 2000.

Architektur und Kunst: Arnold, Dieter: Die Tempel Ägyptens, Zürich/München 1992. – Brandl, Helmut: Die Privatstatuen der Dritten Zwischenzeit. Untersuchungen zu Typologie, Ikonografie und Stilistik der Zeit, Wiesbaden 2008. – Hornung, Erik: Das Tal der Könige, München 2002. – Stadelmann, Rainer: Die ägyptischen Pyramiden. Vom Ziegelbau zum Weltwunder, Mainz ²1991. – Wildung, Dietrich: Ägypten. Von der prähistorischen Zeit bis zu den Römern, Köln 2001. – Wolf, Walther: Die Kunst Ägyptens, Stuttgart 1957.

Arbeit und Gesellschaft: Bresciani, Edda: An den Ufern des Nil. Alltagsleben zur Zeit der Pharaonen, Stuttgart 2002. Valbelle, Dominique/Gout, Jean-François: Les Artistes de la Vallée des Rois, Paris 2002.

Nachwirken: Hornung, Erik: Das esoterische Ägypten. Das geheime Wissen der Ägypter und sein Einfluß auf das Abendland, München 1999. – Staehelin, Elisabeth/Jaeger, Bertrand (Hrsg.): Ägypten-Bilder, Freiburg/Göttingen 1997. – Syndram, Dirk: Ägypten – Faszination. Untersuchungen zum Ägyptenbild im europäischen Klassizismus bis 1800, Frankfurt am Main/ Bern/New York/Paris 1990. – Tietze, Christian: Die Pyramide. Geschichte – Entdeckung – Faszination, Weimar/Berlin 2005.

Dr. Anja Schemionek

Cranberry

Die Powerfrucht für mehr Gesundheit

Dr. Anja Schemionek ist Diplom-Biologin und Wissenschaftsredakteurin. Sie arbeitet als freie Autorin, Dozentin und Lektorin vor allem im Themenkreis Gesundheit. Aus persönlicher Überzeugung widmet sie sich ganz besonders den ganzheitlichen und natürlichen Heilmethoden.

Inhalt

Ein wichtiger Hinweis für unsere Leserinnen und Leser:

Bei der Erstellung dieses Buches haben der Verlag und die Autorin intensiv recherchiert und darauf geachtet, dass die genutzten Quellen aktuell und seriös waren. Da die Wissenschaft in ständiger Weiterentwicklung ist, können die in diesem Buch dargestellten Erkenntnisse natürlicherweise nur den Wissensstand zum Recherchezeitpunkt abbilden.

Weiterhin sind alle Angaben im Buch als Informationen und Anregungen zur Unterstützung der Gesundheit zu verstehen. Weder die Autorin noch der Verlag können Angaben machen, die eine Beratung oder Behandlung durch Ärzte oder Heilpraktiker ersetzen. Wenn sich aus der praktischen Umsetzung der in diesem Buch vorgestellten Informationen etwaige Probleme oder Schäden ergeben, können Verlag und Autorin keinerlei Haftung dafür übernehmen. Jede Leserin und jeder Leser sollten in eigener Verantwortung entscheiden, wie mit den Informationen dieser Publikation umzugehen ist.

Nehmen Sie die Warnungen und Hinweise im Text ernst. Sprechen Sie, insbesondere wenn Sie erkrankt sind, mit Ihren Therapeuten über die Anwendung von Cranberry-Produkten und die hier dargestellten wissenschaftlichen Erkenntnisse.

1

Cranberrys – die jungen, prallen „Rothäute" aus Amerika

Cranberry – das klingt doch recht ungewöhnlich, ein wenig nach Kindergarten, Amerika und viel bunter Beerenfrucht. Tatsächlich sind Cranberrys knallrot, ungefähr so groß wie kleine Kirschen, und – man glaubt es kaum – sie können „hüpfen" (mehr dazu auf Seite 10), da passen diese Assoziationen wirklich gut. Doch man kann auch an etwas ganz anderes denken, nämlich an den Kran, der Leitungswasser ins Waschbecken laufen lässt. Und vom Kran sind wir dann nicht mehr weit weg vom Kranich, der wohl tatsächlich Pate stand für diesen Pflanzennamen. Denn Cranberrys heißen vermutlich so, weil die frühen amerikanischen Siedler, die Pilgrim Fathers, die im 17. Jahrhundert aus Europa in die „Neue Welt" aufgebrochen waren, von den Blüten der Pflanzen an Kraniche erinnert wurden und sie „crane berry" (Kranichbeere) nannten. Diese zwei Worte verschmolzen mit der Zeit miteinander und heraus kam die heutige Cranberry – so wird es zumindest in Amerika erzählt. Doch es kann schon stimmen, denn die Blüten haben durchaus eine Form, die an die gebogene Kopf- und Halshaltung der Kraniche erinnern kann.

Wie die Pflanze sonst aussieht und wächst, darüber verrät diese amerikanische Bezeichnung nichts. Auch die deutsche Bezeichnung Kranbeere, die genauso auf den Vogel verweist, hilft nicht weiter. Anders jedoch der alternative deutsche Name „Großfrüchtige Moosbeere", er sagt schon viel mehr aus: Ihre Beeren sind demnach groß und die Pflanzen sehen ein bisschen aus wie ein dichter Moosteppich, weil sie mit ihren bis zu zwei Meter langen Zweigen

kriechend wachsen und den Boden mit einem grünen Teppich überziehen. Daher werden sie auch nur 15 bis maximal 25 cm hoch.

Die Cranberry-Pflanzen lieben und brauchen sauren, humosen und nährstoffarmen Boden, um sich wohl zu fühlen und viele Beeren zu bilden. Manche wachsen daher in oder nahe bei Mooren und anderen Feuchtgebieten, meist im US-amerikanischen Norden in den Bundesstaaten Minnesota, Wisconsin, Michigan, Massachusetts, New Jersey, Connecticut, Oregon und Washington. Cranberrys sind zwar winterhart, dennoch können sie sich Frostschäden zuziehen. Auffallend ist, dass sie mit sinkenden Temperaturen ihre grüne Blätterfarbe ins Rötliche wechseln, und auch die Beeren werden erst richtig rot, wenn sie etwas Frost abbekommen haben. Die Pflanze ist also auch im Winter ein echter Hingucker. Wer sie in seinem Garten auf saurem Boden anbauen kann, der wird viel Freude an ihr haben, wenn er denn trotzdem für ein bisschen Winterschutz sorgt.

Die botanische Bezeichnung der Cranberry ist Vaccinium macrocarpon. Sie zeigt uns mit ihrem ersten Namensteil ihre direkte Verwandtschaft zu unseren heimischen Beeren, zum Beispiel der Preiselbeere (Vaccinium vitis-idaea), der Heidelbeere (Vaccinium myrtillus) und der Letzteren zum Verwechseln ähnlichen Rauschbeere (Vaccinium uliginosum). Der bei allen gleiche erste Namensteil besagt, dass sie alle zu ein und derselben Pflanzengattung gehören. Daher rührt sicher auch die häufig auf frischen Cranberrys zu findende Bezeichnung „Kulturpreiselbeere", die eine reine Erfindung von Werbe- und Verkaufsstrategen ist. Die ist botanisch schlicht falsch und irreführend für die Verbraucher, denn die Cranberry ist keine hochgezüchtete Form der Preiselbeere mit besonders großen Früchten, wie damit suggeriert wird. Die Cranberry ist eine eigene Art, die ursprünglich aus Amerika kommt und in den letzten Jahren auch bei uns immer häufiger als frisches Obst im Supermarkt anzutreffen ist. Dass es sich bei den Cranberrys eben nicht um Preiselbeeren handeln kann, das merkt man ganz deutlich an den sehr unterschiedlichen Geschmacksausrichtungen der beiden Beerenarten – Preiselbeeren sind im Vergleich deutlich süßer als Kranbeeren. Und nicht zuletzt kann man den Unterschied auch sehen: Die Cranberry ist dreimal so groß wie ihre europäische Verwandte. Und wenn man die Beeren aufschneidet und von innen betrachtet, dann fällt auf, dass die Cranberrys „Luftkammern" in ihren Früchten haben, die man bei den viel kleineren Preiselbeeren nicht findet.

Die Luftkammern der roten Früchte sind für die Ernte der Cranberrys von entscheidendem Vorteil. Da, wo unsere heimischen Beeren mühsam gepflückt werden müssen, können die in Amerika großflächig angebauten Cranberrys durch ihre Luftkammern ganz anders geerntet werden: Dafür werden die Cranberry-Felder mit Wasser geflutet. Durch Wasserstrudel, die mit speziellen Maschinen direkt über den Pflanzen erzeugt werden, lösen sich die Beeren von den Ästen und schwimmen, wenn das Wasser wieder ruhig geworden ist, durch ihre Luftkammern oben auf. Sie können dann einfach abgeschöpft werden. Diese „Nass-ernte" liefert wunderbare Bilder von Millionen der roten, prallen Früchtchen schwimmend auf großen Wassermassen: ein wirklich rotes Meer! Wo Nassernten aufgrund von technisch ungünstigen Bedingungen nicht möglich sind, da kommt die Trockenernte mit einer kleinen Art von „Mähdrescher" zum Einsatz. Diese ist jedoch deutlich uneffektiver als die spektakuläre Nassernte.

Es gibt noch eine weitere Bearbeitungsmethode der kleinen Beeren, die ebenso Aufsehen erregend ist wie diese Art zu ernten. Sie wird zur Qualitätskontrolle der Beeren eingesetzt, denn nur intakte Bee-ren sollen als frisches Obst in den Handel kommen. Bei der Ernte gequetschte, geplatzte oder sonst kaputte Beeren können damit aussortiert werden und gleich in die Kompott-Produktion gehen. Diese Qualitätskontrolle ist ein Beeren-Sprung-Test! Tatsächlich gibt es Maschinen, die die dicken „Roten" hüpfen lassen. Da sie ja Luft-kammern enthalten, springen intakte Beeren wie kleine luftgefüllte Gummibälle. Und die Maschine lässt nur die in die Obstkisten, die noch springen können, die „Nicht-Hüpfer" wandern in den Kochtopf. Sie glauben es nicht? Es stimmt aber! Im Land der unbegrenzten Möglichkeiten ist auch massenhafter „Beerenhochsprung" machbar!

Die Cranberrys sind also gar keine neuen und exotischen Früchte, wie es in der Werbung immer mal wieder dargestellt wird. Wie die Geschichte ihres Namens mit den Pilgrim Fathers zeigt, kannten und schätzten schon die Indianer diese Beeren. Sie waren für die Ureinwohner Nordamerikas eine willkommene Nahrung, denn die Cranberrys reifen mancherorts erst relativ spät im Jahr und können dort dann sogar noch von den frostigen Ästen im Spätherbst geerntet werden. Und die kugeligen Beeren halten sich im Allgemeinen auch sehr lange frisch. Die Cranberrys waren also eine gute Möglichkeit für die Naturbewohner, in der ersten Zeit des Winters noch ein gehaltvolles Obst zu bekommen. Und gehaltvoll sind die kleinen, roten Beeren wirklich. Sie enthalten Vitamine & Co., und zu jenen Zeiten konnten diese dem Körper in den Wintermonaten schnell fehlen.

Cranberrys gehörten auch in die Ausrüstung der Medizinmänner bei den Indianern, um das Immunsystem wieder auf Vordermann

zu bringen und manches andere Zipperlein zu behandeln. Doch beileibe nicht nur die Vitamine halfen den Ureinwohnern, gesund zu bleiben, da steckt noch sehr viel mehr Gesundes in den roten Früchtchen, darüber wird auf den kommenden Seiten noch oft die Rede sein. Denn die moderne Wissenschaft hat herausgefunden, was die Beeren für Tausendsassas sind und dass die alten Indianer und ihre Medizinmänner einmal mehr Recht hatten damit, diese Beeren als Nahrungsmittel und Naturarznei zu nutzen.

Thanksgiving in den USA

Thanksgiving in den USA ist nicht gleichzusetzen mit dem europäischen, christlich geprägten Erntedankfest (das übrigens ebenso christlich in Kanada gefeiert wird). In den USA ist dieser staatliche Feiertag weltlich orientiert und wird immer am vierten Donnerstag im November gefeiert. Es ist ein Familien- und Freundeskreis-Fest, alle kommen zusammen. Teilweise reisen die Amerikaner dafür Hunderte Kilometer weit an. Sie treffen sich an einem großen Tisch und es gibt – alle Jahre wieder – ganz „Thanksgiving-charakteristische" Speisen: Meist wird typischerweise ein gebratener Truthahn serviert. Das ist so bekannt, dass dieser Vogel sogar als Symbol für Thanksgiving gilt. Alternativ oder zusätzlich kann es aber auch anderes Fleisch oder für die Vegetarier Tofu-Gerichte geben. Und danach reicht man Cranberry-Kompott. Aber nicht nur, auch andere Desserts und Süßspeisen sind dabei. Die Tische quellen fast über vor Lebensmitteln.

Anders als an Weihnachten gibt es jedoch keine Geschenke, man konzentriert sich ganz auf sich und seine Liebsten um sich herum. Die Menschen denken über das vergangene Jahr nach und danken für das, was besonders schön und gut war. In manchen Kreisen ist es üblich, an Thanksgiving Spiele zu spielen oder andere Bräuche zu pflegen. Nicht zu vergessen: Die große Thanksgiving-Parade in New York ist für viele Amerikaner auch Bestandteil ihres Feiertags – an den meisten Orten natürlich nur im Fernsehen.

Warum die Cranberrys in den USA auch heute noch so große Bedeutung haben, das geht ebenfalls auf die Pilgrim Fathers zurück, die ersten Siedler in Amerika, die aus Europa in die „Neue Welt" aufgebrochen waren. Sie sollen der Legende nach zusammen mit den Indianern ein großes Dankesfest gefeiert haben, damals im 17. Jahrhundert. Denn die neuen Siedler waren sehr froh, dass die Indianer ihnen in der ersten Zeit im neuen Land geholfen hatten zu überleben. Und dabei sollen auch die Cranberrys eine Rolle gespielt haben. So ist Cranberry-Kompott, bei den Amerikanern als Soße (sauce) bezeichnet, denn auch heute noch in den USA an jedem Thanksgiving-Fest fast überall auf den Tischen zu finden, als Nachtisch nach dem traditionellen Gericht mit einem großen Truthahn.

2

Sauer macht lustig? Die roten Früchtchen haben es in sich!

Cranberrys zeigen, obwohl sie herb und säuerlich schmecken, auch gleichzeitig eine gewisse Süße, das merkt, wer sie kaut und intensiv nachschmeckt. Das Süße kommt natürlich vom Zuckergehalt der Beeren. Vor allem Glukose (Traubenzucker) steckt in ihnen – das ist für Diabetiker (Zuckerkranke) eine wichtige Information, da sie auf diesen Zucker besonders achten müssen. Saccharose (Haushaltszucker) und Fruktose (Fruchtzucker) kommen hingegen

Inhaltsstoffe der Cranberry		pro 100g	Einheit
	Wasser	87.13	g
	Energie	46	kcal
	Energie	194	kJ
	Protein	0.39	g
	Fett gesamt	0.13	g
	Kohlenhydrate	12.20	g
	Ballaststoffe	4.6	g
Zucker			
	gesamt	4.04	g
	Glukose	3.28	g
	Fruktose	0.63	g
	Saccharose	0.13	g
Mineralien			
	Calcium	8	mg
	Eisen	250	µg
	Magnesium	6	mg

		pro 100g	Einheit
	Phosphor	13	mg
	Kalium	85	mg
	Natrium	2	mg
	Zink	100	µg
	Kupfer	61	µg
	Mangan	360	µg
	Selen	0,1	µg
Vitamine			
	Vitamin A	60	IE
	Vitamin B1 (Thiamin)	0.012	mg
	Vitamin B2 (Riboflavin)	0.020	mg
	Niacin	0.101	mg
	Pantothensäure	0.295	mg
	Vitamin B6 (Pyridoxin)	0.057	mg
	Folsäure	1	µg
	Vitamin C (Ascorbinsäure)	13.3	mg
	Vitamin E (Alpha-tocopherol)	1.20	mg
	Gamma-Tocopherol	0.04	mg
	Vitamin K	5.1	µg
	Cholin	5.5	mg
	Betaine	0.2	mg
	Beta-Carotin	36	µg
	Lutein und Zeaxanthin	91	µg
Fettsäuren			
	gesättigte Fettsäuren	11	mg
	einfach ungesättigte Fettsäuren	18	mg
	mehrfach ungesättigte Fettsäuren	55	mg
	Cholesterin	0	mg
Aminosäuren			
	Tryptophan	3	mg
	Threonin	28	mg
	Isoleucin	33	mg

	pro 100g	Einheit
Leucin	53	mg
Lysin	39	mg
Methionin	3	mg
Cystin	3	mg
Phenylalanin	36	mg
Tyrosin	32	mg
Valin	45	mg
Arginin	56	mg
Histidin	18	mg
Alanin	49	mg
Asparaginsäure	188	mg
Glutaminsäure	146	mg
Glycin	48	mg
Prolin	31	mg
Serin	51	mg

Quelle: USDA National Nutrient Database for Standard Reference, 2009, verändert
1 g = 1.000 mg, 1 mg = 1.000 µg

nur relativ wenig vor, was wiederum für Menschen interessant ist, die Fruktose nicht vertragen (Fruktose-Intoleranz) und nach dem Essen von fruktosereichen Früchten Probleme mit dem Darm bekommen.

Die Zuckerzusammensetzung der Cranberrys ist wohl auch ein Grund für den Geschmacksunterschied zwischen der Kranbeere und ihren Verwandten, den Preiselbeeren und den Heidelbeeren. Die beiden hier heimischen Beerenarten enthalten neben etwa gleichviel Glukose deutlich mehr Fruchtzucker. Da der eine stärkere Süßkraft als normaler Zucker hat, macht sich das Mehr in den Beeren natürlich bemerkbar, sie schmecken deutlich süßer. Bei den Cranberrys hingegen kommt es so zu dem vorherrschenden säuerlichen Geschmack. Oft wird das schon bei der Herstellung von getrockneten Cranberrys ausgeglichen, indem zusätzlich Zucker oder auch andere Süßungsmittel hinzugegeben werden. Das verändert den Geschmack natürlich sehr. Wem daran gelegen ist, den puren Cranberry-Geschmack ohne Zusatzzucker (und Zusatzkalorien!) zu haben, der sollte immer auf die Zutatenliste des Produktes schauen, dort muss jede zusätzliche Süße angegeben sein. Lässt sich auf der Verpackung der getrockneten Beeren jedoch gar keine Zutatenliste finden, dann kann man davon ausgehen, dass es sich um ungesüßte Trockenfrüchte handelt.

Für Mineralstoffe ist die Cranberry keine wirklich überzeugende Quelle. Anders jedoch bei den Vitaminen! Vitamin C zum Beispiel enthält die Beere richtig viel: Mit 100 g Beeren hat man mehr als ein Zehntel des Tagesbedarfes schon zu sich genommen! Jedes Kind weiß, dass Vitamin C für das Immunsystem und das Gesundbleiben unerlässlich ist. Doch auch andere Zellen und Organe im Körper braucht dieses Vitamin unbedingt: Die Augenlinse enthält viel von diesem Stoff, das Bindegewebe ist darauf angewiesen, denn ohne Vitamin C kein Kollagen, was uns so elastisch hält. Auch Gelenke und Knorpel brauchen Vitamin C. Und nicht zu vergessen: Das Blut kann nur mithilfe von Vitamin C so schön rot aussehen, denn die Eisenaufnahme für den Blutfarbstoff Hämoglobin ist abhängig von diesem Vitamin! Und damit noch lange nicht genug! Es gibt noch sehr viele andere Einsatzbereiche für dieses vielseitige Vitamin. Eine davon ist besonders wichtig: seine Wirkung gegen freie Radikale (siehe Kasten Seite 18). Denn Vitamin C ist eines der wichtigsten Antioxidantien, die wir haben, um uns gegen diese zerstörerischen Teilchen zu schützen!

Achtung, die Radikalen sind los!

Radikale – die kennt man aus dem Fernsehen, sei es zum Beispiel als radikale Partei oder als Schlägertrupps, die bei Demonstrationen oder Fußballspielen kräftig zuschlagen. Doch die hier gemeinten freien Radikalen haben mit jenen nur eines gemeinsam: Sie sind aggressiv. Freie Radikale, die im Körper vorkommen, sind kleine Teilchen (Moleküle), die andere Moleküle oder Strukturen angreifen und zerstören können. Und damit ist ihr böses Wirken leider noch nicht zu Ende. Denn die Teilchen, die von Radikalen angegriffen werden, werden oft selbst zu Radikalen und greifen wiederum andere an, meist ihre direkten Nachbarn. Es kommt zu einer Welle der Zerstörung, wenn die freien Radikale nicht wirksam bekämpft werden können und das die gut geordneten chemischen Abläufe in Zellen durcheinanderbringen oder lahmlegen, das genetische Material im Zellkern schädigen und sogar ganze Zellen und Zellverbände abtöten. Leicht vorstellen kann man sich, dass diese durch freie Radikale ausgelösten Vorgänge schädlich für den Körper sind. Tatsächlich sind Radikalschäden Teil der Entstehung vieler ernster Krankheiten. Zum Beispiel werden als ein

Hintergrund bei der Krebsentstehung die Schäden am genetischen Material DNA durch freie Radikale angenommen. Doch auch bei der Arteriosklerose, der Demenzentstehung und vielen anderen Erkrankungen machen Fachleute freie Radikale mit verantwortlich.

Wo kommen die schädlichen Teilchen her? Umweltbelastungen sind dabei wichtig. Das Rauchen von Zigaretten, Pfeifen oder anderem erzeugt zum Beispiel in großen Mengen freie Radikale. Auch Industrie und andere Abgase setzen diese Teilchen frei. Eine weitere Quelle ist UV-Licht, das Bestandteil des Sonnenlichts ist oder in Solarien eingesetzt wird, aber auch radioaktive oder Röntgen-Strahlung produziert zum Beispiel freie Radikale.

Zum Glück hat der Körper eigene Taktiken entwickelt, um gegen ein Übermaß dieser Schädlinge vorzugehen, denn er ist eigentlich an sie gewöhnt. In kleinen Mengen braucht er sie sogar, zum Beispiel sind freie Radikale unabdingbar als Abwehrwaffe im Immunsystem und auch bei der Energiegewinnung des Menschen. Dafür produziert der Körper diese aggressiven Teilchen selbst. Gleichzeitig hat er jedoch geeignete Maßnahmen getroffen, damit er sie in Schach halten kann. Seine Schutzschilde sind die sogenannten Antioxidantien. Dazu gehören zahlreiche Vitamine, einige Spurenelemente sowie spezielle Pflanzenstoffe – sie alle können gegen Radikale schützen. Ob ein Mensch und seine Gesundheit also unter Radikalen leiden muss oder nicht, dass entscheidet sich nicht zuletzt durch das Gleichgewicht, das in seinem Körper besteht zwischen den Radikalen und den antioxidativ wirksamen Stoffen.

Ähnlich gut wie beim Vitamin C sieht es bei den Cranberrys auch mit dem Gehalt des fettlöslichen Vitamin E aus. Vitamin E (Tocopherole) ist von besonders großem Interesse, denn es ist ein hochwirksames Antioxidans: Wie für alle wässrigen Bereiche im Körper das Vitamin C der Hauptschutzfaktor ist, so ist es für alle fetthaltigen das Vitamin E. So kann Vitamin E zum Beispiel die lebenswichtigen Außenschichten (Zellmembranen) jeder einzelnen Zelle gegen freie Radikale verteidigen. Das ist besonders wichtig, weil diese Zellmembranen die Zellen zusammenhalten, nach außen abschirmen und auch die lebensnotwendige Ordnung in der Zelle aufrechterhalten. Wird die Membran jedoch von Radikalen angegriffen, dann entstehen Löcher, die schlimmstenfalls zum Zusammenbruch der Zelle führen können. Ist genug Vitamin E im Körper, bleiben diese Schäden den Zellen erspart.

Nennenswert sind auch die Spurenelemente Selen und Mangan, die in der Cranberry vorhanden sind. Zwar kommen sie nicht in großen Mengen vor, aber sie sind so wichtig, dass sie erwähnt werden müssen. Denn Selen und Mangan haben im Körper unter

anderem die Aufgabe, gegen freie Radikale vorzugehen! Sie gehören an bestimmten Stellen zu den allerwichtigsten Schutzwerkzeugen des Körpers gegen die fiesen Zerstörer. Und da ist es doch gut zu wissen, dass die sauren „Roten" auch diese Werkzeuge unterstützen helfen!

Die Cranberry hat noch mehr zu bieten

Neben den schon erwähnten Vitaminen und Spurenelementen lassen sich in der Cranberry noch andere interessante Stoffe finden: die sogenannten sekundären Pflanzenstoffe. Die Stoffe werden so genannt, da sie bei den wichtigen und absolut lebensnotwendigen Vorgängen im „ersten Stoffwechsel" der Pflanze, wie zum Beispiel bei der Energiegewinnung oder dem Zuckeraufbau, nicht vorkommen. Sie sind sozusagen die „Kür" der Pflanzen. Mit diesen sekundären Pflanzenstoffen können sie zwar nicht das Überleben direkt sichern, aber sie können für Schutz, Vermehrung und Ähnliches sorgen: Duftstoffe, die zum Beispiel Insekten zum Bestäuben anlocken sollen, Bitterstoffe, die vor Fressfeinden schützen, Farbstoffe, die Signalwirkung auf Tiere haben, und manches mehr gehören zu der Gruppe der sekundären Pflanzenstoffe. Die meisten dieser Stoffe sind für die Gesundheit des Menschen überaus hilfreich, wenn er sich diese Stoffe über die Ernährung in ausreichendem Maße zuführt. Denn sekundäre Pflanzenstoffe haben viele positive Eigenschaften, das zeigen etliche Laborversuche und wissenschaftliche Studien (siehe Kasten).

Nicht alle möglichen Eigenschaften der sekundären Pflanzenstoffe sind auch bei den Inhaltsstoffen der Cranberry zu finden, aber doch einige: Eine wissenschaftlich sehr gut belegte Wirkung ist die antimikrobielle, also die Wirkung der Cranberry gegen Bakterien, und auch die antioxidative Kraft der Cranberrys haben Forscher nachgewiesen. Das heißt also, diese besonderen Stoffe der Cranberrys können gegen die zerstörerischen freien Radikale angehen! Und das sogar besonders gut, denn in Untersuchungen kam heraus, dass die Cranberry im Vergleich mit anderen Früchten mit ihrer antioxidativen Kraft besonders gut dastand: Sie konnte dabei Radikale deutlich besser abfangen als alle anderen!

So unterstützen diese interessanten Inhaltsstoffe der Cranberrys Vitamine und Spurenelemente in deren Kampf gegen die kleinen „Zerstörer" und sie können – ganz wichtig! – den Verbrauch durch die freien Radikale herabsetzen. Denn beide Vitalstoffgruppen haben natürlich neben ihrer Schutzwirkung gegen Radikale noch

---

Wissenschaftlich belegte gesundheitliche Effekte von sekundären Pflanzenstoffen

1. antimikrobiell (gegen Bakterien)
2. antiviral (gegen Viren)
3. antioxidativ (gegen freie Radikale)
4. antithrombisch (gegen ungesunde Blutpfropfenbildung)
5. immunmodulierend (harmonisierend für das Immunsystem)
6. antikanzerogen (gegen Krebsentstehung)
7. entzündungshemmend
8. blutdruckmodulierend
9. blutzuckermodulierend
10. cholesterinsenkend
11. verdauungsfördernd
12. hormonartig

viele andere Funktionen im Körper zu erfüllen. Die müssen sie vernachlässigen, wenn sie im Kampf gegen zu viele Radikale gebraucht werden. Mithilfe der sekundären Pflanzenstoffe können sie hingegen ihren Aufgaben besser nachgehen, was die Gesundheit des Menschen gut unterstützt.

PACs – die wahren Könner der Cranberry-Rothäute

PACs? Vielleicht ist manchem diese Bezeichnung schon einmal untergekommen, in Gesundheitszeitschriften zum Beispiel, die sich immer mal wieder mit der amerikanischen Beere beschäftigen. PACs ist eine sinnvolle Abkürzung für ganz besondere sekundäre Pflanzenstoffe der Cranberrys, die den etwas komplizierten Namen Proanthocyanidine tragen. Wer möchte dieses Wort schon öfter lesen müssen? Da ist PACs doch eine willkommene Abkürzung. Erfreuen wir uns an dieser Vereinfachung, denn in den nächsten Zeilen geht es um diese besonderen Stoffe, und PACs liest sich doch erheblich einfacher als Proanthocyanidine, nicht wahr?

PACs – eine sinnvolle Abkürzung

Haben auch Sie etwas gegen den „Abküfi", den so weit verbreiteten und so unschönen „Abkürzungsfimmel"? Da wird mit freundlichen Grüßen zu mfG, der Anrufbeantworter zum AB, Wochenende zu WE und Schlimmeres. Doch – mal ganz ehrlich – manchmal ist der „Abküfi" ein wahrer Segen, bei komplizierten und langen Wörtern nämlich. Und solche Wörter kommen oft in der naturwissenschaftlichen Forschung vor. Besonders in der Chemie, bei der Stoffe benannt werden, indem ihre Einzelteile einfach aneinandergereiht werden. Lange Bandwurm-Wörter werden dann oft daraus. PACs ist solch eine Abkürzung, nämlich die für die überaus gesunden Stoffe, die in den Cranberrys vorkommen – und sie sind ein sprachlicher Segen. Denn die ausgeschriebenen PACs heißen Proanthocyanidine, sind für den täglichen Sprachgebrauch und auch für das Lesen einfach nur hinderlich. Dieses Wort sollen die aussprechen, die es sich ausgedacht haben! In diesem Buch, das verständlich bleiben will, wird die Abkürzung PACs gerne benutzt – und dennoch weiß hinterher jeder, was gemeint ist.

PACs gibt es nicht nur in Cranberrys. Forscher haben diese Stoffe auch in anderen Früchten und Lebensmitteln gefunden, zum Beispiel in Pflaumen, Heidelbeeren, Erdbeeren und auch in Schokolade. Doch in der Cranberry sind die PACs anders. Nur diese roten Früchtchen enthalten die PACs in einer bestimmten Form, einer A-Form. Auch anders geformte PACs (sogenannte B-Form) sind dabei, doch die sind weniger interessant. Die A-PACs machen den Unterschied! Denn nur diese A-PACs können es mit Bakterien aufnehmen! Nur diese speziellen sekundären Cranberry-Pflanzenstoffe sind dazu in der Lage. Denn sie können zweierlei Dinge, die keine andere Stoffgruppe kann: Erstens verhindern sie, dass Bakterien einen sogenannten „Biofilm" bilden können, und zweitens gehen sie gegen sogenannte Fimbrien vor, das sind kleine Auswüchse an der Bakterienoberfläche, die an der Bildung eines Biofilms und auch an der konkreten Infektion der Schleimhaut beteiligt sind.

Den „Biofilm" aus Bakterien kennt jeder. Schon wenn irgendwo etwas Regenwasser nicht ablaufen kann und eine Pfütze bleibt, bilden sich schleimige Filme, zum Beispiel an den Oberflächen von Steinen oder anderen Dingen, die mit diesem Wasser in Kontakt sind. Das sind ‚Biofilme', in denen Bakterien sitzen. Sie fühlen sich immer glitschig und schleimig an – und das sind sie auch, denn die Bakterien geben Schleim nach außen ab. Der Grund dafür ist, dass dieser Schleim die Bakterien

schützt. In der Pfütze zum Beispiel zuerst einmal vor dem Austrocknen: Wenn das Wasser der Pfütze mit der Zeit verdunstet, dann bleibt der Bakterienfilm durch den Schleim noch länger feucht und die Wahrscheinlichkeit ist höher, dass die Bakterien darin überleben können, bis zum Beispiel der nächste Regen kommt und die Pfütze neu füllt.

Wenn sich nun solche keimhaltigen Biofilme im Körper bilden, dann haben sie ebenfalls einen Schutzeffekt für die Bakterien: Sie schützen vor den Zellen des Immunsystems, die die Keime eigentlich gerne bekämpfen würden. Denn durch den Schleim kommen zum Beispiel die Fresszellen der Immunantwort des Körpers (Makrophagen) nicht an die „kleinen Bakterienbiester" heran. Stattdessen können diese sich in ihrem Biofilm munter vermehren und den Körper des Betroffenen schließlich dadurch krankmachen.

Die A-PACs der Cranberry können genau diese Bildung des Biofilms verhindern und das heißt nichts anderes, als dass sie in der Lage sind, den Bakterien einen Schutzschild wegzureißen und die kleinen Keime dadurch wieder für das den Menschen schützende Immunsystem erkennbar und auffindbar zu machen. Und wenn die Bakterien vom Immunsystem gefunden werden, dann können sie auch wirkungsvoll bekämpft werden.

Das Zweite, was die A-PACs der Cranberrys leisten, ist bei den Fimbrien zu finden, den kleinen, haarähnlichen Fortsätze, die Bakterien an ihrer Außenhaut tragen können. Die Bakterien nutzen Fimbrien, um sich irgendwo festzuhalten. Doch nicht nur das: Sie benutzen sie auch als eine Art „Speer", um an dem Ort auf der Zelle, an dem sie sitzen, einzudringen. Und die Bakterien nutzen Fimbrien außerdem noch für etwas ganz anderes. Sie dienen einer Art „Kommunikation" unter Bakterien: Die Bakterien tauschen über Fimbrien Informationen aus, zum Beispiel können auf diesem Wege Antibiotika-Resistenzen zwischen Bakterien weitergegeben werden, was in der Medizin ein großes Problem darstellt.

Fimbrien werden manchmal auch Pili genannt und bestehen meist aus Eiweißen (Proteinen). Genau das macht sie anfällig für die A-PACs. Denn PACs sind Gerbstoffe, die (wie beim Gerben von Leder) an Eiweiße binden, diese dadurch verändern und für deren ursprünglichen Aufgaben unbrauchbar machen. Und genau das passiert mit den Fimbrien durch die A-PACs, sie werden unbrauchbar, sie können keine Biofilme mehr bilden, sie können nicht mehr die Zellen „entern", also infizieren, und sie können auch nicht mehr an der „Bakterienkommunikation" teilnehmen. Sie sind absolut nutzlos geworden für das Bakterium, das in Kontakt mit PACs gekommen ist!

Das heißt im Klartext, dass diese Cranberry-Inhaltsstoffe die Bakterien nicht direkt bekämpfen, indem sie sie vernichten, wie chemische Antibiotika das tun, sondern sie verhindern, dass die Bakterien den Menschen infizieren können. Sie machen aus einem Bakterium, das infizieren und krankmachen kann, einen harmlosen Keim, wie er auf menschlichen Schleimhäuten zuhauf anzutreffen ist. Die A-PACs der Cranberry kämpfen also nicht gegen eine bestehende Infektion, die bereits wütet, sondern sie sind vor allem vorbeugend wirkende Stoffe erster Güte. Denn sie lassen es gar nicht erst zu Infektion kommen, weil sie das Anhaften der Bakterien unterbinden. Cranberry-A-PACs helfen so, die Gesundheit zu erhalten, und nicht Krankheit zu bekämpfen! Und das ganz natürlich und obendrein noch lecker!

Besonders schön ist, dass die A-PACs recht hitzebeständig sind. Das heißt also, dass sie in Cranberry-Kompott, -Konfitüren und sonstigem Eingekochten mit den roten Beeren zu einem guten Teil erhalten bleiben und ihre besonderen Eigenschaften also auch in dieser aufbereiteten Form der Früchte zu finden sind. Auch Produkte der Cranberry, die Extrakte enthalten, sind daher nicht sehr hitzeempfindlich. Das heißt auch, dass keine aufwändigen und teuren Schonverfahren nötig sind, um an das Gute der Beeren heranzukommen. Das ist nicht zuletzt für die Anwender von Cranberry-Produkten und deren Portemonnaies sicher von Vorteil!

Gib ihr Saures – die Blase liebt Cranberrys!

3

Jede zweite Frau hat in ihrem Leben mindestens einmal mit einer Blasenentzündung zu tun – soweit die Statistik. Tatsächlich gibt es Frauen, die leiden mehrmals pro Jahr unter dieser unangenehmen Erkrankung (Männer bleiben auch nicht gänzlich davor verschont, es trifft sie nur wesentlich seltener). Urologen und Gynäkologen können davon nicht nur ein Lied singen, sondern eher ganze abendfüllende Opern: Ihre Praxen sind voll mit Frauen, die wegen Blasenentzündungen (Cystitis) um Hilfe bitten. Die bekommen sie auch, meist in Form von chemischen Antibiotika. Doch leider ist es nach einer erfolgreichen Behandlung bei vielen Betroffenen nur eine Frage der Zeit, wann die nächste Entzündung sich in ihrer Blase breitmacht. Das heißt dann im Medizin-Deutsch „rezidivierende" Harnwegsinfektion oder gar „chronische Blasenentzündung" und kann die betroffenen Frauen an den Rand eines Nervenzusammenbruches bringen: Sie haben ständig das Gefühl auf Toilette zu müssen; wenn sie dann dort sind, gibt ihre Blase nur Tröpfchen her. Sie haben Schmerzen im Unterbauch, sehr lästiges Jucken an der Harnröhrenöffnung, es kann zu Blut im Urin und zu hohem Fieber kommen und schließlich zu starken Rückenschmerzen. Dann hat sich die Entzündung ausgebreitet und die Nieren erreicht. Eine sehr ernste Komplikation der eigentlich gut behandelbaren Cystitis.

Kein Wunder also, dass Ärzte und Ärztinnen zu Antibiotika greifen, wenn sich ein solcher Harnwegsinfekt zeigt. Sie wollen Schlimmeres sicher verhindern. Doch leider wird damit das Problem eben oft nicht ausgeräumt, sondern nur vertagt. Zuerst haben die armen Frauen Ruhe, doch dann kommt der Infekt zurück und es kann sein, dass die Bakterien, die der Auslöser des Übels sind, sich an ein Antibiotikum „gewöhnen" und nicht mehr gut darauf ansprechen. Dies bezeichnet man als Antibiotikaresistenz. Die starke und wirksame Pharmawaffe verliert plötzlich ihre Kraft! Da wird dann ein anderes Antibiotikum ausprobiert und ein weiteres, bis nichts mehr geht. Die Folge sind weitere Infekte der Blase, die sich einfach nicht mehr kontrollieren lassen: Die chronische Blasenentzündung ist da. Das Leiden der Menschen mit dieser Diagnose ist fast unbeschreiblich, denn ihre Lebensqualität ist stark eingeschränkt. Sie fühlen sich unfrei und ständig unter Druck, werden immer gereizter und an eine erfüllte Sexualität ist schon gar nicht mehr zu denken.

Die Cranberry kann in dieser Lage eine große Hilfe sein. Cranberrys und Produkte daraus sind DER heiße Tipp unter Frauen, die ihre Blasenentzündungsneigung besiegt haben. Und das hat die Wissenschaft mehrfach in Studien eindeutig bestätigt: Sogar die Leitlinien der Deutschen Gesellschaft für Gynäkologie und Geburtshilfe enthalten den Hinweis, dass Cranberry-Produkte bei immer wieder auftretenden (rezidivierenden) Harnwegserkrankungen nachweislich vorbeugende Wirkung haben.

Exkurs

Die Blase – ein Hohlorgan zum Sammeln von Urin

Jeder Mensch weiß sehr genau, wo seine Blase sitzt. Denn entgegen vieler anderer Organe kann man die Blase ganz normal im Alltag spüren – immer dann, wenn man „muss" und sich ein „stilles Örtchen" leider nicht finden lässt. Da ist dem Betroffenen ganz ohne irgendwelches anatomisches Vorwissen klar, wo sich dieses dann gut gefüllte Hohlorgan im Körper befindet. Tatsächlich kann sich eine gefüllte Blase bis zum Bauchnabel ausdehnen! Da kann man jeder oder jedem Unter-Druck-Stehenden nur wünschen, dass er oder sie gute Schließmuskeln haben möge!

Frauen und Männer unterscheiden sich hinsichtlich der Position ihrer Blase etwas. Sie liegt bei beiden zwar direkt hinter dem Schambein, ist jedoch bei der Frau vor Scheide und Gebärmutter platziert, wohingegen beim Mann die Blase zwischen Schambein und Darm ihren Platz hat. Das ist auch der Grund, warum Männer größere Urinmengen speichern können: Bei ihnen tritt bei etwa 350 ml Füllmenge Harndrang ein, die Blase kann aber Mengen bis zu 750 ml gut tolerieren. Bei Frauen beginnt das Gefühl, auf die Toilette zu müssen, schon bei etwa 250 ml, eine normale Blasenfüllung kann bei ihnen bis zu 550 ml enthalten. Doch auch bei wesentlich weniger Urin in der Blase kann der Mensch schon das Gefühl haben, unbedingt auf die Toilette zu müssen. Das ist individuell sehr verschieden. Absolutes Ende der Füllmenge einer gesunden menschlichen Blase ist bei maximal 900 bis 1500 ml. Natürlich ist das auch von der Körpergröße und vom „Trainingszustand" der Schließmuskeln der Blase abhängig. Wird die maximale Füllmenge überschritten, ist es nicht mehr möglich, den Urin „einzuhalten". Er läuft ab, egal ob der Mensch das will oder nicht.

Der Urin kommt von oben aus den Nieren über die Harnleiter in die Blase. Da jeder Mensch normalerweise zwei Nieren hat, gibt es auch zwei von diesen Zuläufen in die Blase. Interessanterweise münden diese Zuläufe im unteren Drittel der Blase und sind so gebaut, dass sie abknicken, wenn die Blase sich über ein gewisses Maß hinaus füllt. Damit und durch die umliegende Muskulatur wird der Rückfluss des Urins aus der Blase in die Harnleiter vermieden. Das ist sehr wichtig für die Gesundheit von Harnleiter und Nieren. Denn in der Blase können leicht einmal Bakterien vorkommen, die keinen Zutritt zu diesen oberen Harnwegen bekommen sollen.

Der Urin verlässt die Blase an ihrem unteren Ende durch die Harnröhre. Dafür wird die Blase an dieser Stelle etwas trichterförmig und lässt den Urin in Richtung Harnröhre laufen. Der Mediziner nennt diesen Teil der Blase den „Blasengrund" und den Trichter den „Blasenhals". Zwischen der Harnröhre und den beiden Harnleitern ist die Blase immer glatt und gestrafft, daher wird dieser Teil auch „Blasendreieck" genannt. Die restliche Blase ist schlaff und aufgefaltet wie ein gebrauchter Luftballon, wenn sie leer ist, und liegt dann zusammengedrückt von innen dem Schambein an. Wenn sie hingegen gefüllt ist, richtet sie sich auf und wird kugelrund.

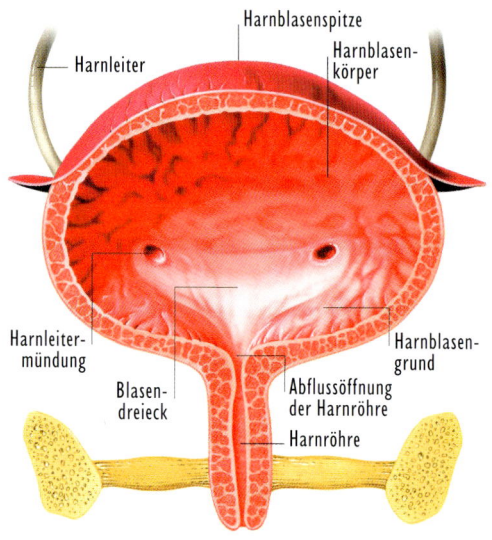

Bei der Harnröhre gibt es eine erwähnenswerte Kleinigkeit, die bewirkt, dass Männer und Frauen sehr verschieden reagieren, was ihre Blasengesundheit angeht: Die Harnröhre der Männer ist vier- bis fünfmal so lang wie die der Frauen. Das bedeutet, dass Bakterien bei Frauen nur eine vier bis fünf Zentimeter lange Harnröhre aufwärts überwinden müssen, um in die Blase zu gelangen, bei Männern kann dieser Weg hingegen 20 bis 25 cm lang sein, und Keime können diese Länge deutlich schwerer überwinden. Das ist der anatomische Hintergrund dafür, dass Frauen viel häufiger unter Blasenproblemen leiden als Männer. Frauen wissen das oft aus leidvoller Erfahrung mit Blasenentzündungen, ohne dass ihnen die Länge ihrer Harnröhre und deren Verantwortung für ihre Schwierigkeiten bekannt ist.

Erschwerend kommt die Tatsache hinzu, dass bei Frauen die Harnröhrenöffnung außen in sehr enger Nachbarschaft mit dem Darmausgang liegt. Die Wahrscheinlichkeit, dass es zu einem Einwandern von Bakterien aus dem Darm in die Harnröhre kommt, ist dadurch deutlich höher als beim Mann, wo diese beiden Körperöffnungen weit voneinander entfernt sind.

Die Blase ist nicht wirklich mit einem luftballonartigen Gebilde vergleichbar. Sie ist deutlich stabiler und flexibler: Ein Luftballon ist nach einmaligem Aufpusten und Entlassen der Luft zerknittert, seine Wände kleben aneinander und reißen sehr leicht ein. Die Blase kann sich dagegen immer wieder auffalten und bei steigenden Urinmengen strecken. Das hat mehrere Gründe: Zuerst einmal ist die Blasenwand innen mit einer Schleimhaut ausgekleidet (medizinisch: Urothel). Sie wird – wie jede Schleimhaut im Körper – fortlaufend repariert und erneuert. So schützt sich die Blase selbst vor dem konzentrierten Ausscheidungsprodukt Urin und verhindert das Aneinanderkleben der Blasenwände, wenn die Blase leer ist.

Unter der Schleimhaut liegt die Schicht, die hauptsächlich dafür verantwortlich ist, dass sich die Blase so leicht an verschiedene Füllhöhen anpassen kann: die Verschiebeschicht. Sie besteht aus vielen beweglichen Anteilen wie ein Lamellenrollo. Entweder sind die einzelnen Lamellen in weiten Teilen übereinander gelagert, dann ist die Blase klein (und das Rollo ist auf und sehr kurz), oder die einzelnen Lamellen sind so weit voneinander weggeschoben, dass sie sich nur noch an ihren Enden überlappen, dann ist die Blase groß (und das Rollo zu und lang). Die Schleimhaut ist auf diese „Verschiebeaktionen" eingestellt, ihre Zellen können den Größenunterschieden folgen. Ebenso mit dabei ist die unter der Verschiebeschicht liegende Muskelschicht, die wie ein Netz über die Verschiebeschicht verteilt ist. Sie ist verantwortlich für das Herauspressen des Urins aus der Blase und im Blasendreieck auch für den Verschluss der Harnleiter nach oben und der Harnröhre nach unten. Die Harnröhre hat neben diesem Verschluss noch den Schließmuskel außen am Körper (Bestandteil des Beckenbodens) und ist in ihrem Inneren mit dicken Falten ausgestattet, die ebenso beim Verschießen der Blase mitarbeiten. Beim Mann kommt dann noch ein weiteres kleines Organ an der Harnröhre zum Tragen: Direkt unter der Blase befindet sich die Prostata, die sogenannte Vorsteherdrüse, die einen Teil der Samenflüssigkeit produziert. Sie wächst mit fortschreitendem Alter oft an, was dann Druck auf die Harnblase und die Harnröhre ausübt und zu Problemen mit dem Wasserlassen, zu Restharn in der Blase nach dem Toilettengang und damit zu häufigeren Problemen mit Blasenkeimen und Entzündungen führen kann.

Wie schafft es die Cranberry, dass so viele Frauen richtig begeistert von ihr sind? Vor allem die in ihr steckenden Cranberry-A-PACs sind dafür verantwortlich! Sie können bewirken, dass die Bakterien, die hinter einer Blasenentzündung stecken, sich in der Blase nicht an das Urothel anheften, denn sie können keinen Biofilm mehr bilden und haben ihre Fimbrien verloren (siehe Seite 23). Und was passiert dann mit den Bakterien? Da sie sich nicht „festhalten" können, werden sie mit dem Urin aus der Blase herausgespült! Und weg sind sie und so können diese krankmachenden Keime dem Körper nichts mehr anhaben!

Natürlich wirkt dieses Prinzip vor allem vorbeugend. Wie überall ist es besser, wenn der Körper erst gar nicht angegriffen wird. So können zum Beispiel Schwangere, die bekanntlich besonders häufig von Harnwegsinfekten betroffen sind, sich schon mit Cranberry-Produkten versorgen, bevor der erste Infekt da ist – und im besten Fall dann ohne eine Blasenentzündung durch die Schwangerschaft kommen. Oder Frauen (und ggf. auch Männer), die aus leidvoller Erfahrung wissen, dass sie in der Schwimmsaison im Sommer meist Probleme mit der Blase bekommen, können rechtzeitig mit Cranberry-Produkten gegensteuern. Jeder Frau und jedem Mann, die in der Blase ihre gesundheitliche Schwachstelle haben, kann nur wärmstens empfohlen

werden, die Cranberry und daraus hergestellte Nahrungsergänzungs-
mittel zu versuchen. Es gibt so viele gute wissenschaftliche Belege für
die Unterstützung der Blasengesundheit durch die roten Früchtchen,
dass sich ein Versuch immer lohnt.

Auch wenn es schon zu einem Infekt gekommen ist oder gar eine
chronische Dauerbelastung da ist, können die A-PACs noch etwas
ausrichten. Sie sind zwar nicht in der Lage, direkt gegen die Bakterien vorzugehen, die bereits erfolgreich das Urothel „geentert" haben, doch sie sind dann dennoch für die Blase wertvoll: Sie können
eine erneute Infektion verhindern. Besonders ältere Frauen, die
die Wechseljahre schon hinter sich haben, leiden oft wegen wenig
widerstandsfähiger Schleimhäute unter chronischen Blasenentzündungen. Für sie sind Cranberrys und die Produkte daraus gut,
um ihre Blasengesundheit zu stärken und die Dauerbelastung mit
Bakterien zurückzudrängen. Das ist wissenschaftlich bestens un-
tersucht und jede Frau, die mit ihrer Blase immer wieder Probleme
hat, tut gut daran, sich an die kleinen, sauren Früchte oder Nah-
rungsergänzungsmittel mit Cranberry-Extrakt zu halten, damit sie
ihr Leben wieder mehr genießen kann!

Zehn einfache Tipps
für eine gesunde Blase

1. Trinken! Trinken! Trinken!

Viel Urin, das ist das A & O für eine gesunde Blase. Aber es sollte kein Kaffee, schwarzer Tee oder Alkohol sein, die oft in Mengen konsumiert werden, denn darin sind Stoffe enthalten, die die Bla-

se reizen können. Wasser, Kräutertees oder verdünnte Fruchtsäfte sind die besten Getränke, wenn es darum geht, durch viel Flüssigkeit die Blase zu unterstützen und in ihrer Funktion zu stärken. Denn es kann immer mal passieren, dass Bakterien versuchen, die Harnröhre hinaufzuklettern. Wenn diese dann immer wieder von einem Schwall Urin ausgespült wird, können sich die lästigen Keime nicht nennenswert vermehren und stellen für die Blase kein Problem dar.

Als ausreichende Trinkmenge für den gesunden Alltag sollte man sich anderthalb bis zwei Liter geeignete Getränke zuführen. Wenn man vermutet oder weiß, dass die Blase akut von einer Infektion betroffen ist, dann darfe es noch deutlich mehr sein. Viel rein und viel raus, das ist dann die Devise!

2. Kälte vermeiden und Wärme genießen

Kälte ist für Blase (und auch die Nieren) immer ein Problem. Ähnlich wie bei einem Atemwegsinfekt ist der Körper auch dort bei Kälte empfindlicher. Hintergrund ist die schlechtere Durchblutung der Schleimhäute bei Kälte. Dann können die Zellen des Immunsystems nicht so gut arbeiten und es kommt häufiger zu Infekten. Für Nieren und Blase ist dabei logischerweise nicht so sehr die kalte Atemluft ein Problem, sondern die Temperatur des Unterleibs, des

Rückens und auch der Füße – also die von unten aufsteigende Kälte. Nasse Badekleidung und das Sitzen auf kalten Flächen (Steine, Metall, Glas) sind häufig der Ausgangspunkt für Komplikationen mit Nieren und Blase.

Dementsprechend ist Wärme ein Schutzschild für die Blase: Eine gute Durchblutung ist dann sichergestellt und die Immunzellen können ihren Dienst ungehindert tun. Also achten Sie darauf, dass Bauch und Rücken nie auskühlen und die Füße tags und nachts warm bleiben. Eine Wärmflasche auf dem Bauch, dem Rücken oder an den Füßen ist daher nicht nur bei Beschwerden angesagt, sondern darf auch schon zum Schutz und als Unterstützung zum wohltuenden Einsatz kommen.

3. Nur weg damit

Häufige Toilettenbesuche schützen die Blase. Benutzen Sie so oft Sie können eine (natürlich möglichst saubere) Toilette. Es ist ungesund für die Blase, allzu lang den Urin sammeln und halten zu müssen. Auch dabei gilt es, die im Urin oder in der Harnröhre eventuell vorhandenen Bakterien oder Reizstoffe schnellstmöglich aus dem Körper herauszubefördern. Denken Sie immer daran, dass der Urin für Bakterien noch viele gut verwertbare Substanzen enthält und dass er, solange er noch im Körper

ist, auf nicht nur für den Menschen angenehme 37 Grad Celsius gehalten wird – auch Bakterien fühlen sich bei dieser Temperatur richtig wohl und können sich optimal vermehren. Je öfter Sie die kleinen „Biester" aus Ihrer Blase herauslassen, desto weniger statt mehr werden es und umso seltener werden Sie von Blasenproblemen belästigt werden.

4. Wichtige und richtige Hygiene

Ein ganz einfaches Mittel, sich gesund zu erhalten, ist die Hygiene. Wenige Dinge können dabei sehr viel bewirken. Natürlich ist es auch im Hinblick auf die Blase gut und richtig, sich die Hände zu waschen, wenn sie schmutzig sind, um das Eintragen von Keimen zu verhindern. Konsequenterweise ist dann ein Waschen auch VOR einem Toilettengang richtig. Eine andere sehr wichtige Sache ist es, die Übertragung von Darmbakterien in die bei Frauen so nah benachbarte Harnröhre bestmöglich zu vermeiden. Dabei kommt es besonders darauf an, auf der Toilette immer die richtige Richtung zu wählen, nämlich die Richtung beim Abwischen mit Toilettenpapier! Immer von vorn nach hinten sollte dies geschehen, dann können die Keime aus dem Darmbereich die Blase nicht erreichen.

Doch übertriebene Hygiene kann auch Krankheiten fördern: Die Benutzung von Intimwaschlotionen, Intimsprays, Desinfektionslösungen, feuchtem Toilettenpapier und ähnlichen Artikeln im Bereich der Harnröhrenöffnung schadet mehr, als sie hilft. Denn diese Produkte reizen jede Haut, aber ganz besonders die im empfindlichen Intimbereich. Sie tun der Blase gar nicht gut und führen geradewegs in eine gesteigerte Anfälligkeit für Infektionen, denn eine gereizte Harnröhre verliert ihren natürlichen Eigenschutz und ist damit für die falschen Bakterien eine willkommene Eintrittsstelle in die Blase.

5. Auch das Essen spielt eine Rolle

Ein direkter Zusammenhang zwischen der Blasengesundheit und der allgemeinen Ernährung ist zwar wissenschaftlich nicht eindeutig bewiesen, aber dass es da Verbindungen gibt, lehrt die

Erfahrung vieler Betroffener: Eine zucker- und kohlenhydratlastige Ernährung kann äußerst kontraproduktiv sein. Das gilt natürlich nicht nur speziell für die Blasengesundheit, sondern für das Immunsystem allgemein. Wenn es durch eine schlechte Ernährung geschwächt ist, kann es Infektionen nicht ausreichend Paroli bieten, das gilt für den gesamten Körper und eben auch für die Blase. Doch da viele Frau-

en einen Schwachpunkt ihrer Gesundheit bei der Blase haben, spüren sie es an dieser Stelle sehr schnell, wenn sie sich mit ihrer Ernährung mal wieder nichts Gutes getan haben.

Die Ansäuerung des Urins durch die oft übliche Ernährung mit viel tierischem Eiweiß ist in mehrfacher Hinsicht kritisch zu beurteilen: Erstens birgt sie nachweislich einige andere Gesundheitsrisiken (Osteoporose, Gicht etc.) und zweitens hat sich gezeigt, dass gar nicht alle Bakterien, die den Harntrakt befallen können, mit dieser Maßnahme beeinflussbar sind. Da greift man doch lieber zu gesünderen und sichereren Möglichkeiten, die die Ernährung für eine gesunde Blase liefert: Cranberry-Produkte mit ihren A-PACs!

6. In der Schwangerschaft mehr tun für die Blase

Schwangere sind von Natur aus empfindlicher, was ihre Blasengesundheit angeht. Die meisten Frauen bekommen daher in der Schwangerschaft mindestens eine Blasenentzündung. Einen wesentlichen Ursprung hat diese Empfindlichkeit in der Hormonumstellung, die in dieser Zeit vonstatten geht. Die Scheide verändert sich und auch die in ihr lebenden Bakterien, das kann auch die Harnröhre beeinträchtigen und zu Reizungen führen. Hinzu kommt, insbesondere im letzten Drittel der Schwangerschaft, dass die Blase immer weniger Platz im Becken hat. Womöglich werden kleinere Bereiche von ihr auch einmal abgeklemmt. Dort können

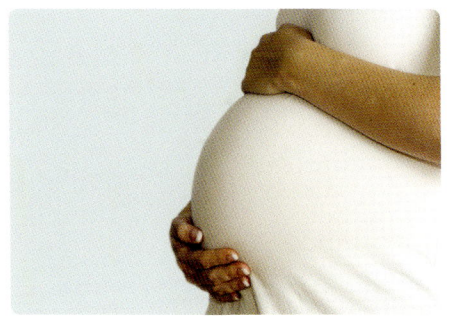

sich dann eventuell vorhandene Bakterien schnell vermehren, da der abgetrennte Urin eine Zeitlang nicht mit ausgespült werden kann. Wem es wichtig ist, in diesen wichtigen neun Monaten weitmöglichst auf Medikamente zu verzichten, sollte mit den hier vorgestellten Tipps vorbeugen.

7. Achtung! Keine Selbstmedikation mit Antibiotika

Wen es schon öfters erwischt hat, der kennt sie schon, die Tabletten oder Kapseln, die dann verschrieben und geschluckt werden müssen: Antibiotika! Insbesondere um ein Heraufwandern der Keime durch die Harnleiter gar bis in die Nieren zu verhindern, wird bei starken Infekten schnell zu Antibiotika gegriffen. Oft mit ungewollten Folgen: Die Keime können unempfindlich gegen diese Medikamente (resistent) werden und lassen sich daraufhin damit nicht mehr bekämpfen. Das ist tragisch, denn nun hat man eine wichtige Waffe im Kampf gegen die Bakterien verloren. Damit das nicht geschieht, gelten die Regeln, dass ein Antibiotikum unbedingt nach Vorschrift genommen werden sollte, nicht zu früh abgesetzt werden darf und dass es niemals ohne sichere Diagnose auf Verdacht eingenommen werden sollte, etwa weil sie gerade noch im Medizinschränkchen herumlagen und keine Zeit war, sich zu einer/m Ärztin/Arzt aufzumachen. Antibiotika sind „schwere Geschütze" mit unliebsamen Nebenwirkungen und sollten nicht derart missbraucht werden.

8. Tummelbecken auch für Keime: Schwimmbad & Co

Warme Feuchtigkeit liefert ideale Lebens- und Vermehrungsbedingungen für Bakterien. Gerade in Schwimmbädern und Saunen zum Beispiel kommen genau diese Bedingungen vor. Vermeiden Sie daher gerade dort und auch in Dampfbädern und ähnlichen Einrichtungen den direkten Kontakt zwischen den nassen Oberflächen und Ihrer Harnröhre oder auch andern Körperöffnungen,

insbesondere wenn Sie nackt sind oder nasse Badekleidung tragen. Die Keime der Person, die vor Ihnen dort gesessen hat, können sonst sehr schnell zu Ihnen wechseln.

Unproblematisch ist hingegen das Schwimmbad selbst, da das Wasser meist desinfizierend behandelt wird. Ist dies nicht der Fall, kann es auch dort zu Problemen kommen. Auch Whirlpools, deren Wasser nicht regelmäßig gereinigt und desinfiziert wird, können sich zu wahren Keimtummelbecken entwickeln.

9. Wäschewechsel wirkt Wunder

Ein guter Schutz für die Blasengesundheit ist das Tragen von Wäsche aus Baumwolle und ihr täglicher Wechsel. So kann die Haut im Intimbereich gut atmen, es staut sich weder Feuchtigkeit noch Hitze, wie es in Synthetikwäsche oft passiert, und möglicherweise doch auftauchende Bakterien lassen sich durch bei Baumwolle mögliche höhere Waschtemperaturen entfernen.

Ist schon eine Infektion im Gange, empfiehlt es sich sogar Slipeinlagen (ohne Plastikfolie) zu tragen, die sehr leicht mehrfach am Tag gewechselt werden können, um die Bakterieninvasion kleinzuhalten – durchaus auch ein praktikabler Tipp für betroffene Männer.

10. Geschlechtsverkehr – für die Blase ein wichtiges Thema

Bei vielen Frauen kommt es häufig nach dem Geschlechtsverkehr zu Infektionen der Blase. Die Reizung der Harnröhre und das Vermischen verschiedener Körperflüssigkeiten durch den Geschlechtsakt ist dafür der Grund. Auch hier ist der beste Schutz das Herausspülen der Keime durch das Wasserlassen.

Bei einer akuten Blasenentzündung allerdings haben die Betroffenen naturgemäß sowieso „keine Lust", denn sie ist meist sehr schmerzhaft.

Danach jedoch gilt es auch noch vorsichtig zu sein: Achten Sie am besten noch einige Zeit nach der Erkrankung beim Geschlechtsverkehr auf Kondomschutz – so lange, bis sicher ist, dass die Infektion wirklich abgeklungen ist. Ansonsten kann es zu einem „Ping-Pong-Effekt" durch Ansteckungen zwischen den Partnern kommen.

Cranberrys für Mund, Magen und mehr

4

Im Mund schmecken Cranberrys gut, doch das ist hier nicht gemeint. Mund und Magen profitieren auf eine andere Art von den amerikanischen Beeren. Denn an den Schleimhäuten dieser beiden Organe können die Cranberry-A-PACs ähnlich dienlich sein wie in der Blase.

Im **Mund**, so haben Forscher herausgefunden, kann für die Zahngesundheit viel Gutes von Cranberry-Produkten ausgehen. Karies und Parodontitis (oft falsch Parodontose genannt) sind die beiden wichtigsten und häufigsten Probleme im Mund. Viele Menschen sind betroffen und müssen immer wieder feststellen, dass die übliche Mundhygiene allein nicht in der Lage ist, die Zähne und das Zahnfleisch hinreichend zu schützen. Da gilt es über das täglich mehrmalige und gründliche Zähneputzen hinauszudenken und neue Wege zu gehen. Mundspülungen, spezielle Desinfektionslösungen, Antibiotika und immer wieder eine zusätzliche professionelle Reinigung sind dann wichtige Möglichkeiten, die ausgeschöpft werden sollten. Denn die eigentlich eher harmlos anmutenden Mundprobleme können sehr schmerzhaft werden und sich unbehandelt auch auf andere Organe des Körpers auswirken.

Sowohl Parodontitis als auch Karies haben bekanntlich ihre Ursache in Bakterienbefall. Daher werden bei der Behandlung der beiden Mundprobleme meist desinfizierende Maßnahmen eingesetzt. Sehr wichtig ist es dabei, die bestehenden Beläge auf den Zähnen (Plaques) und den Zahnstein regelmäßig zu entfernen, denn darin sitzen die schädigenden Bakterien fest, kleben direkt an den Zähnen und können ihr zerstörerisches Unwesen treiben. Weiterhin sind Zahnfleischtaschen und auch beschädige Zähne Orte, an denen sich die Bakterien gerne aufhalten und durch Zähneputzen nicht erreicht werden. Diese Bakterienherde sind bei den einfachen Zahnpflegemaßnahmen meist der Ausgangspunkt für die erneute Verbreitung im Mund. Oft greifen auch professionelle Methoden

vom Zahnarzt nicht, wenn nicht alle diese Herde gefunden und vollständig beseitigt werden können. Insbesondere die Zerstörung des Biofilms der Bakterien ist wichtig, denn er bremst die Wirkung einer Munddesinfektion aus.

Da liegt es nahe, dass Cranberry-Produkte auch im Mund hilfreich sein könnten, denn genau die Bildung dieses Biofilms von Bakterien können die PACs der Cranberrys vermindern. Tatsächlich wiesen Wissenschaftler in den letzten Jahren mehrmals nach, dass sowohl Karies als auch Parodontitis im Mund durch Cranberry-Extrakte gebremst werden! Die Forschungsergebnisse sind noch so neu, dass die Industrie bisher noch nicht recht nachgekommen ist: Es gibt bis dato nur wenige Zahnpflege-Produkte mit Cranberry auf dem hiesigen Markt. Vermutlich wird sich das in absehbarer Zeit ändern.

Im **Magen** können Bakterien auch eine große Rolle spielen. Lange Zeit war das nicht bekannt und die Mediziner glaubten, dass die Magensäure das Überleben aller Bakterien im Speisebrei sicher verhindert. Doch da hatte die Wissenschaft die findige Bakterienwelt arg unterschätzt. Natürlich wird auch der Magen als Lebensraum von Bakterien genutzt. Und das leider sehr zum Leidwesen der Betroffenen Menschen: Helicobacter pylori ist der Keim, der fähig ist, sich besonders wirkungsvoll vor der scharfen Magensäure zu schützen. Es ist in der Lage, in die tieferen Schichten des Magens einzuwandern. Dort, unter der Schleimhaut, sitzt es dann sicher vor jeglicher Säure und kann sich gut geschützt vermehren. Auf diese Art bewirkt das Bakterium sogar, dass die Magensäureproduktion des Infizierten noch zusätzlich angekurbelt wird! Betroffene leiden daher meist unter verstärktem Sodbrennen, sie können durch dieses Bakterium ausgelöst Magenschleimhautentzündungen und sogar Magengeschwüren und -krebs entwickeln.

Derzeit (2009) sind in Deutschland durchschnittlich 5 % der Kinder und 30 % der Erwachsenen mit diesem Keim infiziert – und damit ist Helicobacter pylori natürlich ein sehr wichtiges Thema für die medizinische Forschung. Nachdem Ende der 1980er Jahre akzeptiert wurde, dass dieses Bakterium verantwortlich für viele Magenerkrankungen war, wurde eine entsprechende Therapie entwickelt, die sowohl Antibiotika als auch Protonenpumpenhemmer gegen die vermehrte Magensäure beinhaltet, die sogenannte Triple-Therapie oder H.pylori-Eradikationstherapie. Sie hat eine recht hohe Erfolgsrate, wird jedoch oft nicht gut vertragen. Und es mehren sich inzwischen die Resistenzen der Magenbakterien gegen die Antibiotika. Besonders wenn eine erneute Infektion stattfindet (meist als Reinfektion über Bakterien, die zum Beispiel im Mund verblieben sind), wird die Behandlung schwierig, da sich die Bakterien an die Antibiotika gewöhnt haben. Ein großes Problem der Medizin.

Da ist es doch viel besser, vorzubeugen und dafür zu sorgen, dass es entweder erst gar nicht zur Infektion kommt oder, wenn der Keim schon da ist, ihn an seiner weiteren Ausbreitung und seinem schädlichen Tun wirksam zu hindern! Und hier kann wieder die Cranberry eine wichtige Rolle spielen, das haben Forscher herausgefunden.

Denn was in der Blase und im Mund funktioniert, ist auch im Magen von Vorteil: Cranberry-Produkte und ihre PACs können den Magen unterstützen und helfen, seine Gesundheit zu erhalten und zu verbessern. Denn auch im Magen ist es wichtig, den Bakterien die Grundlage zu entziehen, die sie brauchen, um sich an die Schleimhäute heften zu können: ihren Biofilm und vor allen ihre Angriffswaffe, die Fimbrien, die sie brauchen, um die Magenschleimhaut zu attackieren und so deren Entzündung hervorrufen.

Helicobacter, Cranberry und die Frauen

Frauen, die diesen Keim schon tragen und sich entschieden haben, eine Therapie dagegen zu machen, haben auch noch einen Vorteil durch die Cranberry, so zeigt es die Wissenschaft. Bei einer Studie mit 177 Patienten mit Helicobacter pylori kam heraus, dass die Frauen, die nach einer einwöchigen Triple-Therapie zusätzlich zwei Wochen lang täglich zweimal Cranberry zu sich nahmen, einen deutlich besseren Erfolg der Therapie verbuchen konnten.

Bei Männern konnte dieser Effekt seltsamerweise nicht gefunden werden, eine Erklärung dafür steht noch aus.

Wenn es um den Kampf des Körpers gegen Bakterien geht, dann ist natürlich auch immer das **Immunsystem** gefordert. Und auch hier scheinen die roten Beeren einen Effekt zu haben. Einerseits sind Sie hilfreich, indem sie die Bakterien für das Immunsystem zugänglich machen, doch es gibt noch eine andere Wirkung. Dabei scheinen die A-PACs der Cranberrys mit Zellen des Immunsystems in Wechselwirkung zu treten. Dadurch können sie dazu beitragen, Entzündung zu beruhigen. Einige Studien zeigen, dass bestimmte Stoffe, die im Körper Entzündungen erhalten und fördern, sogenannte Entzündungsmediatoren, durch die Cranberry-Inhaltsstoffe A-PACs gebremst werden. Solche bremsenden Faktoren sind wichtig, damit Entzündungen unter Kontrolle bleiben und den Körper nicht womöglich nachträglich schädigen, obwohl der Verursacher der Entzündung (vielleicht eine Verletzung oder ein Bakterium) schon lange besiegt ist.

Verschiedene andere Untersuchungen deuten an, dass Cranberry-Inhaltsstoffe vielleicht auch gegen bestimmte Viren etwas ausrichten könnten. Das ist interessant für die Medizin, da es gegen Viren nur sehr wenige wirksame Medikamente gibt. Auch gibt es Hinweise, dass Cranberry-Stoffe gegen bestimmte Pilze wirksam sind, also scheint die Cranberry gegen ziemlich alles, was den Menschen infizieren kann, einen Weg zu kennen. Wir wissen nur noch nicht genau, wie der aussieht.

Wieder andere Forscher zeigen, dass bestimmte Immunzellen nach Kontakt mit Cranberry-Stoffen besser mit Bakteriengiften umgehen können. Eigentlich wollen Bakterien die Immunzellen mit diesem Giften lahmlegen, doch die Stoffe der roten Beeren konnten im Labor genau dies verhindern. Noch ein Plus für das Immunsystem!

Auch **Herz und Gefäße** können von Cranberrys profitieren. Gut zu wissen, da sich dort sehr häufig ernste Krankheiten entwickeln. Das beginnt schon damit, dass Cranberry-Inhaltsstoffe zur Senkung des Cholesterinspiegels im Blut beitragen. Gleichzeitig können sie mit ihren starken antioxidativen Fähigkeiten (siehe Seite 21) Gefäße und Blut vor gefähr-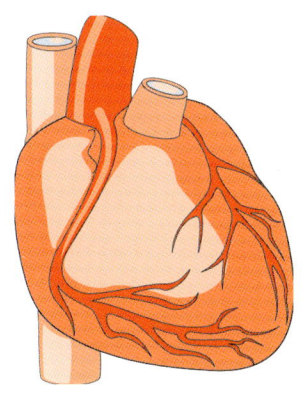lichen Angriffen durch Radikale schützen, die eine zentrale Rolle bei der Entstehung der Arterienverkalkung spielen. Je weniger „verkalkt" die Gefäße sind, desto leichter kann das Blut in ihnen fließen und desto besser geht es auch dem Herzen. Und weiterhin können Stoffe der Cranberrys das Herz vor bestimmten schädigenden Giftstoffen in Schutz nehmen – Cranberrys scheinen also auch richtig gute Beeren für das zentralste unserer Organe zu sein.

Die amerikanischen Beeren haben vermutlich noch viel, viel mehr zu bieten. Manches davon wird die Wissenschaft erst in den nächsten Jahren genauer aufdecken, das ist gewiss. Denn die starke **antioxidative Kraft** der Cranberrys stellt manch andere Naturstoffe in den Schatten, sie macht sicher nicht in Magen und Blase halt. Überall dort, wo die PACs und andere sekundäre Pflanzenstoffe der Cranberry im Körper Gewebe und Organe erreichen, dort werden sie ihre Schutzwirkung **gegen Radikale und Bakterien** auch entfalten. So nutzten schon die Indianer die Cranberry beispielsweise auch bei der Wundversorgung, auch hier wären in Zukunft entsprechende Produkte denkbar, wenn die Medizin sich erst einmal von der Frucht hat überzeugen lassen. (Wichtige Anmerkung: Bitte verwenden Sie die derzeit als Säfte oder Nahrungsergänzungen zur Verfügung stehenden Cranberry-Produkte NICHT auf Wunden. Sie sind für diese Anwendung nicht geeignet und können die Wundheilung verschlechtern!)

Auch die Kerne der Cranberrys könnten für Gesundheit und Schönheit Neues bergen: Sie enthalten hochinteressante Ölzusammensetzungen mit sogenannten Omega-3-, -6- und -9-Fettsäuren, die in Cremes und anderen Kosmetika für die **Haut** wertvoll werden könnten.

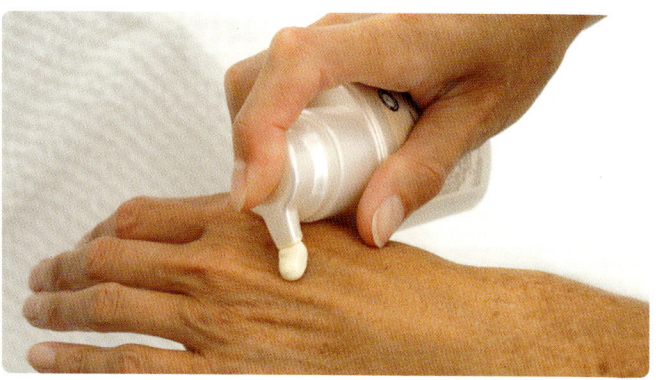

Krebszellen werden während einer Therapie leider häufig schnell unempfindlich gegen das gegen sie eingesetzte Chemotherapeutikum, ein großes Problem im Kampf gegen diese Krankheit. Cranberry-PACs schafften es in Zellversuchen, diese Entwicklung wieder umzukehren, sodass die Krebszellen erfolgreich bekämpft werden konnten. Welch großartige Leistung der kleinen Beeren!

Die meisten der in den letzten Abschnitten dargestellten wissenschaftlichen Ergebnisse befinden sich noch im Frühstadium der Erforschung. Sie sind noch viele Jahre vor einer medizinischen Anwendung für die Gesundheit des Menschen entfernt. Aber sie zeigen deutlich, welch ein riesengroßes Potenzial in den kleinen amerikanischen Beeren steckt. Doch jeder Mensch kann sich heute schon entscheiden, ob er dieses Potenzial schon jetzt ganz für sich persönlich nutzen möchte, auch wenn die Wirkweise der Cranberry vielfach im Detail noch im Dunkeln liegt. Richtig gesund sind die roten Beeren allemal!

5 Cranberrys – frisch, getrocknet, Saft oder Extrakt?

Es gibt mehrere Möglichkeiten die wertvollen Vitalstoffe und natürlich ganz besonders die PACs der Cranberrys zu nutzen. Über frische oder getrocknete Früchte kann man die Stoffe zu sich nehmen oder auch als Cranberry-Saft und in Cranberry-Extrakten und Produkten daraus.

Frisch ist nicht immer die beste Lösung

Wer sich täglich mit einer Portion Cranberrys versorgen will, der stößt damit in Europa schnell an die Grenzen des Machbaren. Nur in der Erntezeit im Herbst sind sie in gut sortierten Märkten zu bekommen. Wer eine gute Quelle dafür entdeckt hat, der kann versuchen, die frischen Früchte in größeren Mengen einzufrieren, um auch zu anderen Jahreszeiten davon profitieren zu können. Allerdings braucht man schon einen sehr großen Gefrierschrank, wenn man seine tägliche Cranberry-Portion für das restliche Jahr sicherstellen will. Cranberry-Produkte bieten eine gute Alternative.

Leider sind Forscher sich uneins, wie viel PACs notwendig sind, um die gesundheitlichen Vorteile, vor allem für die Blase, zu bekommen. „36 mg PACs täglich", so prescht eine offizielle französische Stelle vor (Agence française de sécurité sanitaire des aliments (AFSSA). Doch andere sind durchaus mit weniger zufrieden.

Tatsache ist: Es kommt auf den individuellen Fall an! Wie gut arbeitet das Immunsystem gegen die Infektion? Wie viele PACs kommen in der Blase überhaupt an? Wie viele ungesunde Bakterien attackieren die Blase? Auch die Frage, wie viel PACs in frischen Früchten enthalten sind, kann nicht sicher beantwortet werden. Das hängt ab von den jeweiligen Wachstums-, Transport- und Lagerbedingungen der Früchtchen. Wer seine Blasengesundheit wirksam stärken will, der sollte sich daher besser an Cranberry-Produkte halten und selbst auszuprobieren, wie viel er davon aktuell braucht.

Gegen den regelmäßigen Verzehr einer Portion Cranberrys jeden Tag spricht auch noch etwas anderes: Man gerät vielleicht in die Gefahr einer einseitigen Ernährung. Denn wer täglich Cranberrys isst, der lässt anderes gesundes Obst oder Gemüse dafür weg. Und Vielfalt und Abwechselung in der Ernährung sind nun mal das A & O für den Erhalt der Gesundheit. Da würde sozusagen der Teufel mit dem Belzebub ausgetrieben und man würde „unterm Strich" gar kein Plus an Gesundheit gewinnen mit den sauren Cranberrys! Also ist es nicht zu empfehlen jeden Tag seine Portion Cranberrys zu essen, jedoch kann man gewiss hin und wieder mit frischen Cranberrys seine PACs bekommen.

Mit Cranberry-Saft sieht die Sache recht ähnlich aus. Auch bei diesem Lebensmittel sollte gesichert sein, wie viel PACs tatsächlich im Saft enthalten sind. Um an seine notwendige Menge zu kommen, können schon einmal täglich 200 bis 250 ml Cranberry-Saft zu trinken sein. Und das schafft nur, wer ihn wirklich sehr mag. Doch bei dieser Menge ist wiederum die Gefahr gegeben, dass andere gesunde Lebensmittel und Säfte nicht mehr auf den Tisch und ins Glas kommen. Also auch keine gute Lösung für jeden Tag. Machbar wäre es vielleicht noch mit dem sogenannten Muttersaft. Das ist ein naturtrüber Saft aus der ersten Pressung, in dem alle Schwebeteilchen aus den Fruchtschalen und Kernen noch enthalten sind. Er ist daher viel gehaltvoller als klarer, gefilterter Saft. Hier sind die notwendigen Trinkmengen geringer (etwa 30 bis 50 ml), und daher lässt sich dieser Saft ohne Schaden zusätzlich in eine gesunde Ernährung einbauen. Doch auch bei diesem Saft sollte der Hersteller eine Angabe machen, wie viel PACs in seinem Muttersaft zu finden sind, damit man seine „Dosis" zusammenstellen kann.

Allerdings schmeckt Cranberry-Saft oder Cranberry-Muttersaft wirklich nicht jedem, denn er ist sauer und herb. Und ein Glas Cranberry-Saft jeden Tag findet auch ein echter Saftliebhaber eines Tages langweilig. Bei empfindlichen Menschen kann es zudem passieren, dass sie durch Cranberry-Saft Darmprobleme bekommen. Wer von diesem „Hindernis" betroffen ist, aber unbedingt seine PACs auf diese Weise bekommen will, der sollte schauen, wie viel Saft er sicher verträgt, und Cranberry-Produkte aus Extrakt zusätzlich nehmen.

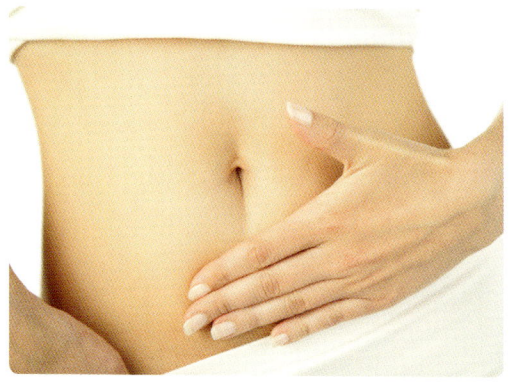

Extrakte oder Konzentrate in Kapsel- oder Tablettenform stellen sowieso die beste Variante der PAC-Lieferung dar: Man kann sie jederzeit zu einer Mahlzeit einnehmen, ganz nach Bedarf, kann sie mit etwas Saft kombinieren, um auf eine ausreichende Tagesdosis PACs zu kommen.

Und wenn die Zeit der frischen Cranberrys gekommen ist und diese tatsächlich auch im heimischen Supermarkt angeboten werden, dann kann man diese essen und später wieder auf PAC-Extrakte umsteigen. Nebenbei bemerkt ist es natürlich auch die einfachste Lösung, denn Extrakte gibt es das ganze Jahr über, sie sind gut verträglich und schmecken einfach nach nichts. Auch wer eine Abneigung hat, Tabletten oder Kapseln zu schlucken, muss deshalb auf die sichere PAC-Lieferung durch Extrakte nicht verzichten: Es gibt auch leckere Cranberry-Lutschtabletten. Sie haben den unschlagbaren Vorteil, dass man ganz ohne Probleme selten genug davon bekommt. Einfache Kapseln oder (Schluck-)Tabletten stehen weit hinter der Beliebtheit der Lutschtabletten zurück. Was zur Folge haben kann, dass die Einnahmefreudigkeit und -konsequenz bei Kapseln und (Schluck-)Tabletten schlechter ist.

Ein weiterer Vorteil von Tabletten und Kapseln kann sein, dass sie oft noch mehr beinhalten als „nur" Cranberry, zum Beispiel können zusätzliches Vitamin C, Zink, Selen und anderes hinzugefügt sein.

Besonders bei den Lutschtabletten kann die Zubereitung noch Extrakte von anderen Früchten enthalten, um den guten Geschmack zu erzielen. Diese bringen dann ihre Besonderheiten und gesunden Stoffe noch mit ein. Die Acerola-Kirsche ist zum Beispiel solch ein Früchtchen, sie bringt enorme Mengen Vitamin C mit und nicht zuletzt einen richtig leckeren Geschmack. Oder die Aronia-Beere, die neben Geschmack und viel Farbe obendrein noch einige andere sekundäre Pflanzenstoffe beisteuern kann, die für die Gesundheit hochinteressant sein können. Und auch andere Obstbeimischungen kann man in Lutschtabletten finden, die bei solchen gesunden „Süßigkeiten" das natürliche Cranberry-Gesundheitsangebot geschmacklich und inhaltlich noch weiter aufbessern.

Jeder Mensch ist anders

Manche Menschen assoziieren mit Tabletten oder Kapseln Krankheit und fühlen sich womöglich sogar krank, wenn sie diese zu sich nehmen. Bei Lutschtabletten denken alle eher an Bonbons und die sind doch immer mit schönen Kindheitserinnerungen verknüpft. Rundum positiv also, nicht nur für den Körper mit Mund, Magen, Blase, Herz und mehr, sondern auch noch ein Gewinn für die Psyche. Andere Menschen wiederum können auf Dauer mit dem Lutschen nicht klarkommen. Es ist also individuell ganz verschieden, wer zu welchen Produkten greift. Die aufgelisteten Vor- und Nachteile sollen als Entscheidungshilfen die eigenen Gedanken anregen und das für den speziellen Menschen Passende finden helfen.

Saure Früchte oder süße Lutschbonbons, es gibt also viele Wege, sich seine PACs zu holen. Man kann es ja auch einmal mit ein paar Rezepten versuchen: In Keksen oder mit anderen süßen Zutaten zusammen ist der saure Geschmack der amerikanischen Beeren eine Bereicherung des Speiseplans. Mit Käse mildert sich die Säure gut ab und bei einer Cranberry-Bowle der besonderen Art wird garantiert niemand nein sagen ... Es ist auch möglich, Kapseln mit Extrakt zu öffnen und das enthaltene Pulver als mildsaure Würze für Speisen zu nutzen: In Joghurt, Desserts und auch Fleischsoßen eingerührt ergibt sich so eine interessante und erfrischende Geschmacksnuance. Auch die Lutschtabletten können – im Mörser zu Pulver zerstoßen – Desserts oder Getränken eine neue Note geben! Der Fantasie sind da nur wenig Grenzen gesetzt. Und das Gute ist: Die gesunden PACs, die die Schleimhäute von Blase & Co. schützen sollen, sind relativ hitzebeständig. Das heißt, sie können der Gesundheit auch dann noch nützen, wenn sie aus dem Backofen oder dem Kochtopf kommen!

Schoko-Haferkekse mit Cranberrys

Zutaten

250 g Butter

250 g Zucker

2 Eier

125 g Weizenmehl

250 g zarte Haferflocken

1 Päckchen Backpulver

100 g Zartbitter-Schokolade

100 g weiße Schokolade

200 g getrocknete Cranberrys

150 g Kuvertüre

Zubereitung

1 Die Schokoladen in kleine Stücke von maximal ½ cm Seitenlänge zerkrümeln.

2 Butter (Zimmertemperatur) mit dem Zucker mit einem Handrührgerät schaumig rühren. Eier nacheinander hineingeben und gut mit der süßen Masse verquirlen.

3 Das Mehl mit den Haferflocken und dem Backpulver gleichmäßig mischen. Davon löffelweise unter stetigem Rühren zu der Eiermasse geben.

4 Die Cranberrys und die Schokoladen ebenfalls in kleinen Portionen zum Teig geben und gut darin verteilen. Eventuell kann es notwendig werden, beim Handrührgerät nun auf Knethaken umzusteigen.

5 Backofen auf 200 Grad (Umluft 180 Grad) vorheizen. Mit zwei Teelöffeln kleine Portionen des Teiges auf ein mit Backpapier ausgelegtes oder gefettetes Backblech legen, dabei je genug Abstand lassen, da die Kekse etwas auseinanderlaufen. Auf der mittleren Schiene 10 bis 15 Min backen.

6 Nach dem Abkühlen der Kekse die Kuvertüre im Wasserbad auflösen und damit kreuz und quer feine Schokoladen-Fäden auf die Kekse bringen.

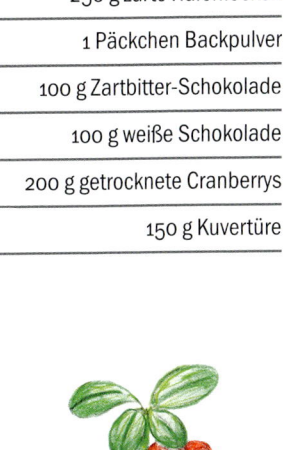

Süßer Hirse-Cranberry-Auflauf

(für 6 Portionen)

Zutaten

500 g Magerquark

125 g Schmand

4 Eigelb

200 g Zucker

1 Päckchen Vanillezucker

nach Geschmack etwas Zimt

100 g Hirse

200 g getrocknete Cranberrys

etwas Butter zum Fetten der Auflaufform

Zubereitung

1 Hirse kochen, wie auf der Verpackung angegeben, und abkühlen lassen.

2 Eigelb, Zucker und Vanillezucker mit dem Handrührgerät gut verquirlen. Mit dem Magerquark und dem Schmand zu einer gleichmäßigen Masse verrühren. Nun eventuell nach Geschmack etwas Zimt hinzugeben. Schließlich zuerst die Cranberrys und dann die abgekühlte Hirse dazumischen.

3 Eine große Auflaufform gut einfetten, die gesamte Masse hineingeben und bei 200 Grad auf der untersten Schiene (180 Grad Umluft) eine Stunde backen.

Bunter Salat mit Feta-Cranberry-Dressing

(für 6 Personen)

Zutaten

1 Kopf grünen Salat

1 Kopf Eichblatt-Salat

1 Chicoree

2 Orangen

1 Packung Feta-Käse

2 Esslöffel Schmand

etwas Olivenöl

75 ml Cranberry-Muttersaft (100 %)

50 g Sonnenblumenkerne

Zubereitung

1 Die Orangen schälen und die Schnitze von ihren Häuten befreien.

2 Den Feta-Käse sehr fein zerkrümeln und in eine kleine Schüssel geben. Mit dem Rücken eines Esslöffels den Käse zerdrücken, bis er weniger krümelig ist. Nun den Schmand und das Öl hinzufügen und durch Rühren und erneutes Zerdrücken eine möglichst gleichmäßige Masse daraus herstellen. Den Muttersaft in kleinen Portionen unter ständigem Rühren mit einem Schneebesen hinzufügen.

3 Die Salatköpfe und den Chicoree zerpflücken, die Blätter waschen und zusammen mit den Orangenstücken dekorativ auf Portionstellern anrichten. Dafür die rötliche Soße möglichst fadenförmig über den Salat verteilen.

4 Eine leere Teflonpfanne erhitzen (Vorsicht, nicht zu heiß!). Die Sonnenblumenkerne darin rösten, auf den Salat geben und sofort servieren.

Dazu schmeckt frisches, dunkles Vollkornbrot.

Cranberry-Soße

(für 6 Personen)

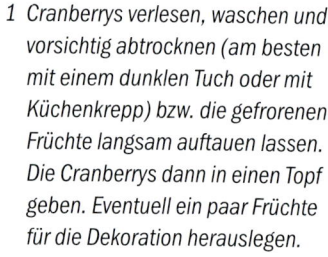

Zutaten	Zubereitung
350 g frische oder gefrorene Cranberrys	1 Cranberrys verlesen, waschen und vorsichtig abtrocknen (am besten mit einem dunklen Tuch oder mit Küchenkrepp) bzw. die gefrorenen Früchte langsam auftauen lassen. Die Cranberrys dann in einen Topf geben. Eventuell ein paar Früchte für die Dekoration herauslegen.
1 große Bio-Orange	
75 ml Cranberry-Saft	
etwas Orangensaft	
175 g feinster Zucker	
125 ml Schlagsahne	2 Von der Bio-Orange die Schale abreiben und zu den Cranberrys geben. Die Orange dann auspressen, den Saft in einem Messbecher auffangen, gegebenenfalls mit gekauftem Orangensaft auf 100 ml auffüllen und zusammen mit dem Cranberry-Saft in den Topf geben.

3 Den Zucker hinzufügen und das Ganze zum Kochen bringen. Die Hitze herunterschalten und unter Rühren köcheln, bis alle Beeren geplatzt sind. Die Sauce in Portionsschälchen füllen und abkühlen lassen.

4 Die Sahne steif schlagen, auf die abgekühlte Soße geben und mit den zurückbehaltenen Cranberrys garnieren. Bis zum Servieren kalt stellen.

Süß-herbe Cranberry-Schlammbowle

Zutaten

500 g frische Cranberrys

0,7 Liter guter klarer Kirschbrand

250 ml Cranberry-Muttersaft (100 %)

1 Liter Kirschsaft (gekühlt)

1 Liter roter Johannisbeernektar (gekühlt)

2 Liter Sekt (gekühlt)

2 Liter Vanilleeis

Zubereitung

1. Am Abend vorher die Cranberrys mit Wasser waschen, abtrocknen, vierteln und in ein nichtmetallenes Gefäß füllen. Mit dem Kirschbrand und dem Cranberry-Muttersaft übergießen, etwas umrühren und so gut wie möglich verschließen, damit der „Geist" drin bleibt, und kalt stellen.

2. Etwa eine Stunden vor dem gewünschten Serviertermin die geistreiche Früchtesuppe in das Bowle-Gefäß umfüllen und den Kirschsaft sowie den Johannisbeernektar (beide unbedingt gut gekühlt) dazugeben und umrühren. Die Bowle gut verschließen und wieder kühl stellen.

3. Kurz bevor die Gäste kommen zuerst den kalten Sekt in das fruchtige Gemisch geben, kurz umrühren. Dann beide Blöcke aus Vanilleeis vierteln und die großen Brocken vorsichtig auf die Bowle geben.

PACs – siehe Proanthocyanidine

Proanthocyanidine – sind sekundäre Pflanzenstoffe, die in der Lage sind, die Ausbildung eines „Biofilms" durch Bakterien zu verhindern. Damit kann eine Infektion durch Bakterien erschwert oder sogar verhindert werden. Ausschließlich die in Cranberrys enthaltenen Proanthocyanidine der A-Form sind dazu in der Lage.

Antioxidans/Antioxidantien – Substanzen, die vor dem Angriff von freien Radikalen schützen können. Viele Vitamine gehören dazu und auch PACs haben sehr starke antioxidative Eigenschaften.

Urothel – ist die Schleimhaut, die die Blase innen auskleidet. Sie ist Angriffspunkt für Bakterien, die eine Blasenentzündung hervorrufen können.

Helicobacter pylori – ein schädliches Bakterium, das den Magen besiedelt und heute als wichtigste Ursache für verschiedene Magenerkrankungen gilt (Sodbrennen, Völlegefühl, Magenschleimhautentzündung/Gastritis etc.). Es kann sogar die Entstehung von Magenkrebs begünstigen.

Radikale, freie – Teilchen (Moleküle), die andere Moleküle oder Strukturen angreifen und zerstören können, entstehen im und auch außerhalb des Körpers, lassen in den angegriffenen Strukturen wiederum Radikale entstehen (Ausnahme: Antioxidantien).

Harnwegsinfekte – Infektionen, die vor allem die Blase und die nach außen leitende Harnröhre betreffen. Treten solche Infektionen wiederholt auf, dann spricht man in der Medizin von „rezidivierenden" Harnwegsinfekten. Bei unbehandelten Harnwegsinfekten kann es zu einer gefährlichen Ausbreitung der Infektion auf die Harnleiter und die Nieren kommen (siehe Seite 29).

sekundäre Pflanzenstoffe – Stoffe in Pflanzen, die dort in kleinen Mengen als Farb-, Geruchs- und Geschmacksstoffe vorkommen. Oft Stoffe, die für die Gesundheit des Menschen interessant sind. Die A-PACs in Cranberry gehören zu den sekundären Pflanzenstoffen (siehe Seite 22).

Prävention/präventiv – vorbeugend wirksam

Parodontitis – korrekte Bezeichnung für die umgangssprachlich häufig falsch als Parodontose oder auch Paradontose bezeichnete Zahnfleisch- bzw. Zahnbettentzündung.

anti-adhäsiv – adhäsiv bedeutet auf Oberflächen klebend, anti-adhäsive Eigenschaften sind also solche, die dieses Kleben verhindern. Die A-PACs der Cranberrys haben solche anti-adhäsiven Eigenschaften und können das Ankleben von Bakterien an Oberflächen daher vermeiden.

Fimbrien – manchmal auch Pili genannt – längliche Auswüchse auf der Bakterienaußenhaut, die den Keimen ein Anhaften auf Oberflächen, Infizieren von Zellen oder auch den Kontakt zu anderen Bakterien ermöglichen können.

Triple-Therapie – gängige Arzneimitteltherapie zur Bekämpfung des Magenkeimes Helicobacter pylori, dabei werden meist über eine Woche lang sowohl Protonenpumpenhemmer als auch zwei verschiedene Antibiotika eingenommen. Die Therapie ist zwar bei der Erstbehandlung sehr erfolgreich, kann aber durch zunehmende Antibiotika-Resistenzen, besonders bei Reinfektionen, immer seltener erfolgreich durchgeführt werden.

Sachregister

Literaturverzeichnis

„Burgersteins Handbuch Nährstoffe", Haug Verlag, Stuttgart, 2007

Bässler, K.-H.; Golly, I.; Loew, D.; Pietrzik, K.: „Vitamin-Lexikon", Urban & Fischer Verlag, München, Jena, 2002

Elberry, A.A.; Abdel-Naim, A.B.; Abdel-Sattar, E.A.; Nagy, A.A.; Mosli, H.A.; Mohamadin, A.M.; Ashour, O.M.: „Cranberry (Vaccinium macrocarpon) protects against doxorubicin-induced cardiotoxicity in rats" Food Chemistry and Toxicology, Mai 2010

Faller, A.; Schünke, M.; Schünke, G.: „Der Körper des Menschen", Thieme Verlag, Stuttgart, 2004

Fischbach, Prof. Dr. Wolfgang: Update: Helicobacter pylori, Gasteroenterologie, www.Springermedizin.at, 13. April 2010

Johnson, B.J.; Lin, B.; Bongard, J.E.: „Genus vaccinium: medicine, cosmetics, and coatings", Recent Pat Biotechnology, Juni 2010

La, V.D.; Howell, A.B.; Grenier, D.: „Anti-Porphyromonas gingivalis and anti-inflammatory activities of A-type cranberry proanthocyanidins", Antimicrobial Agents Chemotherapeutica Mai, 2010

Leitlinien der Deutschen Gesellschaft für Gynäkologie und Geburtshilfe (DGGG), Arbeitsgemeinschaft Urogynäkologie und Plastische Beckenbodenrekonstruktion (AGUB), Arbeitsgemeinschaft Infektiologie und Infektimmunologie in Gynäkologie und Geburtshilfe (AGII): „Harnwegsinfekt der Frau", Arbeitsgemeinschaft der Wissenschaftlichen Medizinischen Fachgesellschaften, AWMF online

Leitzmann; Müller; Michel; Brehme; Triebel; Hahn; Laube: „Ernährung in Prävention und Therapie", Hippokrates-Verlag, Stuttgart, 2009

Nowack, R: „Die amerikanische Cranberry (Vaccinium macrocarpon Aiton) – Portrait einer Arzneipflanze", Zeitschrift für Phytotherapie, 2003 (24)

ÖKO-TEST: „Mittel gegen Blasenentzündung, Cranberrypräparate, Pipifax", Jahrbuch Gesundheit für 2010

Rossi, R; Porta, S; Canovi, B: „Overview on Cranberry and Urinary Tract Infections in Females", Journal of Clinical Gastroenterology, Mai 2010

Schulte-Löbbert, Monika: „Cranberry – Kleine Frucht mit großer Kraft", www.pta-forum.de

Shmuely, H.; Yahav, J.; Samra, Z.; Chodick, G.; Koren, R.; Niv, Y.; Ofek, I.: „Effect of cranberry juice on eradication of Helicobacter pylori in patients treated with antibiotics and a proton pump inhibitor". Molecular and Nutrition Food Research, 2007

Souci, Fachmann, Kraut: „Lebensmitteltabelle für die Praxis", Wissenschaftliche Verlagsgesellschaft mbH, Stuttgart, 2004

US-Department of Agriculture, Agricultural Research Service: „USDA Database for the Proanthocyanidin Content of Selected Foods", 2004

Bildverzeichnis

Bildverzeichnis: fotolia – Profokris (U1 Mitte), Olga Lyubkina (U1 unten),
Kent Sørensen (U2, 1, S7 ff., 64, U3), Elenethewise (S. 17), ricky_68 (S. 18),
Kati Molin (S. 20), Miredi (S. 23), Monika Adamczyk (S. 26), thingamajiggs (S. 35),
Martina Berg (S. 35), Liv Friis-Larsen (S. 37), Karen Roach (S. 38), Diego Cervo (S. 39),
Detailblick (S. 40), K-zenon (S. 42), Piotr Marcinski (S. 43), Clubix images (S. 45),
pmac (S. 47), ExQuisine (S. 49), studiovespa (S. 50); google – (S. 13);
KleiDesign – Illustrationen (Rezeptseiten); pixmac – Felix Schollmeyer (S. 7),
Jivanchild (S. 34), Yuri Arcurs (S. 39), JJava (S. 52); shutterstock – Yuri Arcurs (U1 oben);
Wikipedia – (S. 10, 30); www.cranberries-usa.ch – (S. 8, 9, 33);
www.cranberry-infocenter.ch – (S. 25); www.schulbilder.org – (S. 11)

■ „Versuche haben gezeigt, dass Antioxidantien effektiv die Initialreaktion der Arteriosklerose verhindern können: die Oxidation von LDL-Cholesterin (‚schlechtes‘ Cholesterin). **Sie lindern auch entzündliche Vorgänge in den Gefäßen.** Es ist möglich, dass auch die Cranberry diese positive Wirkung hat.“

www.phytodoc.de

■ „Beim Kochen oder Backen lässt sich herrlich mit Cranberrys experimentieren. Ihre leichte Säure und herbe Note machen sie unverwechselbar. Sie verleihen Fisch oder Fleisch etwas Besonderes, harmonieren mit Gemüse oder haben **ihren großen Auftritt in fruchtigen Desserts und Kuchen.**“

Cranberry Marketing Committee, Schweiz

■ „Die amerikanischen Preiselbeeren [Cranberrys] enthalten besondere Pflanzenstoffe (Proanthocyanidine). **Diese können zum einen verhindern, dass sich Bakterien überhaupt erst in der Blase einnisten.** Zum anderen hemmen sie die Vermehrung der Bakterien.“

Ricarda Bauer, Urologin am Urologischen Klinikum der Universität München auf www.focus.de